# スーパービジョン トレーニング

*Developing and*
*Supporting Effective Staff Supervision*

## 対人援助専門職の専門性の向上と成長を支援する

［著］　ジェーン・ワナコット

［訳］　野村 豊子　片岡 靖子
　　　　岡田 まり　潮谷 恵美

学 文 社

# 日本語版によせて

　Developing and Supporting Effective Staff Supervisionを執筆してから4年以上経過した今，日本語版が出版されることになり光栄に思う。

　2014年以来，子どもと家族を支援する最上の方法だと私たちが理解していたことの多くが変わったが，変わらぬままのものもある。変わらぬテーマの一つに，関係の重要性があり，家族との効果的なパートナーシップを保てるようにソーシャルワーカーを支えるうえでスーパービジョンが果たす役割は重要である。

　因果関係を証明することはできないが，スーパーバイザーがスーパーバイジーと良い関係を築けているところでは，実践者はサービス利用者と良い関係が築けることが多い。

　サービス利用者にとって大切なことは，実践者の"現実的であること"と"誠実である"という能力であり，"本当に気遣っている"と示すことだということを私たちは繰り返し聞いており，実践者は自ら同じ経験をすることなく，この経験を示すことを期待されているのかもしれない。

　スーパービジョンの重要性についての知的な理解は現在確立されているが，引き続き，この理解が実践のなかで裏付けられるようにしていくことが必要である。

　スーパービジョンの焦点が，なぜ，そして，どのようにするのかよりも，何をするのかになってしまうリスクがあるのだ。感情がクリティカル・シンキングと意思決定に及ぼす影響が見失われ，仕事で必要な情緒的サポートをスーパービジョンから得るという経験をしているスーパーバイジーが少ないことが明らかになっている。

　感情を大切にするには，トップから見習う（まねる，モデルにする）ことが必要であり，リーダーシップをとる立場にある者にとっては，効果的なスーパービジョン関係が育まれ，広がるような環境を作ることが明らかな課題になっている。

　組織のなかにそのような文化を培うとともに，理論を実践に活かせるようにするための明確な答えは，個々のスーパーバイザーのスキルを伸ばすことである。子ども・家庭の分野でのソーシャルワークスーパービジョンに関する研究（Wilkins et al, 2017）では，11人中10人のマネジャーがスーパービジョンについてのトレーニングを受けておらず，彼らが受けたスーパービジョンについてのアプローチをまねていると述べている。研修資源は乏しく，伝統的なトレーニング活動に費やす時間とお金を減らしたいという思いがあり，経験を積んだ実践者は

スーパーバイザーの役割をスムースにこなせるだろうという想定もある。この想定に関して問題になるのは，この課題の複雑さを過小評価し，良いスーパービジョンを経験したことのない新人スーパーバイザーが新たにスーパーバイザーとなるときに参考にするものがほとんどないということである。悪い実践は，良い実践と同じようにモデルになりうる。

　熟練したスーパーバイザーになるためには，良いスーパーバイザーとはどのようなものか，そして実践，スーパーバイジーからのフィードバック，実践のリーダーからの継続的なサポートなどを理解するためのトレーニングを受ける機会をもつなど，時間がかかる。1回の短いトレーニングでは継続的な変化を起こしたり，組織としてスーパービジョンが盛んに行われ，スーパーバイザーを支え，持続させるようにすることが重要だという認識をもたらしたりすることはできない。

　2014年以来，子どもと家族ソーシャルワークの本質が複雑になっていることはさらに明らかになった。本書に示したスーパービジョンのモデルは時間の試練を経て，複雑な関係や力動をもつ仕事を支えることができるだろう。本書は，情緒的なサポート，考えるスペース，チャレンジ，そしてサービス利用者のニーズに継続的に焦点を当てることの重要性を鑑みて本書は執筆した。

### 引用文献

Wilkins, D. Forrester, D. & Grant, L.（2017）What happens in child and familu social work supervision? *Child and Family Social Work 22*, 942-951

# 目 次

## トレーニングパック　　　目　　次

# 序文

　2005 年に，トニー・モリソンは，ソーシャルケアに携わるスタッフへのスーパービジョンの第 3 版を刊行した。本書は，多様な領域の多くのスーパーバイザーに刺激を与え続け，スーパーバイザーの思考を柔軟にし，スキルを向上させ，また，めまぐるしく変遷するソーシャルケアの現状において，自分たちの役割に確信と自信をもたせることに貢献した。

　2008 年に，トニー・モリソンと In-Trac Training & Consultancy [1]（イン - トラック研修コンサルテーション機構）は，子どもの労働力開発委員会（the Children's Workforce Development Council=CWDC）[2] から委託を受け，資格取得後の新人ソーシャルワーカーへのスーパービジョンを目的とした政府公認の研修事業を提供した。研修過程で，『ソーシャルケア制度下で働くスタッフのためのスーパービジョン』（Staff Supervision in Social Care, 2001, 2005）の資料は，トニー・モリソンとジェーン・ワナコットおよびイン - トラックのメンバーによって，トレーニングコースの資料を参考として，修正または発展させ漸次改訂された。

　本書は，『ソーシャルケア制度下で働くスタッフのためのスーパービジョン』（2001, 2005）で示されたスーパービジョンの中核となるモデルに基づきながら，昨今のアプローチの発展も重視しており，内容の簡略化や，極端な単純化による内容のレベルを下げることは避けている。本書に通底する考え方は，対人援助に携わる職業は，複雑で難しく，それゆえ，どのような場面においても対処可能である応答方法について，的確にパッケージ化することはできるものではないということである。スーパービジョンモデルとそれに伴う方法は，実践家たちが携わっている個々の課題の個別性に応え，また，挑戦的な課題やアイデアへと広げることのできる示唆に富む場を創造し，その創造し，生成された知識を，実践現場と組織双方の戦略的方向性を探策するために用いることができる。

　モリソンのアプローチの魅力は，常に複合的なアイデアに溢れ，幅広い読者層にとり，手に取りやすく設定されていることである。その結果，多くの人々の日々の実践に役立つツールを提供することができた。本書は，スーパービジョンモデルの共通部分の理解を促進するとともに，スーパービジョン実践の基礎の理解を助けるものである。そして本書は，ソーシャルケア [3] や保健医療サービスを利用する人々に重要な貢献をもたらすものである。

注

1) In-Trac Training & Consultancy（イン - トラック研修コンサルテーション機構）は，1994 年にジェーン・ワナコットによって，ソーシャルケアに携わる専門職（ソーシャルワーカー，看護師，警察官など）を対象に，研修やコンサルテーションを提供するために設立された機関である。

2) the Children's Workforce Development Council=CWDC は，英国の子どもたちと共に働く人びとのスキルを確実に獲得されるための機関であったが，2012 年に閉鎖された。

3) Social Care（ソーシャルケア）は，1990 年に，NHS（National Health Service ＝国民保健サービス）とコミュニティケア法により規定された，子ども，高齢者，障害者，貧困者などを対象に，生活上に生じるニーズやリスクにソーシャルワーク，ソーシャルサポートケア，パーソナルアシスタントなどの在宅ケアや看護付き施設ケアなどさまざまなサービスを提供する制度。

# 確認事項

　本書とトレーニングパックはトニー・モリソンの取り組みと見識なしでは実現できなかった。In-Trac Training & Consultancy はトニーと緊密に協力する機会に恵まれ，保健医療サービスやソーシャルケア組織において，良質で質の高い訓練をおこなうこととスーパービジョンは，極めて重要な役割を担っているという，トニーの熱意に着想を得た。トニーは現状に甘んじることはしなかった人であり，その意味で，私は，本書とトレーニングパックが，トニーの過去の業績の素晴らしさとともに，現状への適用の可能性を実証し，いくつかの新しい開発やアイデアを前進させることを願っている。

　In-Trac Training & Consultancy のチームは，数多くのスーパービジョントレーニングの機会を提供し，絶えず変化する環境で，原資料をどのように応用し活用させるかについて，常に深く考慮してきた。

　私は，以前は利用できなかった公的な機関のトレーニング資料を手に入れる機会を得て，トニーの資料の出版をサポートする Jacquie Morrison と Pavilion Publishing and Media に特に感謝している。

## 訳語　凡例

Child and Adolescent Mental Health Services=CAMHS →小児および思春期のメンタルヘルスサービス
Department of Health's Winterbourne Review →ウィンターボンビュー病院報告書
Early Years Foundation Stage=EYFS →初期基礎段階の法律
In-Trac Associates →イン・トラック機構
In-Trac Training & Consultanc →イン・トラック研修コンサルテーション機構
Plymouth Safeguarding Children Board →プリスマ子ども保護委員会
Social Care →ソーシャルケア
Social care institute for excellence=SCIE →優良ソーシャルケア学院
The Children's Workforce Development Council=CWDC →子どもの労働力開発委員会
The Social Work Reform Board=SWRB
Youth offending teams=YOTs →青少年犯罪チーム

# まえがき

　本書は2つの目的をもっている。第1に，付属しているトレーニングパック「効果的なスタッフスーパービジョンの開発と支援」(2013) から開発されたスーパービジョントレーニングプログラムを提供するトレーナーのための解説書を提供することである。本書では，パワーポイントのスライドを使用したり，演習の根拠を説明したり，グループディスカッションに対応したりすることに役立つ，プログラムを行うトレーナーのための解説書を提供する。受講生のための追加資料としても役立つかもしれない。

　第2に，読者は，ソーシャルケア (2001, 2005) のスタッフスーパービジョンで概説されているトニー・モリソンのスーパービジョンモデルの要点を要約し，可能な限り幅広い層が活用できる無類の出版物として設計されている。トニーが2010年に亡くなる前にジェーン・ワナコットと In-Trac Training & Consultancy と一緒に取り組んできたモデルである共有財産の開発という役割もある。読者には，トニー・モリソンのオリジナル業績に取って代わるものではないことを強調する必要がある。 モデルの全体性を維持するためには，トレーニングプログラムとトレーニングプログラムで譲れないモデルの側面を抽出し，わかりやすく提示することである。

　したがって，読者は，保健医療サービスやソーシャルケアに従事する者であり，スーパーバイザーまたはスーパーバイジーのどちらかの役割を担う者に関心があるはずである。「保健医療サービス」と「ソーシャルケア」という用語は，大人や子ども，その家族のためのコミュニティ，住居，保育サービスを提供する公的，ボランタリーおよび民間の組織を含む，幅広い意味で使用されている。読者の前提となるのは，それぞれの組織がサービスの効果を確実にするために必要で有用な最善の運営についてさまざまな疑問をもったとしても，優れたスーパービジョンの実践の原理は，さまざまな状況に適用されるということである。

## 保健医療サービスとソーシャルケアにおけるスーパービジョン―現在の状況―

　対人援助専門職に対するスーパービジョンは，特にソーシャルワークと精神医学の領域で長い歴史をもっていた。しかしながら，スーパービジョンは，精神力動的観点に焦点を当て，人格の完成／適合性といったアプローチから変化しなかった。また，すべての組織が，スーパービジョンをサービスの中核として常に優先していたわけではなかった。障害者施設ケア（たと

えば，ウィンターボンビュー病院 レヴュー，2012[1])，施設養護 (2000 年のウォーターハウス調査[2]) および初期のプリマス子ども保護委員会 (2010) から学んだソーシャルワーク (ソーシャルワーク改革推進勧告 / ソーシャルワーク改革委員会) は，良質なスーパービジョンの重要性を前面に出しており，スーパービジョンは，世の中に重要な貢献をするとしている。

　スーパービジョンの実証研究は，実践知に遅れをとってはいるが，調査研究のレヴュー (Carpenter et al., 2012)[3] は，良好なスーパービジョンは，下記と関連していると述べている。

■仕事に対する満足度
■組織への関与
■スタッフの確保
■従業員が組織から受ける支援についての認識

　スーパービジョンは組織生活の重要な側面であり，ソーシャルワーク改革委員会 (The Social Work Reform Board[4]) の雇用者基準では次のように述べている，

　　「スーパービジョンは，組織の評価プロセスに沿って運営する批判的省察，挑戦，専門的支援のために必要な安全な環境を提供する。日々の業務の過程で発生する実践上の問題について振り返る時間が含まれ，ソーシャルワーカーとそのマネジャーが業務をより効果的に行うことを助けることができる。ソーシャルワーカーは，経験を生かして実践を振り返り，実践のフィードバックを受け，情緒的な回復力を高め，子ども，高齢者，家族との関係を思索する能力を啓発することができる」(ソーシャルワーク改革委員会, 2012)

　ヒューマンサービスで働くすべての人々のスーパービジョンの重要性に対する信念は，ソーシャルケア制度下で働くスタッフのためのスーパービジョン第 1 版 (2001) のトニー・モリソンの業績が推進力となっており，同様に，本書の読者は以下の前提に支えられている。

■スーパービジョンは，サービス利用者への介入の一つである。
　スーパービジョンは「付け足されたもの」ではなく，保健医療サービスやソーシャルケアスタッフからサービスを受けている高齢者，子ども，家族と密接に関連しているものである。
■良いスーパービジョンは，私たちが今まで知っているよりももっと世の中に重要な貢献をもたらす。実証研究の不足によって明らかなように，スーパービジョンの効果を測定することは困難である。しかし，良いスーパービジョンの効果ははるかに大きく，スーパー

バイザーはしばしば想像以上にスタッフや実践に大きな影響を及ぼす可能性が高い。
■スーパービジョンは実践指導の基礎である。
　実践をサポートし，実践力を発揮させるための専門的権限をもつ経験豊富な専門家としてのスーパーバイザーの役割が重要である。たとえば，SCIE（Social Care Institute for Excellence ＝優良ソーシャルケア学院）[6]が行った，高齢者ソーシャルケアの研究（Lambley & Marrable, 2013）では，スーパーバイジーが，彼らと同じ専門職から評価されると同様に，最新の理論と実践が行われているか，また最前線の実践をサポートしているかについて，スーパーバイザーを評価した。
■初任者にとってスーパービジョン経験は，専門職としての自信，能力，アイデンティティの方向性に大きな影響を与える。彼らのキャリアの初期段階のスタッフのスーパーバイザーは，ワーカーの価値，専門的技術，実践および自信に影響を及ぼす唯一の機会である。

　これらの信念は，スーパービジョンはヒューマンサービス部門の原動力と一致しており，良い実践を支える中心的な活動として確立している。しかし，一方で，多くの組織が効果的なスーパービジョンを組み込み維持するのに苦労しているであろうという事実が示唆されている。教育省（2012）による初期基礎段階の法律（Early Years Foundation Stage=EYFS）[5]と，初任者へのスーパービジョンは，実行するには非常に骨が折れ，困難なようであった。そして，施設ケアの設定も同様に，交代勤務でのスーパービジョンセッションを実施することは複雑であり，先延ばしにする可能性があった。そして，ソーシャルワーク専門職で長年のスーパービジョン歴があったとしても，常に質の高いスーパービジョンが矛盾なく常に提供されているわけではないという状況であった（コミュニティケア法, 2013）。限られた資源に直面したとき，おそらく多くの組織が抱える課題が大きすぎるように見えるだろうか。良いスーパービジョンを提供する意思があるものの，それは難しく，時間がかかりすぎ，またコストがかかるであろうということがしばしば聞かれる。しかしながら，効果的なスーパービジョンの文化を確立しないことによるコストも大きい。そして本書は，高齢者，子ども，その家族に提供されるサービスの質に実質的に貢献する可能性が最も高い効果的なスーパービジョンモデルの基本的側面に焦点を当てることを目指す。

## スーパービジョンモデルの中核部分
　このスーパービジョンのモデルは，内省的なスーパービジョンを提供するために，スーパービジョンの4つの重要な機能，4つの主要な関係者に対するスーパービジョンの質の影響，スーパービジョンサイクルの4つのステージの活用の相互関係を認識させる，4×4×4モデルとして一般的に知られている。4×4×4モデルの重要性は，スーパービジョンの機能を固定的なものからシステム全体に働きかけることが効果的なスーパービジョンの中心的概念であるこ

とを認識し，動的で統合されたアプローチへと発展していくことである。

　4×4×4モデルの要素と内省的なスーパービジョンの定義方法については，第2章で詳しく説明する。本モデルの成功の中心となるのは，スーパービジョントレーニングプログラムの焦点である中核部分の存在である。

## スーパービジョンがサービス利用者に貢献するという認識

　このスーパービジョンへのアプローチは，スーパービジョンが余分に付け加えられた「あればいい」という認識よりもはるかに大切であるという認識をもっている。それは，スタッフの自分の仕事，サービス利用者や同僚に対する行動，そして彼らの知識やスキルについての感じ方に根本的な影響を与える。その結果，スーパービジョンはサービス利用者の認識に影響を及ぼし，最終的に高齢者，子どもおよびその家族の状況に影響を与える。第1章では，スーパービジョンの質とサービス利用者の変化との関連性に関する基礎的な研究と理論についてさらに検討する。

## スーパービジョン上の関係の重要性

　関係性に基づいた実践（Ruch, 2010）に焦点を当てた最近の研究では，サービス利用者との作業において感情や関係性が果たす重要な役割が明らかになった。このスーパービジョンへのアプローチは，スーパーバイザーとスーパーバイジーの間に肯定的な関係を築き，関係の中心性の重要性を認識することで，スーパーバイジーがサービス利用者と共に取り組むことに反映される。これについては第3章で詳しく説明する。

## 関係性の基礎としてのスーパービジョン契約の役割

　肯定的なスーパービジョン関係が本書のスーパービジョンアプローチの中心にあり，関係性が確立していること，スーパービジョンが，境界が明確で安全な場所で実施されること，そしてスーパーバイジーが自身の実践を率直に探索できることに注意を払う必要がある。しかし，スーパービジョン契約書や同意書は，それぞれのスーパービジョン関係の個々の特質に配慮していない，組織が定める文書であることがあまりにも多い。このモデルの中心は，関係に影響を及ぼす可能性のあるすべての要素に注意を払う必要があることである。契約書や同意書が率直で素朴な現実的な問題の探索を無意識に抑制する可能性がある。このアプローチを推進する上での契約書や同意書の役割は，第3章で探求され，第7章では，仕事の性能を高めるための肯定的な効果が考慮されている。

### 感情，思考，行動の相互関係

　Gibbs（2001）は，スーパービジョンを集中的に行うことで，スタッフの定着が非常に高くなる職場の事例を提示することから，感情や思考が行動と知覚に及ぼす影響に焦点を当てたアプローチの重要性を主張した。このようなアプローチは，感情の働き，直感的な対応を重視し，これらを分析的思考と組み合わせて判断，決断，計画を伝えることが含まれている。このアプローチは4×4×4モデルの中核であり，読者全体，特に第3章と第4章で詳しく説明されている。

### 直感的実践，論理的思考，説明可能な判断を促進するうえでのスーパービジョンサイクルの役割

　このアプローチの中心はスーパービジョンサイクルである。Kolb（1988）の成人学習理論のサイクルに基づいて，スーパーバイザーは，タスクの遂行を超えて感情，思考，行動の相互関係を理解し，質問するよう促す。このように，モデルは，ヒューマンサービスの判断が，専門的判断と繊細なバランスに基づいてなされていることを認識するアプローチであることを認めることである。優れた実践の重要な側面は，透明性と適切な議論と挑戦を促進するために，利用者と同僚にサービスを提供する決定の理由を説明できることである。スーパービジョンが，業務上に生じる，論理的省察と論理的思考を区別することを認めた時に，判断の根拠を記録することはより容易になる。

### スーパービジョンを定義する

　本書で使用されているスーパービジョンの定義は，モリソンによって開発された定義であり，ソーシャルケア（2001）のスタッフスーパービジョンに記載されている。

　「スーパービジョンとは，特定の組織的，職業的，個人的な目標を達成するために，サービス利用者にとって最良の結果を促進するために，組織が他のワーカーと協力する職務を一人のワーカーに付与するプロセスである。スーパービジョンの目的と機能は次のとおりである。
　1. 有能で責任をもったパフォーマンス（管理機能）
　2. 継続的な専門性の開発（発達的／形成的な機能）
　3. 個人的支援（支持的／修復的な機能）
　4. 個人と組織を結びつける（仲介機能）」

　一見すると，この定義は単にスーパービジョンの機能を提示しているように見えるかもしれないが，実際には，

■それは，事象または「セッション」以上のものであるが，プロセスであり，組織が委任した一連の関係に基づいている。

■スーパーバイジーとの関係におけるスーパーバイザーの役割は何であれ，スーパービジョンが公認された関係であるということ。

■それは相互に関連しているが，異なる役割を果たす1人以上の人々によって提供される複雑な一連の活動である。

　何がスーパービジョンではないかを明確にすることが重要である。スーパービジョンはメンタリング，コーチング，コンサルテーションと同じではないが，同様のスキルを使用することができる。Morrison（2005）は，これらの活動を以下のように区別した。

## コンサルテーション

　「コンサルタントが発達または問題解決のプロセスを促進するために使用されるいくつかの専門知識を有すると識別される2人以上のスタッフを含む，構造化された交渉プロセス」（Morrison, 1998）

## メンタリング

　「メンターは，職場での自分の経験から他の人が学ぶのを助ける人である。それは対等な発展的同盟関係である」（Hay, 1995）

## コーチング

　「コーチは，モデリングとリハーサルを通じたパフォーマンスやスキルの不足を他の人が識別し，改善するのを助ける個人である」（Hay, 1995）

　したがって，スーパーバイザーは，スーパーバイジーがメンターやコーチと同様のスキルを活用して学習し，成長するのを手助けすることができるかもしれない。そしてスーパーバイジーは彼らのスーパーバイザーに助言を求めるかもしれない。しかし，これらの相互作用は，スーパーバイザーの役割の一部に過ぎず，スーパーバイジーの実践，幸福，成長の全体の責任を網羅することはできない。

## スーパービジョンを提供する

　本書のスーパービジョンモデルがどのように提供されるかは，組織の性質，組織内の役割と責任にかかっている。本書の読者とトレーニングパックは，スーパーバイザーとの1対1の関係に焦点を当てている。これは，公式と非公式（特別な問題）の両方の議論の基礎となる。

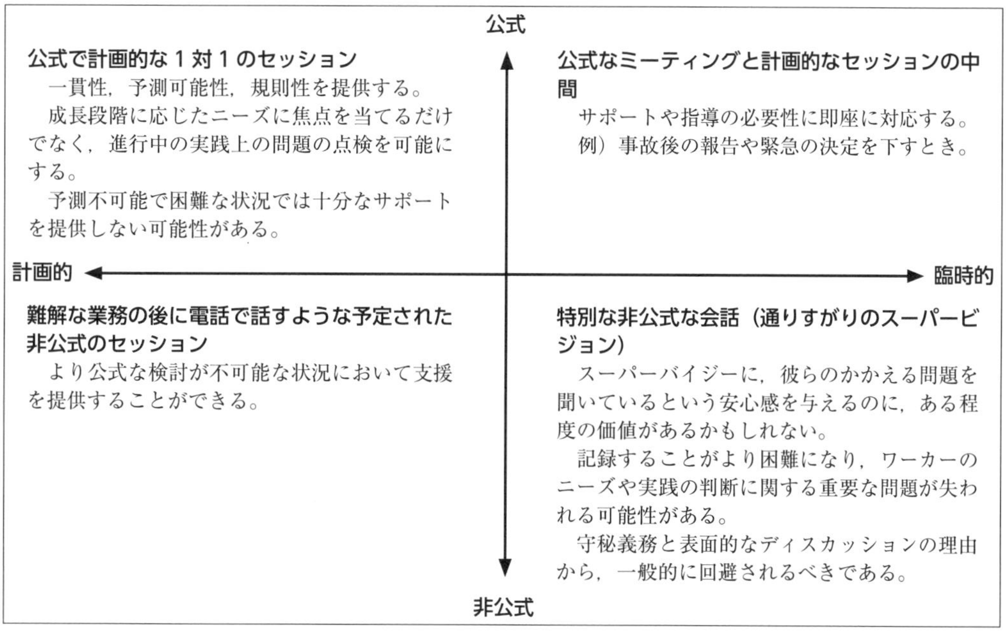

<table>
<tr><td colspan="2" align="center">公式</td></tr>
</table>

**公式で計画的な1対1のセッション**
　一貫性，予測可能性，規則性を提供する。
　成長段階に応じたニーズに焦点を当てるだけでなく，進行中の実践上の問題の点検を可能にする。
　予測不可能で困難な状況では十分なサポートを提供しない可能性がある。

**公式なミーティングと計画的なセッションの中間**
　サポートや指導の必要性に即座に対応する。
　例）事故後の報告や緊急の決定を下すとき。

計画的　←→　臨時的

**難解な業務の後に電話で話すような予定された非公式のセッション**
　より公式な検討が不可能な状況において支援を提供することができる。

**特別な非公式な会話（通りすがりのスーパービジョン）**
　スーパーバイジーに，彼らのかかえる問題を聞いているという安心感を与えるのに，ある程度の価値があるかもしれない。
　記録することがより困難になり，ワーカーのニーズや実践の判断に関する重要な問題が失われる可能性がある。
　守秘義務と表面的なディスカッションの理由から，一般的に回避されるべきである。

非公式

図1.0　スーパービジョンの構造

　公式に計画された1対1のセッションがこのアプローチの中心であり，一つの実践の探求は，これが大多数のスーパーバイジーのための好ましいスーパービジョン形式であることを見出した（Lambley & Marrable, 2013）。しかし，関係は特定の時間帯に限定されず，その場限りの話し合いがプロセスの重要な部分である時もある。スーパービジョンすることが完全ではあり得ない。スーパーバイザーがさまざまなアプローチの利点と欠点を認識していることが極めて重要である。Morrison（2005）は，公式／非公式／計画的／臨時的なスーパービジョンの間の調和について考えるためのフレームワークを設定している。

　上記の方法と同様に，いくつかの設定では，スーパービジョンの側面はさらにもう一人のスーパーバイザーによって提供されるか，またはスーパーバイザーがスーパーバイジーのグループに補足的にスーパービジョンを提供することもある。

注 ……………………………………………………………………………………………………

1）　Department of Health's Winterbourne Review（2012）は，発達障害者（自閉症や学習障害など）へ職員によって行われた虐待事件に関する詳細な報告書および改善書。虐待を行った6名の職員は逮捕された。
2）　ウォーターハウス調査報告書（2000）は，1974年から1990年までの間，Clwydの子どもの児童養護施設で男子の広範な性的虐待が発生した事件の詳細な報告書および勧告書。
3）　https://www.drugsandalcohol.ie/18661/1/SCIE_briefing43_Effective_supervision.pdf, 2018.10.1.
4）　The Social Work Reform Board（SWRB）は，2010年から2015年の保守派と自由党の連立政権下で発表された，ソーシャルワークの訓練と実践を改善するための機関。
5）　Early Years Foundation Stage=EYFSは，子どもが健康で安全に過ごすために実施される初期段階の教

育プログラム。

6) SCIE=Social Care Institute for Excellence は，2001 年に英国で設立された慈善団体で，ソーシャルケアに携わるワーカーの生活向上，知識の獲得，質の高い実践を実現するための研究所であり，情報発信機関である。

## 引用文献

Carpenter, J., Webb, C., Bostock, L. & Coomber, C. (2012) *Effective Supervision in Social Work and Social Care*. London: SCIE.

Community Care (2013) *Third of UK's social workers not currently receiving supervision* [online]. Available at: http://www.communitycare.eo.uk/2013/06/18/third-of-uks-social-workers-not-currently-receiving-supervision/ (accessed November 2013) .

Department for Education (2012) *Statutory Framework for Early Years Foundation Stage* [online]. Available at: http://www.education.gov.uk/aboutdfe/statutory/g00213120/eyfs- statutory-framework (accessed November 2013) .

Department of Health (2012) *Transforming Care : A national response to Winterbourne View Hospital*. London: DH.

Gibbs, J. A. (2001) Maintaining frontline workers in child protection: a case for re-focusing supervision. *Child Abuse Review* 10 323-335.

Hay, J. (1995) *Transformational Mentoring: Creating development alliances for changing organizational cultures*. New York: McGraw-Hill.

Kolb, D. (1988) *Experience as a Source of Learning and Development*. London: Prentice Hall.

Lambley, S. & Marrable, T. (2013) *Practice Enquiry into Supervision in a Variety of Adult Care Settings Where There are Health and Social Care Practitioners Working Together* (p.15). London: SCIE.

Morrison, T. (1998) *Casework Consultation: A practical guide for consultation to work with sex offenders and other high risk clients*. London: Wing and Birch.

Morrison, T. (2001) *Staff Supervision in Social Care*. Brighton: Pavilion.

Morrison, T. (2005) *Staff Supervision in Social Care* (*3rd edition*). Brighton: Pavilion.

Plymouth Safeguarding Children Board (2010) *Serious Case Review for Nursery Z*. Plymouth: Plymouth Safeguarding Children Board.

Ruch, G. (2010) The contemporary context of relationship-based practice. In: G Ruch, D Turney& A Ward (eds) *Relationship Based Social Work*. London: JKP.

Social Work Reform Board (2012) *Standards for Employers of Social Workers in England and Supervision Framework 2012*. Available at: http://media.education.gov.uk/assets/files/pdf/ standards%20for%20 employers.pdf (accessed November 2013) .

# 第 *1* 章

# スーパービジョンは
# どのような違いをもたらすのか?

　スーパービジョンは，サービス供給の質に本質的な相違をもたらし，ソーシャルケアサービスの利用者の暮らしにポジティブな影響を与えると理解された時に，役に立ったと言えるだろう。しかし残念なことに，サービス利用者によるスーパービジョンの効果についての実証研究は乏しい。

　Carpenter ら（2012）は，スーパービジョンの効果に関する実証研究をレヴューし，実証研究が不足し，スーパービジョンの効果についての根拠が示されていないため，今後の実証研究が望まれると述べている。しかし，実証研究の乏しさにもかかわらず，良好なスーパービジョンは次の効果をもたらしていると指摘している。

■仕事に対する満足度
■組織への関与
■スタッフの確保
■従業員が組織から受ける支援についての認識

　組織を支えるスタッフは，組織やスタッフの子どもや家族にとっても重要であり，これらの乏しい実証研究においても，「良い」スーパービジョンを提供することに関心を払うことが重要なことであることが示されている。特に，児童養護の分野においては，スーパービジョンによってスタッフの定着の程度がわかるほど重要である。

　たとえば，深刻なケースのレヴューを行っている研究において次のことが言われている。

　「十分にサポートされ，スーパービジョンを受け，訓練を活用できる実践家は，冷静に思考し，専門的な判断を行うであろう」（Brandon et al, 2005）

　「スタッフが実際に論理的思考をもって実践するためには，効果的かつアクセス可能な

スーパービジョンは不可欠である……スーパービジョンは，実践家が熟考し，説明し，理解することを助けるものでなければならない……実践家の仕事上で生じる情緒的サポートの要請に対処できるようにすることが不可欠である」(Brandon et al, 2008)

保育園で起こった子どもの虐待に関する重大な事件の調査において次のようなコメントがなされている。

「この事件の調査では，効果的なスーパービジョンを早急に行う必要があることが明らかとなった。スタッフが保育園内で自身の仕事や実践を振り返ることを可能にする組織的な仕組みがないため，Kの性的な問題行動が生じていることを発見する機会がなかった。スーパービジョンの欠如は，スタッフの能力を管理し，保育園内で携帯電話を使用するなどの不適切な行動に対処する効果的な手段がないことを意味していた」(Plymouth Safeguarding Children Board, 2010, p.34)[1]

スーパービジョンの影響による子どもの変化に関する小規模で未発表の調査では，スーパーバイザーの言動が重要な要素であることが明らかとなった (Wonnacott, 2004)。
　13名のソーシャルワークスーパーバイザーと14名の実践家が，彼らのスーパービジョンについてインタビューを受けた。これに続いて，ケース記録の分析が行われ，5ヵ月間にわたって12ケースに対するスーパービジョンの影響が追跡された。その結果，3種類のスーパービジョンプロセスが明らかになった。

## 1. 能動的な介入

　これは最も一般的なタイプである。スーパーバイザーはソーシャルワーカーが重要な業務を確実に実行できるように，直接的なアプローチを採用している。このアプローチのメリットは，スーパーバイザーがソーシャルワーカーの事例をよく理解したうえで，組織の手続きに従って業務を確実に行えることである。しかし，ソーシャルワーカーの気持ちやソーシャルワーカーと利用者の関係にはほとんど注意を払わない。

## 2. 能動的な内省

　これらのアプローチを行うスーパーバイザーは積極的であり，スーパーバイジーが取り組んでいる業務について理解したうえで，協力的で内省的なプロセスでスーパーバイジーに積極的に関与する。スーパーバイザーは，ソーシャルワーカーの気持ちや，ソーシャルワーカーと利用者の力動に注意を払い，情報収集していく。ソーシャルワーカーが苦労したり，焦点を見失ったとき，スーパーバイザーは，深く考えさせるとともに，利用者中心の質問を活用して，何が

起こっているかについて振り返ることを助ける。スーパーバイザーはソーシャルワーカーの家庭での状況や強みと限界を適切にアセスメントするために家族との関係を観察したりする。

### 3. 受動的回避

このアプローチは,スーパーバイザーが実践者を有能であるとみなし,スーパービジョンを受けることが必要かどうかについて判断すること自体を実践者に任せた関係である。このようなアプローチは,ソーシャルワーカーの力量がある一定のレベルにとどまり,実質としてはスーパーバイザーは実践者であるスーパーバイジーを放置し,雇用者である組織は本来的な活動が行えなくなる。うまくいかない事態が生じた場合,ソーシャルワーカー,スーパーバイザー,利用者および雇用者のすべての者が傷つくこととなる。

表1.1　3種類のスーパービジョンスタイルを比較する

| 能動的な介入 | 能動的な内省 | 受動的回避 |
|---|---|---|
| 規範的 | 協働作業 | 自由放任 |
| ケースを知っている | ケースを知っている | ケースは知らない |
| 課題と手順 | 課題とプロセス | スーパーバイジーまかせ |
| スーパーバイジーのアセスメントと評価 | スーパーバイジーの能力の総合評価 | アセスメントの欠如 |
| 確認 | 内省と深い考察 | 回避 |
| 指導 | 感受性の向上に焦点 | 馴れ合い |

出典:Wonnacott（2004）

要約すると,スーパーバイザーがスーパーバイジーであるソーシャルワーカーの実践と技能を的確に評価し,良好なスーパービジョン関係を築くことによって良好な実践でつながることを示されたのである。効果的なスーパービジョンの実践には,情緒的知性が重要であり,この点については,第4章でさらに検討されている。

スーパービジョン実践の実証研究が不足しているにもかかわらず,スーパービジョンは,サービス利用者と対人援助専門職との関係性において最も効果的であること,さらに優れた成果を促進するうえでも最も効果的であるといった一貫した証拠が提示されている。これらの研究の結果は,スーパービジョン実践が,対人援助専門職による効果的な実践を促進するといった,ソーシャルワーカーのモデル的行動となることを示している。優れた成果を促進するうえで,メタ分析の成果の一例に,アイルランド政府（McKeown, 2000）が実施した脆弱な児童に対する家族支援サービスの主なレヴューがあり,4つの主要な要因が変化をもたらしたとされている。以下がその要因である……

■40%　利用者の特性（IQ, 生活歴, 社会経済的地位, 社会的支援）

■30%　ワーカーと利用者の関係性,特に共感,目標設定および計画

■15%　介入の方法，たとえば，家族療法または親教育
■15%　たとえば，「今度は，薬物依存をやめる」というように，変化について利用者が口
　　　頭で表現した希望の程度

　上述したように，変化を促進する要因のうち情緒的で意図的な関係を形成することに加え
て，利用者の特性と状況を理解しようとする優れたアセスメントがなされることが，合わせて
70％も占めている。確実なアセスメントが行われた時にのみ，介入の方法の選択が重要になる。
利用者が，非常に控えめな表現で，変化について述べた言葉は，経験の乏しいスタッフからは
見逃される可能性がある。

　以下は，スーパーバイザーが重視する最も重要な2つの分野を示している。

■サービス利用者と共に取り組み，サービス利用者を理解する能力，ひいてはサービス利
　用者のニーズを満たすための最適な方法を適確にアセスメントする能力
■サービス利用者との効果的な関係を形成し，維持する能力

　スーパーバイザーには，上記の能力を効果的に獲得させるために最も良いスーパービジョン
のスタイルを検討することが求められる。スーパーバイジーとの，どのようなコミュニケー
ションが，実際にサービス利用者を理解する過程で心に響くのだろうか。スーパーバイジー
との関係性やスーパービジョンの過程で共有される感情はサービス利用者に，どのような影響
をもたらすのだろうか。また，スーパーバイジーとサービス利用者との関係について，スー
パーバイザーはどのように理解したと伝えるのだろうか。本書では，第2章で丹念に論究され
たスーパービジョンモデルを提示するとともに，上記の能力を獲得させるために効果的なスー

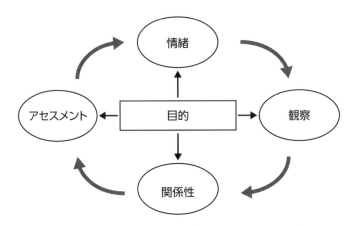

図 1.1　スーパービジョンの目的が影響を与えるものは何か？
出典：Morrison, T. & Wonnacott, J. (2009)

パービジョン実践をサポートできるように設計されている。図 1.1 は，スーパービジョンの目的とサービス利用者との関係性を理解するための図である。スーパービジョンの目的の明確さは，スーパービジョンの過程で，スーパーバイジーとサービス利用者の双方に情緒的に関わるスーパーバイザーの力量に影響を与える。さらに，目的の明確さは，スーパーバイジーであるワーカーを観察する技術，ワーカーと利用者の相互の関係性について探索するための技術に影響を与える。また，目的が明確である場合，アセスメントはより正確となり，プランはさらに効果的となる。

　たとえば，スーパービジョン関係が進展する過程で，スーパービジョンそのものが，恐怖，心配，不確かさおよび誤りを探索する場であることが説明されている場合，スーパーバイジーはサービス利用者との難しい関係について話をする可能性が高くなる。たとえば，暴力への恐怖により，家族の家への訪問を避けていることをワーカー自身が認識する場合である。スーパーバイジーが，スーパービジョンで，恐怖や心配などを探索できないと感じたときは，「見ていない」という回避行動によって自分自身を守り，リスクの高い行動をとろうとしない可能性が高くなる。このような場合には，パワーが家族成員を支配し，結果として脆弱な子どもや高齢者のニーズを正確に評価することができなくなる可能性がある。逆に，ワーカー自身の実践についての恐怖と心配を探索しているワーカーは，恐怖の要因を理解する可能性が高く（正確ではないかもしれない），課題を克服するための戦略（たとえば，協働作業）を開発する可能性が高い。このような場合には，ワーカーの権限の適切な使用が，関与するすべての人々のニーズを正確に評価することが可能になる。

## 協働的なスーパービジョンサイクル

　これまでのところ，本章で探究されたすべてのスーパービジョンの根拠は，図 1.2 に示したようにスーパービジョンが良好な実践を強化する協働的なスーパービジョンサイクルを指しており，このサイクルは良好なスーパービジョンを強化する。

　以下の図 1.3 は，非協働的なスーパービジョンまたはスーパービジョンの不足が貧弱なソーシャルワーク実践を生じさせ，スーパービジョンサイクルの機能不全状況を生じさせることを示している。

　双方のスーパービジョンサイクルは，明確さと自信が，利用者との関係の質，利用者の状況の観察とアセスメントに大きな影響を与えることを示している。これらの中核となるプロセスは，さらに 2 つのプロセスに影響を与える。つまり，他の機関とのコミュニケーション，利用者の支援計画作成プロセスへの関与などである。これらのサイクルの根底にある，明確さ，権限，関係性，コミュニケーション，計画，見直しの間には強い相関がある。これらが，信頼され，共有された目的をもった他の人と協働している場合，人々は新しいスキルと自信を発見す

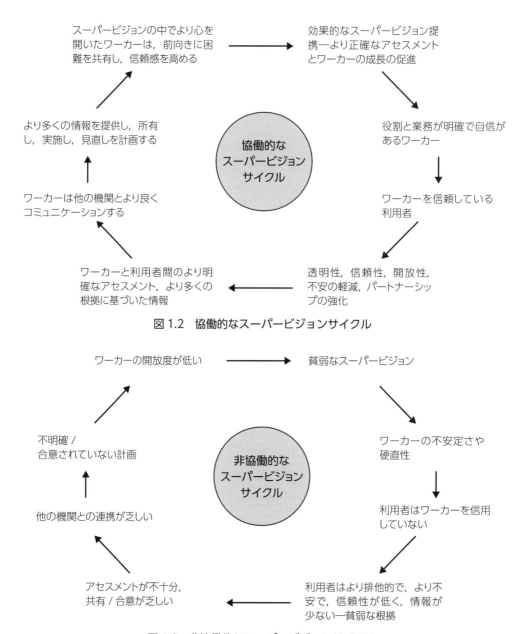

**図 1.2　協働的なスーパービジョンサイクル**

**図 1.3　非協働的なスーパービジョンサイクル**

ることができる。

　今では，効果的なスーパービジョンのためにモデルを構築することが可能になった。

　図1.4 は，もともと6つのステップ（Morrison, 2005）を含むものとして記述されていたが，後にモリソンのトレーニング教材でコーチングが要素の一つとして組み込まれ，7つのステップで展開された。

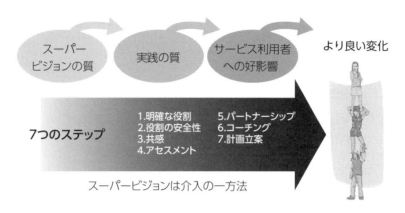

図 1.4　7 つのステップの関連

# 介入に必要とされる 7 つのステップ

## 1.　役割の明確化

　はじめに，スーパーバイザーは，自身の役割や組織上の任務について明確であると同時に，良いスーパービジョンの本質を理解し，また，スーパービジョンを展開することで，何が期待されるかについて理解することが必要となる。スーパービジョンは，実践者に，自身の役割と責任を明確にし，また，自身の役割に混乱や葛藤があった場合には，再度焦点をあてなおす機会を提供する。たとえば，資格を取得したばかりの新人スタッフの場合，入職前の学生としての役割から新しい役割へのアイデンティティの移行が大きな課題となる。そのため，このような状況において，スーパーバイザーは，新人スタッフに対して何が期待され，また，何が期待されていないかについて明確にしたうえで，スーパービジョンによってスタッフの実践を支援する役割を果たすことが極めて重要である。加えて，実践者が利用者に果たす役割についても適確に理解し，利用者がサービス提供者とどのような関わり方をすればよいのかについて明確にすることを助ける必要がある。

## 2.　役割の安全性の確認

　実践者は，自身の役割を明確にするだけでなく，その役割において安全であることを感じる必要がある。役割の安全性は，知識，スキル，経験，サポートの組み合わせから生まれる。職務経験が浅いスタッフの場合には，自身の役割を果たすことについて，不安や疑問を提起して再解決へと向かい，その結果として，効果的な実践ができる安全な基盤が提供される。経験豊かなスタッフであっても，新たな責任を負う場合には，自信がなく，不安感を抱いていることを認識することが重要である。役割の安全性は，さらに，スーパーバイジーに対して，適切なレベルに応じた適切な仕事量が与えられているかにも由来している。次に，ワーカーの明確さ，

冷静さ，知識，および反応によって，サービス利用者と実践者の関係において自信と信頼感が促進される。

## 3. 情緒的能力と共感性

　スーパーバイザーの共感性と情緒的能力は，スーパーバイジーとの安全で協働的な関係を形成する。協働的な関係により，スーパーバイジーは，疑念，心配，間違いについて開放され，リスクを負い，新たな課題を受け入れ，積極的な行動につながる十分な信頼を築くことができる。次に，実践者による共感と理解は，脆弱で不安を抱えるサービス利用者が利用者自身のニーズについて打ち明け，不安の本質を明らかにすることを可能にする。共感は，喪失や外傷の経験などの情緒的な問題や，飲酒の問題や，子どもとの関係のあり方やしつけについての親へのアプローチなどの道徳的な問題について話をするのに役立つ。

## 4. 正確な観察とアセスメント

　上記の3つの要素は，スーパーバイザーがワーカーの知識とスキルを正確にアセスメントし，明確で，安全な協働的アプローチを構築する。これはスーパービジョンを通した，将来のワーカー育成の基礎である。安全な協働的アプローチが確立されていない場合，ワーカーはスーパーバイザーに対して，心を開くことができず，スーパーバイザーによるワーカーのアセスメントは適確であるとは思えない。

　また，サービスの目的とプロセスを明確に説明し，サービス利用者と心を開いて関わることができる実践者は，より正確なニーズのアセスメント手法を創造する。さらに，このアセスメント手法は，結果として得られた計画が同僚間で共有される可能性がより高くなる。

## 5. パートナーシップと権限

　スーパーバイザーの役割の明確さ，協働的アプローチ，およびワーカーの正確なアセスメントは，馴れ合いでも懲罰的でもない権限の適切な使用をもたらす可能性が最も高い。役割の明確さは，スーパーバイジーが，スーパーバイザーとのオープンで正直な話し合いに魅了され，そしてそれぞれの関係者は，困難だがやり甲斐のある相手に満足感を得る。スーパービジョンの重要な側面は，人種，性別，性的指向などの要因によって過度にまたは過少に権限と信頼が活用されないように，スーパービジョン関係における多様性が効果的に作用する潜在力となることである。次に重要な側面は，実践者が，サービス利用者との関係において，その権限とその限界について明確となり，ケースへの関与の必要性，強み，リスクのアセスメントを振り返ることにより，適切なレベルのパートナーシップを確立することができることである。

## 6. コーチング

　スーパーバイザーは, ワーカーの実践スキルを開発するうえで重要な役割を果たす。これは, モデリング, 参与観察, フィードバック, 振り返り, 問題解決, および知識の強化を組み合わせて行われる。しかし, 実践スキルはスーパーバイザーだけでなく, 健全で協働的なチーム環境で行われるモデリング, メンタリング, シャドウイング, 協働作業, フィードバックを通じて開発される。スーパーバイザーのスキルは, これら同僚との実践の学習状況のための機会を創り出すことにあり, 実践者がこれらの経験から何を学んでいるのかを同定するのを助ける。同じように, ワーカーは, 実際の問題解決の過程を通して, 利用者のスキル, 強み, 対処能力を形成する必要がある。時折ワーカーは, 観察, フィードバックの提供, 実践的なアドバイス, 教授戦略, および技能を伸ばすための他のテクニックを活用して, コーチとして行動することもある。

## 7. 計画立案

　最終的なステップは, 計画立案である。スーパーバイザーは, ワーカーがケースの計画を立案する以前の段階にのみ, 適時適切なスーパービジョンの計画をたてることができる。次にワーカーは, スーパービジョンを活用し, ケースのニーズ, 強み, リスクを分析し, これらの問題に取り組む。さらに, ワーカーは, 生活改善のために合意された目標に向けた進捗状況をモニタリングと評価に関与させることができる。

# スーパービジョンにはどのような効果があるのか?

　本章を要約すると, スタッフが挑戦し熟考すること, そして創造的に実践することを支持するスタイルのスーパービジョンは, スタッフによるサービス利用者への実践と成果の質に非常に大きな違いをもたらすという実践からの十分な証拠があることを主張している。この基盤には, 恐怖や不安を探索し, 実践の質を評価できるスーパーバイザーとのオープンで誠実な関係と, 成長する場が存在している。

表 1.2　効果的なスーパービジョンに必要なものと得られるもの

| 必要なもの | 得られるもの |
|---|---|
| ■ スタッフの時間<br>■ スタッフのトレーニング<br>■ スーパーバイザーへのサポート<br>■ 物理的空間 | ■ 職務満足<br>■ 組織への関与<br>■ スタッフの保持<br>■ スタッフのサポート感覚によるストレス／病気の軽減<br>■ サービス利用者との安定した関係<br>■ 創造的思考<br>■ 業務への感情的な影響と判断に影響を与えることの認識<br>■ リスクを感知し, 判断を行う |

スーパービジョンに必要なものとスーパービジョンによって得られるものの概要について見てみると，スーパービジョンを特別な贅沢品として捉えるのではなく，むしろ取り組むべき必需品として捉えるべきである。

　したがって，効果的でないスーパービジョンを行って許されるはずがない。私たちが少ししかない資源で苦労してより複雑な問題に取り組んでいるとき，最前線のスタッフには，共感と思いやりをもって，社会の中の最も脆弱なメンバーと協力することで回復力を促進させる必要がある。スーパーバイジーとスーパーバイザーの関係性は優れたスーパービジョン実践の中核であり，その関係性はスーパービジョンを展開するうえでも中核になければならない。本書の読者に示されているスーパービジョンモデルは，スーパービジョン実践をサポートするように考案されている。トニー・モリソンは，ソーシャルワークスーパーバイザーのためのトレーニングプログラムの提供に備えて，次のようにコメントした。

　　「児童サービスの質に関する政治的，専門的な懸念が凄まじいときに，優れたスーパービジョンの重要性を述べるのは難しいだろう。このような風潮の中で，実践を指導するだけでなく，管理能力をスーパービジョンする役割は，決定的に重要な意味をもつ。子どもと家族のための優れたスーパービジョンと優れた実践は，密接に結びついている。スタッフのスーパービジョン責任者が適切に訓練され，支援されていることを確認することは，子どもや若者のサービスの中で最も緊急な優先事項の一つに位置づけられなければならない」(Morrison & Wonnacott, 2009)

　このコメントは児童サービスに関連しているが，社会福祉分野全体に適用され，本書の読者とトレーニングプログラムの内容を支える信念である。

---

**訳者注** ..............................................................................................................

1)　1994年に設立されたプリマスの保育園における子どもへの不適切な対応に関する詳細な報告書および勧告書である。2006年9月から保育園に勤務し始めた女性保育士のKが子どもの写真を保育園内のトイレで撮影したという事件である。Kは，2009年に有罪判決を受けた。(http://www.cscb-new.co.uk/downloads/Serious%20Case%20Reviews%20-%20exec.%20summaries/SCR_Archive/Plymouth%20SCR%20-%20Nursery%20Z%20(2010).pdf, 2018.9.30)

---

**引用文献** ..............................................................................................................

Brandon, M., Dodsworth, J. & Rumball, D. (2005) Serious case reviews: learning to use expertise. *Child Abuse Review* 14 (3) 160-176.

Brandon, M., Belderson, P., Warren, C., Gardner, R., Howe, D., Dodsworth, J. & Black, J. (2008) The preoccupation with thresholds in cases of child death or serious injury through abuse and neglect. *Child Abuse Review* 17 (5) 313-330.

Carpenter, J., Webb, C., Bostock, L. & Coomber, C. (2012) *Effective Supervision in Social Work and Social Care*. London: SCIE.

McKeown, K. (2000) *What works in Family Support with Vulnerable Families.* Dublin: Department of Health and Children.

Morrison, T. (2005) *Staff Supervision in Social Care.* Brighton: Pavilion.

Morrison, T. & Wonnacott, J. (2009) Unpublished training materials.

Plymouth Safeguarding Children Board (2010) *Serious Case Review for Nursery Z.* Plymouth: Plymouth Safeguarding Children Board.

Wonnacott, J. (2004) *The Impact of Supervision on Child Protection Practice :A study of process and outcome.* Unpublished M.Phil University of Sussex.

# 第2章
# スーパービジョンの統合アプローチ
## ―4×4×4モデル

　スーパービジョンでは異なるステークホルダー[1]が存在するために，幅広い事柄に対応して，さまざまな活動に関わらなければならない。そのため4×4×4モデルは，スーパービジョンの機能，ステークホルダー，主たるプロセスが統合された枠組みである。これらの要素は文献ではすべて別々に記述されているが，4×4×4モデルは，それらを一つのモデルに統合し，さまざまな場所や状況でのスーパービジョン実践を支えることができるようにしたものである。

　このモデルの重要なところは，スーパービジョンの機能と，スーパービジョンのステークホルダーへの影響と，すべての機能を確実に行えるようにするプロセスとしてのスーパービジョンのサイクルが相互に関連しているということを示している点である。

　4×4×4スーパービジョンモデルは，それゆえ次のすべてをあわせたものである。

■スーパービジョンにおける4つの主たるステークホルダー
■スーパービジョンの4つの機能
■スーパービジョンサイクルの4つの要素

表2.1　4×4×4スーパービジョンモデル

| 4つの機能 | 4つのステークホルダー | スーパービジョンサイクルの4つの要素 |
|---|---|---|
| マネジメント | サービス利用者 | 経　験 |
| サポート（支持） | スタッフ | 振り返り |
| 発　達 | 組　織 | 分　析 |
| 仲　介 | 協働機関 | アクションプラン |

## スーパービジョンの4つの機能

　スーパービジョンについての初期の文献（Kadushin, 1976）では，スーパービジョンの3つの

機能，すなわち管理的機能（マネジメント），支持的機能（サポート），教育的機能（発達）が示されている。のちに，さまざまなシステムとの接点でのスーパーバイザーの役割が理解されるようになるにつれて仲介機能が加えられた（Richards et al., 1990）。これらの機能は，このガイドで一貫して使われているスーパービジョンについての定義のなかに統合されており，それは次のHarries（1987）の業績からモリソンによって付け加えられた。

「スーパービジョンは，ワーカーが組織から与えられた職責として他のワーカーとともに取り組むプロセスで，一定の組織的，専門的，個人的な目標を満たし，サービス利用者にとっての最善を生み出すためのものである。

スーパービジョンの4つの目的あるいは機能は次のとおりである。
■有能で信頼できる業務遂行／実践（マネジメント機能）
■継続的な専門職としての発達（発達機能）
■個人的なサポート（サポート機能）
■人が組織に関われるようにすること（仲介機能）」
（Morrison, 2005）

職場によっては，主たるスーパービジョン関係は直属の上司以外の人と結ぶこともあるため，本書ではマネジメントという言葉についてよく考えることが重要である。本書では「マネジメント」は，（スーパーバイジーの直属の上司か否かにかかわらず）スーパービジョンで行われるアドバイスや実践上の決定について責任を負うスーパーバイザーの役割という意味で広く使用する。また，すべてのスーパーバイザーは，サービス利用者を危険にさらすような実践を発見し，報告する責任がある。

長年の調査から，スーパーバイザーがこれら4つの機能に同時に注意を払うのは難しく，マネジメント機能が中心であろうことが明らかになっている（Gadsby Waters, 1992; Poertner & Rapp, 1983）。4つの機能は相互に関連しており，マネジメント機能が中心となることは問題である。たとえば，業務が適切に行われていないことが明らかになった時，スーパーバイザーはなぜそうなっているのかを理解する必要がある。原因として，ストレスや個人的要因，自信やスキルの不足，あるいは組織的な要因など，何がこの状況に関わっているのか考えることが必要である。また，サポート機能が中心となっていることが，チャレンジ精神の欠如や業績不振につながっていることがある。

この葛藤や緊張関係への対応として，組織によっては，スーパービジョンの異なる面をそれ

表 2.2　専門職間でのスーパービジョンの仕組み

|  | 単独の機関での統合された スーパービジョン（マネジ メント／クリニカル／専門 的） | マネジメント・スー パービジョン | クリニカル／専門的 スーパービジョン | 統合された場面での スーパービジョン |
|---|---|---|---|---|
| 権限と説明責任 | 協議（交渉）の余地なし スーパーバイザーは組織に 対して説明責任あり | 協議の余地なし スーパーバイザーは 組織に対して説明責 任あり | 協議で決める スーパーバイザーは 専門職団体と組織に 対して説明責任あり | スーパーバイザーと スーパーバイジー間 で協議 スーパーバイザーは パートナーシップに 対して説明責任あり |
| 焦　点 | ワーカーの仕事全体 | 仕事，時間，資源， スタッフケア，教育 と評価についての説 明責任 | 利用者にとっての最 善の利益（最高の結 果） クリティカルな振り 返りによる実践の促 進 | 契約による雇い主の 監督（監視，管理） |
| 誰によって 行われるか | 単独のマネジャー コンサルテーションや教育 で補われることがある | マネジャー | 専門的なスーパーバ イザー またグループ・スー パービジョン また認定機構の資格 を満たす外部の認定 スーパーバイザー | 雇用組織内のマネ ジャーで2番目のス タッフメンバー 現場のスーパーバイ ザー 専門的・クリニカル なスーパービジョン |
| 例 | 法令によるソーシャルケア 機関のなかでのソーシャル ワーカーのスーパービジョ ン 生活施設およびデイケアの スタッフに対してマネジメ ントの枠組みのなかでスー パービジョンが行われる | クリニカル・専門的 なスーパービジョン が別に行われるとこ ろでのスタッフへの スーパービジョン たとえば，多職種 チームでのOT（作 業療法士，CMHTs （コミュニティ・メ ンタル・ヘルス・チー ム）のスタッフ） | 部門のマネジメント が専門的なスーパー ビジョンとは別に行 われているところ， あるいは部門のマネ ジャーが異なる専門 職であったり，特定 の必要とされている 専門性をもっていな いところで行われる | コミュニティ・メン タル・ヘルスチーム YOTs[2) CAMHS[3) |
| 考慮すべき 課題 | スーパービジョンのすべて の側面に十分な関心が向け られているか？ 内省的な実践のためにかか る費用の管理業務に焦点 を当てることが防げている か？ 仕事の情緒的な影響とその 実践への影響はどのように 取り扱われているか？ スタッフは仕事に影響する かもしれない前提や偏見に ついてどのように振り返る よう勧められているか？ 専門家が必要な場合，その ニーズはどのように満たさ れているか？ | 組織は，スタッフの 成長についてのニー ズについてどのよう に理解しているか？ 業務遂行のフィード バックの課題につい てどのように取り扱 われているか？ | スーパーバイザー は，大量の業務をこ なす要求といった実 践に影響する課題に ついていかに気づか されるのか？ スーパーバイザーと マネジャーの間には どのようなフィード バックの仕組みがあ るのだろうか？ スーパーバイザーと マネジャーの間の見 方の相違はどのよう に取り扱われるのだ ろうか？ | チームのなかにはど のようなスーパービ ジョン文化の違いが あるのだろうか？ そ れらは理解されてい るか？ 日々の実践における 決断の説明責任はど こにあるのだろう か？ 仕事上の情緒的な影 響はスーパービジョ ン関係を超えてどの ように取り扱われて いるのだろうか？ |

出典：Adapted from Morrison, T.（2005）*Staff Supervision in Social Care*（p.35）. Brighton：Pavilion.

ぞれ異なるスーパーバイザーが担うというように，スーパービジョンの機能を分けているところもある。たとえば，医療の領域では，スタッフが管理的なスーパービジョンと保護的なスーパービジョンに加えて，臨床的なスーパービジョンを受けることは珍しいことではない。また，修復的なスーパービジョンモデル（Wallbank, 2013）は仕事の情緒的な影響に焦点をあて，ワーカーのレジリエンスを開発しようとしており，このモデルが導入されたのは，スーパービジョンの機能そのものが適切に発揮されることが必要だと認識されたからである。スーパービジョンの機能を分けたやり方が好まれる場合は，スーパーバイジーのスーパービジョン経験全体とスーパーバイザー間の断片化され，分離されたスーパービジョンの危険性に注意を払う必要があるだろう。臨床的あるいは保護的なスーパービジョンのなかでスーパーバイジーの実践上の気がかり／懸念／心配事をどのように取り扱うか。仕事の割り当てを担当しているマネジャーは，配慮すべき個人的な要因や他のストレッサーについてどのように把握するか。スーパーバイザーの間での役割や境界をどのように設定したら良いか。表 2.2 は，専門職間のスーパービジョンの仕組みを明確にするための配置と考慮すべき課題について整理したものである。

　一人のスーパーバイザーでは，専門職としてさまざまな発達段階にあるスーパーバイジーのすべてのニーズを満たすことができない。しかし一方で，この 4 つの機能すべてを一人のスーパーバイザーが行うために，負担を共有するという考え方もある。これは，スーパーバイザーの役割を分割するのではなく，一人のスーパーバイザーで行う。そのため，時には一時的に幾つかのニーズ充足を他者に委託するのである。たとえば，スーパーバイザーは，スーパーバイジーの学習や発達のニーズをトレーナーやメンターなど，他者と協力して満たせるようにする。スーパーバイザーたちは，ひそかに調整をして，複雑な状況のなかで働くスタッフが，特定の専門性についてのコンサルテーションを受けたり，コーチングのセッションを受けたりすることから利益を得られるようにすることもあるだろう。このアプローチでは，発達やサポートの重要な面が委託されるかもしれないが，スーパービジョンの 4 つの機能を果たす全般的な責任は残っているため，スーパーバイザーの関与は必要である。

# スーパービジョンにおける 4 つのステークホルダー

　スーパービジョンの異なる機能と異なるステークホルダーがもつニーズとそれらの相互関係について認識することは重要である。

　4 × 4 × 4 モデルの 2 つ目の要素は，次の 4 つの主たるステークホルダーに焦点を当てることである。それらは，以下の 4 つである。
　■ サービス利用者

■スーパーバイジー

■組織

■同じサービス利用者とともに働いている他の組織や専門職といったパートナー

　図2.1は，4つのステークホルダーがいかに相互に関係しているか，また，いかにそれぞれのニーズや活動が他者に影響しているかを示している。スーパービジョンは，これらのステークホルダーにつながるとともに影響を及ぼすのである。

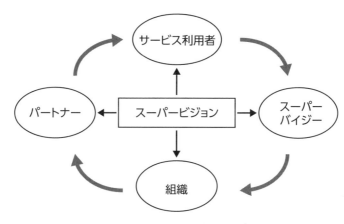

図 2.1　4つのステークホルダー

　図2.2でわかるように，良いスーパービジョンは，すべてのステークホルダーに対して肯定的な影響がある。

　ここで重要なことは，スーパービジョン場面では，2つのステークホルダー（スーパーバイザーとスーパーバイジー）しか存在しないが，実態としては，他のステークホルダーも関わっており，スーパービジョンのプロセスに影響を与えているということである。そのため，スーパーバイザーにとって重要な仕事は，必ず他のステークホルダーの存在を念頭において，スーパービジョンのプロセスのなかで取り扱うことである。

**多職種業務にとっての利益**
- ■ ワーカーの役割が明確
- ■ 他者に対する適切な期待を認識
- ■ ワーカーが他の機関と確実にコミュニケーションし，話を聞くようにする
- ■ ワーカーが多職種の会議に向けて準備する
- ■ 異なる役割の存在の良さを認識しステレオタイプ（固定概念）に異議を唱える
- ■ ワーカーが他の機関を理解するのを助ける
- ■ 他の機関との葛藤を解決し，資源について交渉するのを助ける

**利用者にとっての利益**
- ■ ワーカーが課題についてより明確化，より焦点化する
- ■ 利用者のストレングス，ニーズ，リスクによく気がつく
- ■ プロセスにおいて利用者の気持ちにより気配りがされる
- ■ パワーに関わる課題により気づく
- ■ より深く利用者に関わることができる
- ■ より根拠に基づいたアセスメント
- ■ より一貫性のあるサービス
- ■ より明確なプラン

効果的なスーパービジョンの結果

**機関にとっての利益**
- ■ 上司と部下ともに，より明確なコミュニケーション
- ■ 組織の価値と方針が共有される
- ■ 同じ組織で働いているという所属意識の感覚が向上する
- ■ 改善された標準化
- ■ 問題についての責任の共有化
- ■ スタッフとの協議のプロセスが改善
- ■ 役割についての理解が改善
- ■ より開かれた環境
- ■ 組織をより誇りに思える
- ■ スタッフの離職率の低下

**スタッフにとっての利益**
- ■ 明確な役割と説明責任
- ■ 綿密に調べられた業務
- ■ 明確な境界線
- ■ プレッシャーの共有
- ■ 自信の向上
- ■ 熟考された判断
- ■ 利用者に焦点
- ■ 創造的な実践への支援
- ■ 多様性の尊重
- ■ 権威の使用・乱用についての探索
- ■ 不十分（不出来）な実践についての挑戦（要求，やりがい）
- ■ 学習ニーズの認識
- ■ 感情を取り扱う
- ■ ワーカーは尊重され，孤立しない
- ■ チームワークを強化

図 2.2　効果的なスーパービジョンの結果

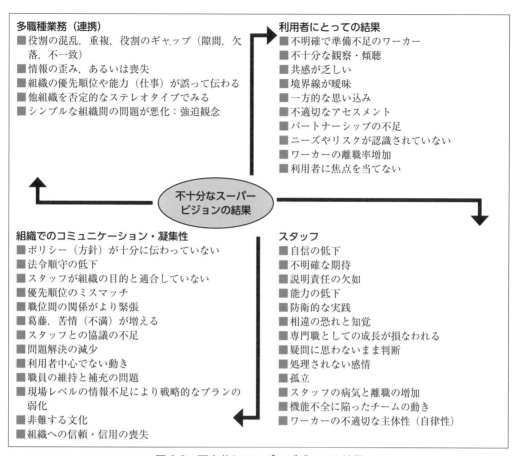

図 2.3　不十分なスーパービジョンの結果

# スーパービジョンのサイクル

　これは 4 × 4 × 4 モデルの 3 つ目の要素で，スーパービジョンそのもののプロセスと実践との関係に焦点を当てたものである。図 2.4 の問題解決を目的としたスーパービジョンの図式は，実質的に 2 つのサイクルから成り立っている。「ストーリー」あるいは実践から成るサイクルと，経験，振り返り，分析そして計画から成るスーパービジョンのサイクルである。

　これらの並行したサイクルは，サービス利用者への効果的な実践と効果的なスーパービジョンのプロセスを説明するもので，それらが密接に関連していることを示している。

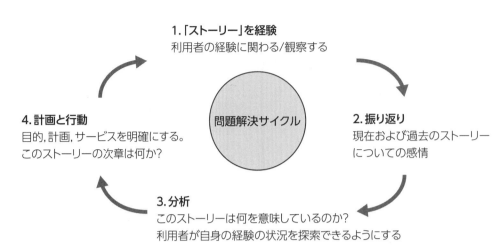

図 2.4　問題解決を目的としたスーパービジョンのサイクル

出典：Adapted from Morrison, T. (2005) *Staff Supervision in Social Care* (Figure 18 on p.155). Brighton : Pavilion

# 「ストーリー」あるいは実践からなるサイクル

　このサイクルは，どんな場面においてもワーカーが次のようなことをしているときに，良い実践となることを示している。

- ■サービス利用者とともに，彼らのストーリーに関わり，他にも関わっている人々のストーリーを認識している。
- ■利用者がストーリーから喚起される感情と関係者の感情に気づくよう支援している。
- ■利用者がストーリーの意味，その原因，結果，影響について考えるよう支援している。
- ■利用者がストーリーの次の章で，どのようなストーリーが書かれるのを望んでいるかについて考え，ストーリーが進んでいくためにどのような援助が必要かを考えるよう支援している。

## 経験：ストーリーを引き出す

　最初に，利用者と関わる際に，利用者の状況を探索するための状態を整えることが重要である。これは，ワーカーが自分の役割を明確にするとともに，情緒的に暖かく接することであり，そうすることで利用者は自分の状況を説明し，ニーズや心配事，リスク，困難，希望について率直に話すことができると感じられるようになるのである。

　ここでは，ワーカーは，家族のメンバーによって異なる複数のストーリーを聴き，観察し，自分自身も反応したり行動したりするだろう。さらにワーカーは，関わっている他の組織から

情報を求めるなどして，ストーリーに別の側面を加えることもある。

## 振り返り：ストーリーについての感情

　脆弱なサービス利用者は，家族メンバーや友人・近隣住民などらの間で強く，時に葛藤を伴うような感情や状況，さらにニーズに直面しているかもしれない。ワーカーは，ストーリーのなかの情緒的なことについて抑圧されることなく話せるように，守られていて安全だと感じられるような環境や状況を整える必要がある。

　しかし，現在のストーリーに対する利用者の感情や反応には，過去に喪失や無力感を経験していて，それが未解決のままのストーリーが混在していることがよくある。これらの過去のストーリーには，パターン，習慣，不信などの学習して身についた反応が含まれており，それがさらなる困難を生じさせたり，現在のストーリーを複雑にする。

　これらの過去のストーリーやパターンが現在の状況に影響しているかもしれないことを利用者が認識できるように援助することが重要である。同じように，そこには潜在的な強さや保護的な要因として働くレジリエンスや勇気，ケアといった別のストーリーや経験もあるだろう。これらの適応的で親和的なパターンも探ることが重要である。

## 分析：ストーリーの意味を理解する

　人がいかに自分のストーリーを理解し意味づけをするのかについて尋ねることは重要である。自分の状況についてどう思っているのか，ワーカーに対してだけでなく，自分自身に対しても，それをどのように説明するのか。そこには，自身の置かれた状況のきっかけや結果，影響をどのように捉えているかということが含まれる。

　危機は，しばしばアイデンティティや自尊心，家族やコミュニティにおける立場や社会的な役割について，話されない不文律の疑問を生み出す。これらの感覚はしばしばジェンダーや民族，健康，障害，階級に関連する社会的・文化的な期待と関わっている。これらに関するストーリーの社会的・心理的な意味に気づかないままサービスや介入の計画をたてることはできない。

## 計画と行動：ストーリーの次章

　これは，ニーズを認識し，個別の計画をたて，動機と未来への希望を生み出すために利用者とともに取り組むことである。ストーリーのたとえを使うなら，この段階は，次の章に向かう異なるストーリーを探り，現在のキャラクターを書き直し，新しいキャラクターを引き出し，新しいストーリーでは誰がどんな役割を演じるべきか，あるいは，演じることができるかを考

えることだといえる。次章が始まり，サービスが提供されるにつれ，さらなるサイクルが回りはじめ，新たな要素がストーリーに加わっていくのである。

　現実の世界では，ワーカーは一般的に複数のストーリーのサイクルに関わっているが，ワーカーはそのうちの幾つかだけ知っていたり，理解したりしている。他の機関も関わっているかもしれないし，そこのワーカーが利用者との間に別のストーリーを展開しているかもしれない。

## 内省的スーパービジョンモデルとしてのスーパービジョンサイクル

　サイクルの４つのステップは，同様にスーパービジョンプロセスにも適用できる。スーパーバイザーが質問する方法は，ワーカーが利用者のストーリーを引き出す方法と同じくらい重要である。利用者自身や利用者の状況についての開かれた質問は，焦点が挟まる閉じられた質問よりも出来事について全く異なる見方を引き出したりする。つまり，ワーカーのとらえ方や焦点は，スーパーバイザーから受けた質問によって大いに形づくられるのである。

　長年，スーパーバイザーのトレーニングを行ってきた経験からいえば，開かれた質問をするスキルを習得するためには，ストレスや不安については，特に，繰り返し聴くことが必要な時がある。

## 経験する

　スーパービジョンサイクルは，成人学習理論に基づいている。Kolb（1984）によれば，解決すべき問題という点では，馴染みがない状況か，あるいは充足しなければならないニーズがあるという経験が学習のきっかけになる。学習は，経験を感情（内省），知識，態度，価値（分析），行動，スキル（計画と行動）に転換することに関わっている。

　専門的な意味では，ワーカーが実践的な課題に取り組んでいる中で，問題を経験したり，実践的な成長の必要性を感じたときに，そのサイクルは引き起こされるのである。別の言葉で言えば，スーパーバイザーは，ワーカーにケースを振り返るよう求めることや，実践の改善を求めることでそのサイクルを引き出せるかもしれない。

　経験を活用し，そこから学ぶためには，まず，自身の経験を思い出し，それに取り組まなければならない。たとえば，ワーカーは，心理的に距離をもったまま課題を済ませているかもしれない。このサイクルのステップでは，スーパーバイザーの課題は，何が起こっているのか，利用者の状況の本質は何かをワーカーが正確に観察できるように支えることである。ワーカーが，正確に観察できていると思い込んではならない。また，あわただしいオフィスでスーパー

バイザーが「何が起こったのか？」と尋ねてもワーカーの観察したことですべてわかると思ってはいけない。かわりに，「何が起こったのか？」との質問は，「緊急あるいはハイリスクのことだけ述べるよう」，「すぐに指導（指示，サポート）する」に縮めてもよいだろう。実践についての見方は，スーパーバイジーとスーパーバイザーの対話の結果として現れ，スーパーバイザーが行った議論や質問のタイプによって大きく影響を受ける。そのため，実践のサイクルは，客観的な情報としてあるのではない。むしろ，スーパーバイザーがワーカーの観察についてどのように質問したかによって実践についての見方の焦点と範囲が形作られるのである。

### 振り返る（内省）

経験を思い出すだけでは十分ではない。経験について振り返らなければ，経験は失われたり，誤解されるかもしれない。たとえば，ワーカーが大変な仕事に取り組んできても，もしその経験を報告したり，振り返らなければ，その経験から得られるメリットは失われたり，誤解されたりするかもしれない。

感情を処理することが，より複眼的な観察，たとえば，情緒レベルで得た観察を明らかにすることがよくある。振り返りは，感情，思考パターン，自身の経験から生じてきたつながりを探ることである。それはまた，ワーカーのどのような価値や思い込みが引き起こしたのかについて理解するという気づきを経験することでもある。

ソーシャルケアの課題の本質は，強い感情を伴いながらも倫理的な応答をすることであり，それは承認され，処理される必要がある。また，これらの応答の根源を明らかにすることが重要である。時に私たちは，クライエントとの面談前に何らかの感覚を得ることがある。たとえば，合理化できない（説明がつかない）反応や感情があるのは，言語化されない状況や危険についての重要な情報があるということである。

スーパーバイザー「では，家庭訪問の間，あなたが寒気やゾクゾクした感じがし始めたとき，何が起こっていたと思う？」

ワーカー「思い返すと，それは私が道を上っていき，犬がうなっていて，デビットがアニーにすぐにお茶をいれろと怒鳴っているのを聞いた時です」

このような反応は，ワーカーの個人的な経験が混在していないかどうか確認するためにも探る必要がある。新しい要求や責任に直面しているワーカーにとって，仕事の情緒的な重荷について話す機会は特に重要で，情緒について話すことはストレングスや有能であることの現れだ

という肯定的なメッセージを受け取れることが大切である。

　振り返ると，以前の経験を参考にすることで異なる状況のなかでの共通の要素を見出すことができる。これは，ワーカーが初期の警告サインや優先順位，課題とともに，重要な問題を素早く見つけることに役立つ。

## 分析する

　振り返りは，分析につながるべきである。もしスーパービジョンサイクルが振り返りで止まってしまったら，誤った主観的な結論が引き出されるかもしれない。分析には，外部の体系的な知識，理論，調査，専門職の価値のなかに根拠や思いがあるかを確かめ，それを検証することが必要である。たとえば，白人男性の実践家が抵抗を示す黒人クライエントとともに取り組むことについて振り返ることで，司法システムにおける黒人の幅広い経験についての調査に照らしあわせてアセスメントし直すことができる。

　分析は，情報と観察に専門的な根拠を与える。これは，情報を調べ，情報の不一致を精査することから，情報の意味や重要性を引き出すことができるのである。これが，ワーカーが状況について，また自分のアセスメントや意図，計画の意味がわかるということである。そうすることによって，分析は，ワーカーや組織にとってと同様に，利用者にとっても状況が意味することがわかるものでなければならない。分析は，人々の生活に介入することを説明し正当化したり，資源を開発したり，社会的な承認を得た行動をするうえで重要である。

　発達の観点からは，分析は特定ケースについての分析から一般化（普遍化）することによってより広い学習の基礎を与えてくれる。もし，分析がなされないまま，ワーカーが振り返りからすぐに行動に移してしまえば，なぜ正しいのか理解しないまま「うまく」いくということが起こる。同様に，もし，分析がなされないまま，物事がうまく運ばなければ，なぜ「うまくいかない」のかについて理解することができない。このようなことは，ワーカーが困難から学んだり，自らの実践を改善することを妨げる。

## アクションプランをたてる

　効果的なサービス提供のために，分析は計画と行動に変換されることが必要である。スーパービジョンサイクルのこのステップでは，焦点は計画と戦略の準備と予行練習にある。

　目標が設定され，実践的な選択肢が検討されなければならない。ワーカーが新たなアプローチや変化の方策を試みる前に，スーパーバイザーは彼らとともに計画を点検し，協働を進め，

計画がうまくいくための条件を検討する必要があるだろう。スーパーバイザーのスキルは，ここで異なる選択肢を見出し吟味するのを支えるうえで重要である。最後に，戦略を行動に移すとき，スーパービジョンサイクルでは新たな経験が生み出され，新規のサイクルが始まって次のステップに進むのである。

## 短期的な見方と短絡的な解決を避ける

　スーパービジョンのプロセスは，それゆえ，経験，振り返り，分析，計画，行動，振り返りの継続的なサイクルとみることができる。問題解決や十分に効果的になるよう発達するために，学習サイクルのすべての４つの部分が取り扱われる必要がある。スーパーバイザーにとってのチャレンジは，振り返りや分析についてほとんど，あるいは全く焦点をあてずに，経験から計画へと素早く移行しようという誘惑や圧力に抵抗することである。これが「短絡的な解決（近道）」である。図2.5 短絡的な解決に示されているように，このプロセスのなかの振り返りと分析のステップを急いだり飛ばしたりすることで，素早く問題解決できるかもしれない。しかし，問題が適切に取り扱われないために，問題の再発が生じやすくなる。

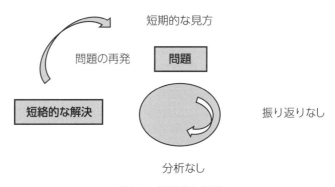

図 2.5　短絡的な解決

　さらに，ワーカーは異なるスタイルや好みをもっているため，あるソーシャルワーカーは感情についての質問には容易に関われるかもしれないが，他のワーカーにとっては，それはずっと難しいかもしれない。ソーシャルワーカーの専門職としての発達のレベル，専門領域・分野，役割，ジェンダー，言語，階級のような要因がすべて，問題解決のスタイルに関わってくる。

## 内省的な実践ができるようにサイクルを使う：振り返りの４つのレベル

　内省は乱用されていて，定義されていない言葉である。それが有益で実践的な概念になるのは，スーパーバイザーとスタッフが内省とは何か，なぜ重要なのか，スーパーバイザーとバイジーが内省に取り組むことについてどんな根拠があるのか共有されているときだけである。

内省は，事実，感情，前提，規範，価値，態度，知覚に関わる。それは内的な活動であるが，他のステークホルダー，すなわち同僚，利用者，機関，コミュニティの見方や関心に関わることを要する。内省は，状況や役割，行動の間をつなぐ。それは個人的，専門的，政治的，哲学的な枠組みと同様に，過去，現在，未来にも関わる。

　その中心で，内省は，自分自身と世界との関連のなかでの自分自身という点で経験の意味することを見出し，明らかにするプロセスである。

　Ruch（2000）は，内省の４つのプロセスを示している。
■技術的
■実践的
■プロセス
■クリティカル

## 技術的な内省

　技術的な内省は，実践の出来具合を，基準や方針，あるいは手順と比較して検討するもので，内省を実践的な形で，行動の正しいあり方を認識するために外的・技術的な情報を活用するのである。マクロレベルでは，実践のマネジメントの評価あるいは監査は，正式，組織的，技術的な内省と考えられる。

## 実践的な内省

　実践的な内省は，Schon（1983）の業績から学ぶことができる。Schon は，技術的な合理性を強調することを批判し，ワーカーらがしばしば不明確で面倒な状況（"沼の多い低地"のような）のなかで働いているような，対人援助サービスにおける内省の役割を探求した。Schon の研究の主たる焦点は，個々の対人援助サービスの実践者が行動しながら（実践の出来事のなかで）振り返ることと，行動について振り返ること（出来事のあとで経験を見直すこと）の両方があるとしている。Thompson and Thompson（2008）は，これらに行動のための振り返り，すなわち困難を予測して前もって計画することに関わる内省を加えた。このアプローチでは，専門的な知識は絶対でなく，かわりに特定の状況に適用できるような，実践者にとって参考となる枠組みを与えてくれるものと認識されている。

## プロセスの内省

　プロセスの内省は，その根源を精神分析理論にもち，焦点は思考と感情の相互作用と，これらがどのように実践家の判断と決断を形作っているかにある。プロセスの内省の目的の一つ

は，無意識の内的および対人的な力の本質や資源，影響についての実践者の気づきを高めていくことである。Sheppard（2006）は，それについて，思い込みや暗黙知は，実践家が活用している隠された理論を探る方法だと述べている。これは，実践家の知識がいかに文化的，政治的な力によって形作られているかということや，実践家のなかにある隠された思い込みについての気づきを増やすことを含んでいる。

## クリティカルな内省

クリティカルな内省は，専門職が一歩前進するための知識や実践について精査するものである。クリティカルな内省では，実践者が現在の力関係に疑問をもち，挑むことを勧めたり，実践に関する知識が，誰の利益で，どのような動機のために，いかに形成されたのかを確認することを促進する（Fook, 2002）。知識は，中立的あるいは客観的というよりむしろ，社会的に生成されるため，常に部分的（不完全）あるいは発展途上でしかありえない。同時に，知識は実践者とサービス利用者双方の経験や力関係についての意味のある議論のプロセスを提案する。

4つのレベルの振り返りは，タマネギの皮をむくようなものであり，それぞれの層が分析のレベルを深めていく（皮をむくほど分析のレベルが深まる）。これらの4つのレベルを用いることで，どのように実践したのかという説明と理論を示すことが可能となる内省的な実践者になっていくのである。これにより，スキルを変容し，既存の理論や実践を新しい状況に適用できるようになるという付加的な利益もある。

最後に，クリティカルで内省的な実践者は豊かに調和した規範的，解釈的，クリティカルな理論をもっていて，それらの理論を常に問い，見直していると同時に，価値や実践の倫理的な側面に注意を払っている。彼らはまた，実践が果たす，より広い役割と自らの仕事を変え，社会を再生し，どのようなものに変えるかについて気づいている。

スーパーバイザーとスーパーバイジーの両者がこの4つのレベルの全ての内省に取り組むのは，スーパービジョンサイクルの4つのステージを通してである。しかしながら実践レベル間では，この4つのステージがオーバーラップしていることがよくある。スーパービジョンでの会話は一つのレベルで始まって，それから別のレベルに進むかもしれない。次に示すのは4つのレベルの例で，スーパーバイザーが会話の焦点や見方，目的を変えることでどのように別のレベルに移っていくかを示す。このような方法で，スーパービジョンのプロセスは，表面的な振り返りから深い振り返りへと深化していくのである。

## 技術的な内省から実践的な内省あるいはプロセスの内省へ

　ワーカーが求められている時間制限のなかでアセスメントを完了しているかどうかをスーパーバイザーが確かめようとするなら，それは技術的なレベルである。その目的は法令順守ができているか確認することで，焦点は職務（アセスメントの完了）にあり，組織的な視点でみている。このレベルでの振り返りは，前述したような短絡的な解決に非常によく似ており，すなわち問題に対して直接に反応している。しかしながら，ワーカーがしばしば抱える困難に対処するために，スーパーバイザーが直接に反応することは，別のレベルの焦点に移ることになる。これは，「私たちはこれについて何ができるか？」という実践的なレベルの内省にもなるし，「あなたはどうしてこんなことが起こると思う？」というプロセスレベルの内省にもなる。

## 実践的な内省からプロセスの内省へ

　スーパーバイザーは，ワーカーがどのように報告や記録を構成したらよいか考えるのを支援する。ここで焦点となるレベルは，実用的で，ワーカーが問題を解決することと，さらに専門的で利用者について深く理解しようとするように視点を広げることを援助するのである。しかし，スーパーバイザーがワーカーが記録を書くことについての何らかの心配や，記録を書くことがワーカーにとってどのような意味があるのかについて内省し考えるよう求めるならば，それはプロセスレベルに移行している。

## プロセスの内省からクリティカルな内省へ

　スーパーバイザーは，ワーカーの記録がサービス利用者にいかに否定的に言及しているかを観察する。スーパーバイザーは，ワーカーにサービス利用者についてどう感じているか，利用者がワーカーやこの記録のことをどう思っているかを尋ねる。さらに，この利用者について他の誰かや以前のケースを思い起こさせるなどのような，内省を求めることもある。このように，内省の焦点は，個人的な捉え方へと移り，目的も自己覚知とサービス利用者の経験への共感を高めることへと移っている。この例は，スーパーバイザーがワーカーにサービス利用者についての報告がパワー，知識関係，アカウンタビリティ（説明責任），そして透明性に関してより幅広い課題をいかに取り上げるかについて考えるよう求めるとき，クリティカルな内省のレベルに進むだろう。他の例として，ワーカーの記録のなかに，たとえば，誰にも伴われず保護を求める子どもたちの親について，民族（人種）や文化，階級などについての前提が含まれている場合があげられる。これは，知識がいかに作られ，社会的な状況がどのようにワーカーの態度に影響するかについて焦点をあてることで内省のプロセスを拡大することになる。

## クリティカルな内省の例

　障害児のための多職種サービスで働いているスーパーバイザーは，チームに障害についての

さまざまなモデル，特に医療モデルと社会モデルの違いについて探索するよう求める。クリティカルな内省は，解放する側面をもっていて，それは既存の力—知識の関係に挑む機会を与えることになるからである。クリティカルな内省は，隠れた前提についての本質や行動についての暗黙知，たとえば障害児への虐待は健常児の虐待より大目に見られる（許容される，寛大に取り扱われる）といったものを探る。クリティカルな内省は，誰の利益において知識が形作られてきたのか，知識の構造はどのように特定の社会関係，たとえば，一定の社会状況の中での認識によってその知識の判断が異なってくるということである。それゆえ，見方は公的，社会的な範囲を含むものまで広がり，障害に対するより広い社会の態度，個人の価値，そしてその介入の範囲への影響についての探求を含むようになる。

ワーカーがこのような方法で実践できるとき，Sheppard（1998）による次のような内省的な実践者の定義に確かに合致し，対人援助サービスで働く実践者に広く応用できる。

「…社会的に位置づけられたクライエントとの関係に気づき，自身の役割と目的について明確に理解し，自分自身の行動と相互作用はソーシャルワークプロセスの一部となる参加者として自分自身を理解し，自分の経験がこのプロセスにどのように影響するか気づきつつ状況と根拠を分析することができ，アセスメントや介入に関わる知的で実践的なプロセスがわかり，実践の状況について理解する方法の下に隠された思い込みに気づき，自分の実践の本質と目的との関係において実践することができる」

### 内省的なスーパーバイザーとは何を意味しているのか？

上記の議論から，私たちが複雑な人間関係のなかで効果的に働こうとするなら，内省的な実践は重層的で不可欠な活動であることは明らかである。このことを認識して，内省的なスーパービジョンのニーズは，その意味について一貫した理解はないが，ソーシャルケアの用語になってきたのである。たとえば，ある人にとっては，技術的な面を内省したり（私，正しいプロセスにそってやっているか？），ある人にとっては，Schonの行動についての内省になっていたり（一歩戻って実際の出来事について振り返る），また別の人にとっては情緒に焦点をあてたものだが，他の人にとっては自分自身の信念や態度についての内省であったり，自分がどんな行動をとればよいか知るための知識基盤を継続的に問いかけるものであったりする。

本書の目的としては，内省的なスーパービジョンは，これらすべてを合わせたもので，スーパーバイザーがスーパーバイジーに次のようなことを行うために関わるプロセスである。

■自身の実践と自身の反応（情緒的な影響，力関係，社会背景を含む）に影響を及ぼす要因を

探る。

■状況の分析に影響する知識基盤および思考の限界についての共通理解を発展させる。

■この理解を次のステップに移るために使う。

内省的なスーパービジョンは，それゆえ，感情，思考，行動に関わり，スーパービジョンサイクル全体を効果的に用いることで自動的に促進されるものである。

注 ......................................................................................................................................................

1) ステークホルダーとは，組織の提示する目標の達成に影響を及ぼす，あるいは影響を及ぼされる組織団体や個人のことである。また，利害関係者とも訳され，本書では，利害関係のある利用者，スタッフ，法人，組織，行政，政府，地域社会などを指す。

2) YOTs（Youth offending teams: 青少年犯罪チーム）は，若い犯罪者の再犯を防止し，地域社会に積極的に送り出すことを目的とし，青少年担当の裁判官によって監督された，複数の専門職によって組織されたチームのことである。

3) CAMHS（Child and Adolescent Mental Health Services: 小児および思春期のメンタルヘルスサービス）は，英国の子どものためのNHS（National Health Service）が提供しているサービスで，心理・精神・行動などに関する困難を抱える青少年の状況を評価し，治療を実施する。うつ病，摂食障害，自傷，虐待，暴力，双極性障害，統合失調症などをサポートする。

引用文献 ......................................................................................................................................

Fook, J. (2002) *Social Work: Critical theory and practice*. London: Sage.

Gadsby Waters, J. (1992) *The Supervision of Child Protection Work*. Aldershot: Avebury.

Harries (1987) cited in Morrison, T. (2005) *Staff Supervision in Social Care*. Brighton: Pavilion.

Kadushin, A. (1976) *Supervision in Social Work*. New York: Columbia University Press.

Kolb, D. (1984) *Experiential Learning: Experience as a source of learning and development*. London: Prentice-Hall.

Morrison, T. (2005) *Staff Supervision in Social Care*. Brighton: Pavilion.

Poertner, J. & Rapp, C. (1983) What is social work supervision? *The Clinical Supervisor* 1 (2) 53-65.

Richards, M., Payne, C. & Sheppard, A. (1990) *Staff Supervision in Child Protection Work*. London: National Institute of Social Work.

Ruch, G. (2000) Self and social work: towards an integrated model of learning. *Journal of Social Work Practice* 14 (2) 99-112.

Schon, D. (1983) *The Reflective Practitioner: How professionals think in action*. Aldershot: Arena.

Sheppard, M. (1998) Practice validity reflexivity and knowledge for social work. *British Journal of Social Work* 28 763-781.

Sheppard, M. (2006) *Social Work and Social Exclusion: The idea of practice*. Aldershot UK：Ashgate.

Thompson, S. & Thompson, N. (2008) *The Critically Reflective Practitioner*. Palgrave MacMillan: Basingstoke.

Wallbank, S. (2013) Recognising stressors and using restorative supervision to support a healthier maternity workforce: a retrospective, cross-sectional, questionnaire survey. *Evidence Based Midwifery* 11 (1) 4-9.

# 第3章

# スーパービジョン関係を
# 形成する

　Carpenter ら（2012）のスーパービジョン調査についてのレヴューでは，最高のスーパービジョンを支える多くの要素が見つかっている。これらは，次のようなものである。

■社会的・情緒的なサポート
■専門的な知識をもつスーパーバイザー
■業務遂行の援助
■振り返りをする場
■肯定的な関係

　効果的な関係の重要性はこの本の初めから終わりまでのテーマとなるもので，ほとんどのスーパーバイザーとスーパーバイジーはこれについて反論しないだろうが，しかし達成するのは難しいと感じているかもしれない。調査では，スーパーバイジーは，サポートや振り返り，彼ら自身の成長が優先されるような関係を経験するよりも，むしろ業務遂行に焦点がおかれたスーパービジョンを受けていることが多いことが一貫して示されている。たとえば，2013年のコミュニティケア調査では次のように報告されている。

■回答者の37.5%はスーパービジョンを受けておらず，それは彼らの組織ではスーパービジョンは優先されていないからだと述べた。
■回答者の54%は彼らが受けたスーパービジョンに内省的なものはないと述べ，一方で28%は内省的な要素はほぼ半分だったと述べた。
■回答者の73%は，スーパービジョンは，ターゲットと期限をモニターすることだと述べた。

　スーパーバイザーは，時間とエネルギーを，一方でワーカーが困難や不安，不確かさを探るために必要な安全と抑制をもたらす協力的な関係を作ることに費やしたいという欲求と，他方で管理的な情報や手続き上の順守のために組織のニーズにあわせることに費やしたいという欲

求の間で綱引きが行われているように感じているかもしれない。スーパービジョン関係そのものをつくることは，手続きに従うことの一部になるだろうし，スーパービジョン契約においても個人が関心をもっていることについて，ただ単にチェックするだけになってしまう。

　スーパービジョンの４×４×４モデルの効果的な実施のためには，スーパービジョン関係の質に焦点をあてることが重要である。そうでなければ，スーパービジョンサイクルのすべての要素について取り組み，その機能をバランスよく実施することはできないだろう。自分をコントロールでき，自身の実践について正直に振り返ることができると感じるような安全な場所がなければ，スーパーバイザーが自分の実践について正直かつ率直になることができず，その結果，スーパーバイザーはスーパーバイジーの言動について用心深く，あるいは疑い深くなって，それがさらにスーパーバイジーを防衛的にさせてしまう。第１章で述べたような非協働的なスーパービジョンサイクルが生じやすく，サービス利用者に否定的な影響をもたらすことになる。

　近年，Social Care Institute for Excellent（Lambley & Marrable, 2013）が実施した実践についての調査では効果的なスーパービジョン関係の要素は，開放，正直（誠実），敬意―ワーカーの感情を尊重することを含む―であることを明らかにしている。付属の実践ガイド（SCIE, 2013）には次のような注釈がついている。

　　「さらに，効果的な関係形成は，スーパーバイジーが自身のニーズをスーパーバイザーが
　　どれだけ満たしてくれると見ているかに依存しており，両者がそれぞれの役割，責任，そし
　　てその関係の境界と限界について明確に理解していることが重要である。この理解は，スー
　　パービジョンについての合意あるいは契約を上手く使うことによって深めることができる」

　スーパービジョンの関係形成のような，具体的でない側面に注意を払わない理由としてよくあげられるのは，時間不足である。しかし実際の調査と実践の根拠によると，特に開始時において関係形成に多くの時間を費やすことで，その後のスーパーバイジーとの関係性に多くの利点が生じる。生育歴や潜在意識のような複雑な相互作用によって緊張が生じている場合には，スーパーバイザーとスーパーバイジーは，しばしば否定的な相互作用とお互いの不信感に巻き込まれることがよくある。たとえば，在宅福祉の現場に新たに赴任したスーパーバイジーは，多くのスタッフ（スーパーバイザーを含む）が地元出身で職場外でも友人であることに気づく。その新人のスーパーバイジーは，最近，自身が上司からいじめられていると感じていた仕事から転職してきたため，スーパービジョンで打ち解けず，それゆえスーパーバイザーからは否定的で，よそよそしく，防衛的とみられてしまう。スーパーバイジーが小さなミスをしたことを

スーパーバイザーに知らせず，スーパーバイザーが後でこのことを発見したとき，ワーカーに対する気がかりが裏付けられたと思うだろう。この悪循環は，まさにスーパービジョンの開始時からスーパーバイジーの認識や見方の違いについて理解することに時間をかけることによって避けられる。

　上記の緊張関係の中心にあるのは，バランスのとれた権威を活用することが必要だという誤解があるからだろう。

## 権威とスーパービジョン関係

　役割と責任を理解することは，スーパーバイザーの役割のなかに内在する権威について共通理解をもつことである。Hughes and Pengelly（1997）は，スーパービジョンでの権威について3つの側面があり，最高のスーパーバイザーは，それら3つをバランス良くもっているという。

### 1. 役割による権威

　これは，組織からスーパーバイザーに与えられた権威のことである。スーパーバイザーとスーパーバイジーの両者とも役割の境界について理解し尊重することが必要である。たとえば，スーパービジョンの仕事の一つはスーパーバイジーの考えに問いかけ，クリティカルな内省を促すことである。

### 2. 個人的な権威

　スーパーバイザーが誰か，スーパーバイジーからどのように見られているかによる権威のことである。彼らは人格者で，他者に対して公平で，開かれており，率直で信頼できるだろうか。彼らは，チームや同僚から尊敬されているだろうか。

### 3. 専門的な権威

　スーパーバイザーはまた，専門的知識や専門性，あるいは自分の知識やスキルの限界，異なる専門職との境界の認識に基づく権威をもつ必要がある。特に，スーパーバイジーと異なる専門的バックグラウンドをもつスーパーバイザーにとっては，最後のポイントが重要である。

　これら3つのバランスをとるためには，スーパーバイザーとスーパーバイジーの双方が互いを知り，ストレングスと限界を探り，専門的な作業同盟を組むための機会をもつことが重要である。このプロセスで役立ち，本書で説明するスーパービジョンのモデルにとって核となる2

つの方法として，スーパービジョンの合意／契約を行うこととスーパービジョン歴を聞くことである。どちらもシンプルで，関係作りのよい方法であり，多くのスーパーバイザーの経験から，それらが特にスーパービジョン関係の問題を防ぎ，既存の問題を明らかにするのに役立つということが示されている。

## スーパービジョンの合意

これはまた，よくスーパービジョン契約ともいわれる。

スーパービジョンの合意については長年，文献のなかで議論されてきたが，実施については統一されていないことが明らかになっている。たとえば，多職種についての調査 (Bell, 2009) では，回答者のほぼ半分 (49%) がスーパービジョンの合意もしくは契約をしたことがなく，44% だけが契約をしたことがあると述べている。看護スタッフは最も多く (62%)，医療スタッフが最も少なかった (6%)。ソーシャルワーカーの回答者のなかでは 37% だけが契約をしていた。

問題の一つは，合意は関係づくりの大切なステップというより，いまだに形式的な手続きで，フォームにチェックを入れるものだと見なされていることである。実際，合意に達するプロセスは，最後の記録と同じくらい重要であり，スーパービジョンの質とプロセスについての継続的な振り返りのための生きた道具として見られるべきである。

スーパービジョンの合意は次の理由で重要である。
■スーパービジョンの合意はスーパービジョン活動について真剣であることを反映する。
■合意づくりはパートナーシップ行動のよいモデルとなる。
■スーパービジョンの合意で役割と責任が明確になる。
■スーパービジョンの合意で説明責任と権威を明確にする。
■スーパービジョンの合意は関係を振り返る基礎となる。
■スーパービジョンの合意はスーパービジョンの質の評価基準となる。

## スーパービジョンの合意と反抑圧的な実践

上記のなかでは，権力，権威，そしてオープンな関係性の中でスーパービジョンが行われていることが必要であることは，先行研究で明白である。スーパービジョンは，権威的な関係ではあるが，権力の乱用はないということが認識される必要がある。権力と権威の関係は複雑で，

ジェンダー，人種，文化，言語，階級，性別，障害などの違いがあるところではその複雑さは増す。このような環境では，権力の乱用は，問題や差別を引き起こすことがあり，不十分な実践の原因となる。このことについての恐れはどちらの側にも影響し，次のようなことが起こるかもしれない。

■差別的だとみられるのを恐れるあまり，自身の権威を放棄するスーパーバイザー
■スーパーバイザーの正当な権威に敬意を払おうとしないスーパーバイジー
■違いを認めないという形で権力を乱用し，不満や規律上の手続きにおいて少数派グループのスタッフを取り締まり過ぎたり，味方になりすぎたりするスーパーバイザー
■違いを無視してみんな同じように取り扱おうとして，人に主流派グループの信念体系に合わせることを期待するようになっているスーパーバイザー
■スーパーバイジーは誰か特別な人を必要としているという理由で，臨床現場でのスーパービジョンを避け，ワーカーが本来受けられるはずのサポートや指導に迷い，結果的に力を失い疎外感を増してしまうスーパーバイザー

スーパービジョンの合意を形成するプロセスでは，違いについて率直に認め，潜在的な課題を探ることができる。合意を検討することは，スーパーバイザーにとって，スーパーバイジーがどのように権威を経験したかについて理解する機会であるとともに，スーパーバイジーが価値，権力についての課題，パートナーシップ実践を振り返ることができる場だと感じているかどうかを判断する機会にもなる。

## 効果的なスーパービジョンの合意に向けて話し合うこと

合意についての考え方として，3本足のスツールがしっかりとまっすぐに立っているためには3本の足すべてが適切な場所になければならないのと同じように，3つの要素が適切になければならない。

これらの3要素は次のとおりである。

■管理的　―　頻度，場所，記録
■専門的　―　目的，焦点，原則，説明責任
■心理的　―　動機，信頼，コミットメント（責任，関わりあい），主体性，投資

# 合意について検討するための5つのステージ

　項目を素早くチェックするだけの合意を超えて，このアプローチはプロセスそのものよりも最終的な記録を書くための全体のプロセスに焦点を当てるものである。5つのステージは次のとおりである。

1. 確認事項
2. エンゲージメント関係の形成
3. アンビバレンスについての認識
4. 合意文書
5. 合意の見直し

## 確認事項

　スーパーバイザーもスーパーバイジーも始めからスーパービジョンとは何かを知っていることが必要で，組織からスーパーバイザーに付与された権限の本質を明確にする必要がある。

確認事項1ステージで話し合うべき主たる課題は次のとおりである。

■ スーパービジョンへの期待について，雇用方針では何と述べられているか。

■ この方針は専門職団体が設けた基準とどのように関連しているか。

■ 交渉が不可能なことは何か。

■ 交渉可能なことは何か。

■ スーパービジョンにおいて個人がもつ権利は何か。

■ スーパービジョンにおいて個人が負う責任は何か。

■ 秘密保持に関する境界と制限は何か。

■ どのような記録があり，誰がそれを保管し，どんな目的ならば誰が閲覧可能か。

## エンゲージメント関係の形成

　スーパービジョンのための明確な確認事項があることは基本であるが，それが両者のエンゲージメントを保障するものとは限らない。そこには，心理面について確認する必要性もあり，合意した役割，責任，ニーズ，期待に基づいて，両者がスーパービジョンについて共通認識をもって真剣に取り組むことが必要である。このエンゲージメントで，スーパーバイザーとスーパーバイジーはお互いの信頼を形成するとともに，不安を軽減し，スーパービジョンについての効果を高めていくことができる。

　エンゲージメントは一晩ではできない。時間と相互信頼と理解が必要である。互いを知り

合うプロセスは，関係形成の特定の課題に焦点をあてることで進めることができる。これは，スーパーバイザーおよびスーパーバイジーそれぞれの専門性について明らかにするとともに，日々の実践とスーパービジョンの両方にどんな影響を及ぼしているかを明らかにするのに役立つ。スーパービジョン開始時からこれらを取り扱うことは，建設的で協働的なスーパービジョン関係を形成することに役立つ。

エンゲージメントのためにアセスメントすることとして，次のようなことがある。

■以前のトレーニングおよびスーパービジョン経験，そしてこれらの経験からみたスーパービジョンへの考え方や実践への影響
■以前のスーパービジョン経験やソーシャルワーカーのプログラムへの期待からみて，ワーカーはスーパーバイザーのどのようなことが助けになると思うか。
■スーパーバイジーが不安だったり，ストレスを感じていたりするのをスーパーバイザーはどのように気づくか。
■スーパービジョンにおいて権威や葛藤をどのように取り扱うかという期待
■スーパーバイジーの学習スタイルに対して，スーパーバイザーの学習スタイルとどの程度適合するのか。
■業務の本質，目的，根拠についてスーパーバイザーとスーパーバイジーのそれぞれがどのような信念と価値観をもっているか。
■スーパービジョンの関係に影響を及ぼすかもしれないジェンダー，階級，民族，文化，性的指向，障害などに関わる要因
■利用者の参加や実践での権威の利用についてのそれぞれのアプローチ

このリストには，スーパーバイザーとスーパーバイジーの両者がアセスメントするべき領域が含まれている。関係形成は，単にスーパーバイザーがスーパーバイジーを理解するということではなく，またスーパーバイジーがスーパーバイザーを理解するということでもない。たとえば，もしスーパーバイジーが実践でとても強いリスク回避アプローチをとろうとする一方で，スーパーバイザーは非常にリスクに対して寛容で許容度が高いときなど，このようなことは早い段階で認めて話し合う必要がある。

## アンビバレンスについての認識

対人援助専門職のワーカーは，どうしても次のようなことに関する強い情緒を経験する。

■悲しみ，絶望，混乱，恐れを起こすような業務による個人的な影響

■特定の利用者や状況への過度な同一化
■利用者の状況や行動に耐えがたかったり，道徳的な嫌悪感をもつこと
■時間や資源の不足による欲求不満や落ち込みおよび混乱
■業務への前向きな期待と現実との間にギャップがあること

　これらに加えて，Claxton（1988）は，大人は自分自身について不合理的な信念をもっているために，学ぶことと成長することに関してアンビバレントだと述べている。これらの信念は，対人援助専門職において特に強く，ワーカーらは自分のスキルや価値を新しい雇い主や同僚に証明しなければというプレッシャーを感じるかもしれない。たとえば，次のように感じるかもしれない。

■私は有能でなければならない。
■私は自分をコントロールできていなければならない。
■私は一貫していなければならない。
■私は快適でなければならない。

　新しいスーパービジョン関係はすべて未知数であり，両者はいくらかのリスクをとらねばならない。特にワーカーにとってはそうで，自分が有能ではなく，快適でもない領域や，一貫して行動できていない領域に出会うかもしれない。これらは，スーパーバイジーの経験のなかで認識されていない側面であったり，意識下にあったりするかもしれない。スーパービジョンでこれらの情緒や曖昧さを探ることは，成長の最高の機会の一つとなる。また，ワーカーの不快さはチームや組織のなかで，あるいは他の機関とともに働く際のより広いプロセスを反映していることもありうる。

　情緒やアンビバレントに関連する課題を探ることは真の利益になり，これはより不快レベルの分析につながることもある，しかし，スーパーバイジーはそのような課題を探ることをとても怖がり，自分が対処できない，あるいは無能だとみられないかと恐れるかもしれない。そのため，スーパーバイザーがこれらの反応を正常なものとし，たとえば，次のように言うことはとても重要である。

　「これが強い情緒的そして態度の反応を引き起こすことはわかっていますよ。きっかけは，私たちそれぞれで違うし，同様に私たちがこのような状況にどう対応するか，特にスーパービジョンでそれらがどのように表面化するかも違います。私が一番役立つためにはどうすればよいのか知るために，あなたがご自身の深いところ，混乱や苦痛，恐怖，怒りを探る時，

*何が起こっているのか話していただけますか。スーパーバイザーとして私は何に注意したら*
*いいでしょうか？　このような状況であなたにとって役立つことは何でしょうか？」*

しかしながら，現実にはそのような探索が関係上の緊張につながることがある。初めの段階
でこのようなことが起こりやすいとわかっていると，スーパービジョンは時には不快であった
り挑戦的に感じられるかもしれないし，そのように期待されるだろう。もし関係が煮詰まり，
緊張のせいで，スーパービジョンが質の高い実践をサポートできていないのならば，両者に
とって開かれた方法を探ることが議論の一部として重要である。

### 合意文書

　スーパービジョンの合意を形成するための構造化されたアプローチは，両者が期待を現実に
するために積極的に関わり，熟考するよう動機づけるだろう。しかし，このような議論は，合
意文書に残すことが必要である。どんな形式でもよいが，次のことは必要である。

- ■十分な議論を経ていること
- ■課題とその取り扱われ方について述べられていること
- ■連名で署名し，日付をいれること
- ■スーパーバイザーとスーパーバイジーの両方がコピーをもっていること
- ■少なくも年に1回は見直しをすること

### 合意の見直し

　スーパービジョンの合意は引き出しの中に入れられ，そのまま忘れられることがよくある。
しかし，スーパービジョン関係は同じ状態にとどまっておらず，内外の要因に応じて変化して
いくので，見直しのプロセスは極めて重要である。合意を見直すことは，両者の視点からスー
パービジョン関係の健全さを考え，惰性を防ぎ，スーパービジョンの重要性に焦点をあてる機
会になる。

## スーパービジョン経験

　スーパービジョン経験は，関係形成の基本的な側面であり，合意のプロセスにおける関係形
成の過程に位置付けられる。スーパービジョン経験によって，スーパーバイジーのスーパービ
ジョンへの反応が以前の経験に影響されていることを知ることができる。スーパーバイザーと
スーパーバイジーがこれらを理解するための枠組みがわかる。スーパーバイザー自身の反応と
スーパーバイザーとしてのスタイルも同様に彼ら自身のスーパービジョン経験から影響を受け

ており，最も上手くいくスーパービジョン文化は，組織内のスタッフ皆が，自分が受けたスーパービジョンの経験を振り返り，スーパーバイザーとスーパーバイジー両方の役割においてそれがどのように影響しているかを理解しているところで育まれるのである。

　しかしながら，このプロセスは強制ではなく任意であるべきである。ワーカーは，スーパービジョン経験について共有する前に，自分自身で今まで受けてきたスーパービジョンについての疑問を考えることができる機会をもてるようにすべきである。結束の強い組織では，以前のスーパーバイザーについて，すぐに誰であったかわかるため，話すのを渋ることがある。そのため，話の内容についての秘密を守ることを取り決めるとともに，関係している人についてどのように言及するのかについて充分な時間をかけて合意することが必要である。

## スーパービジョン経験の聴き取り
　スーパーバイジーには，次のようなことについて聴き取りが行われる。

- 以前のマネジャーやメンター，教員などの重要人物を含む過去のスーパーバイザーのリストを作成する。
- 彼らの影響について簡潔な説明が求められる。彼らが専門職としての成長に役立ったか。もしそうなら，どのように役に立ったのか。
- 過去のスーパーバイザーらのスタイル，焦点，理解，知識，スキル，価値，権威の利用，共感，他に自分に影響があった要因はどんなものであったか明らかにする。
- スーパービジョンのスタイルが実践や同僚との関係にいかに影響していたかを考える。

　これらの問いへの答えが検討され，スーパーバイザーとスーパーバイジーが自分たちのスーパービジョン関係がサポーティブで，しかも焦点がしっかりしていて，目的が明確であるものにするためには何が必要かを探るのである。

　スーパービジョン経験の利益は次のようなものである。

- 脅かさない方法で権力の問題と権威の使用について探る場となる。
- 脆弱性と対処スタイルについて明らかにすることが可能となる。
- スーパーバイザーが，専門職に大きな影響を与えることについての理解が可能となる。
- 責任を分かち合うような仕事上の関係を作るのに役立つ。
- スーパーバイザーが学習や成長を妨げるようなものは何であるかを認識し，理解することが可能となる。

## トランジション[1] に取り組む

スーパービジョンの関係を形成することは，スーパーバイジーに影響を及ぼす多くの要因について理解することなどが含まれているが，そのような重要な要因の一つにトランジションがある。継続的な変化は対人援助サービスにおける仕事の不変の特徴であるため，スーパーバイジーが新しい役割を担う，あるいは職場環境で変化が起こっているような状況をスーパーバイザーが理解し，スーパーバイジーが働くのを支えるために，ここではモデルを活用する。職場の移動や変化を理解することは，スーパービジョンの合意形成の時点で議論を深めたり，スーパービジョンの経験を聞きとったり，変化する時間を通して関係作りを行うことに役立つだろう。

スーパーバイザーがスーパービジョン関係に影響する要因すべてに，適切な関心を向けていないと，トランジションがスーパーバイジーに及ぼす影響を十分に理解することが困難となるかもしれない。

図3.1：職場でのトランジションは，新しい役割を担うにあたって受ける可能性のある影響を探っている。それぞれのステージでスーパーバイジーにとってチャレンジとなる。自分の気持ちを明確に述べたり，適切な支援を求めたりする能力は，社会文化的（例：男性は援助を求めない），組織的・専門的（例：援助を求めるのは弱さのサイン），あるいは個人的（例：前に援助を求めた時，私は無能だとみられた）な幅広い要因に影響を受ける。スーパーバイザーがやらねばならないのは，このプロセスの裏にあることを理解することである。

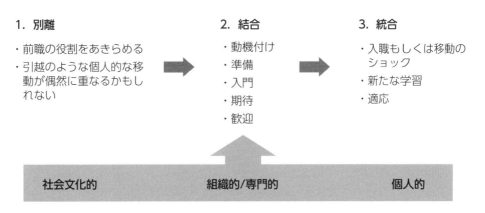

図 3.1　職場でのトランジション

## トランジションカーブ

このモデル (Nye, 2007) は，グループでも個人でも幅広い変化を説明するのに用いることが

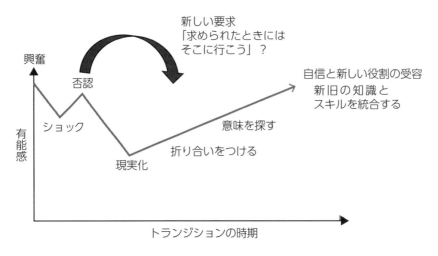

新しい要求
「求められたときには
そこに行こう」？

興奮

否認

自信と新しい役割の受容
新旧の知識と
スキルを統合する

ショック

意味を探す

有能感

折り合いをつける

現実化

トランジションの時期

**図 3.2　トランジションの時期**

出典：Morrison, T. & Wonnacott, J.（2009）

できる。本質において，このモデルは，新しい仕事や役割についた時の初めの興奮が，現実の
職場の要求に直面してすぐにショックや不安，そして身動きとれない状態になったりすること
を示している。

　トランジションの反応として，ワーカーの自信と有能感は減少する。ケースによっては，こ
れに対する防衛が否認かもしれない。そこでは，ワーカーは潜在的な不安を打ち消すために，
自信がある，自信過剰ですらあるように自分を見せるだろう。しっかりしたサポートによっ
て，ワーカーは新しい現実を受け入れ，折り合いをつけ始めることができるようになる。それ
によって彼らは経験に十分に向き合い，新しい役割での仕事が本当に意味することを上手くで
きるようになり始めるのである。

　より幅広い業務や責任に徐々に慣れ，学習や成長の機会もあわせもつことをとおして，以前
の知識や職場でのノウハウの統合は深まっていく。さらに，これらのプロセスはワーカーが自
身の専門職としての自信をつけるのに役立つ。

　図 3.3：アイデンティティの変容を検討することは，役割や業務の遂行がいかにこれらの課
題のなかに固定されているかを示している。新しく移動・変化した時のショックの一部は，期
待と現実の間のギャップを発見するところからきている。そのため，ワーカーが自分のアイデ
ンティティをいかに変えようとするかは，彼らの新しい役割と業務に適応するために重要なの
である。

　図 3.4 は，トランジションの早い段階にショックを伴うことがあることを示しており，新た

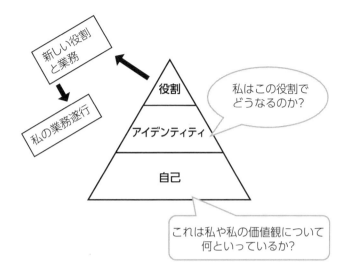

図 3.3　アイデンティティの変容を検討する

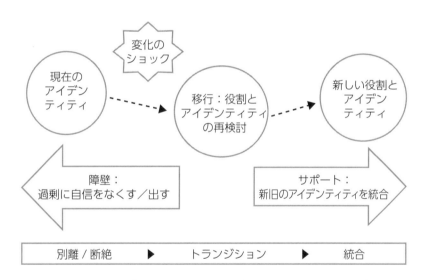

図 3.4　アイデンティティ・トランジションの 3 つのステージ

なアイデンティティに上手く移行するには検討が必要であることを強調している。それは課せられるものではない。このトランジションを上手く生かせられるかは，サポートを受けられるかどうかにかかっており，スーパービジョンはこのプロセスの鍵となる。

## 要　約

　スーパーバイザーとスーパーバイジーの関係の質に注意を払うことはスーパービジョンプロセスの基本的な側面である。スーパーバイジーの成長を促すような効果的なスーパービジョンの関係を形成するためには，スーパービジョン経験とスーパービジョンの合意を活用するのが

よい。いずれも両者の貢献について理解するのに役立つ。スーパービジョン関係で欠かせない
のは，スーパーバイザー，スーパーバイジー，そしてサービス利用者への情緒的な影響を認め，
理解する能力である。これについては，第4章で検討する。

注

1) トランジションとは，前のステージから次のステージへの移行を意味しており，キャリア発達理論にお
　いては，一定の年齢段階で人々が遭遇するライフ・イベントなどの転機（就職・結婚・子どもの誕生・
　転職など）を乗り越えながら，次のステージへの移行を意味する言葉である。特に，キャリアの転機に
　おいては，多様な選択肢の中から自身の意志で方向性を選び取ることとなる。その際に，自身の準備や
　サポートが必要であるとされている。

引用文献

Bell（2009）*Child Welfare Professionals' Experience of Supervision : A study of the supervision : experiences of professionals who attended 2009 Congress*. York: Baspcan.

Carpenter, J., Webb, C., Bostock, L. & Coomber, C.（2012）*Effective Supervision in Social Work and Social Care*. London: SCIE.

Claxton（1988）*Live and Learn : An introduction to the psychology of growth and change in everyday life*. Open University Press: Milton Keynes.

Community Care（2013）Third of UK's social workers not currently receiving supervision [online]. Available at: http://www.communitycare.co.uk/2013/06/18/third-of-uks-social-workers not-currently-receiving-supervision/（accessed　October 2013）.

Hughes, L. & Pengelly, P.（1997）*Staff Supervision in a Turbulent World*. London: Jessica Kingsley.

Lambley, S. & Marrable, T.（2013）*Practice Enquiry into Supervision in a Variety of Adult Care Settings where there are Health and Social Care Practitioners Working Together*. London: SCIE.

Morrison, T.（1993）*Staff Supervision in Social Care*. Harlow: Longman.

Morrison, T. & Wonnacott, J.（2009）Unpublished training materials.

Nye, C.（2007）Dependence and independence in clinical supervision: an application of Vygotsky's developmental learning theory. *The Clinical Supervisor* 26（1/2）pp.81-98.

SCIE（2013）*Effective Supervision in a Variety of Settings*. London: SCIE.

# 第4章

# スーパービジョンで生じる
# 感情に積極的に働きかける

　スーパービジョンの機能である「支持的機能」もしくは「回復させる機能」は，スタッフのケアにおいて重要であると認められており，公認されたスーパーバイザーが，ワーカー自身そしてワーカーと共に働く人々の感情の回復と福利の向上を促進し，ストレスマネジメントの役割をしていることが証明されている。Lambley & Marrable（2013），Bourn & Hafford-Letchfield（2011），Gibbs（2001）らは，適切な感情のサポートは，ストレスや不安，そして多すぎる仕事量を緩和する重要な働きとなることを示している。さらに，安定したケースワーク実践において，仕事がストレスの関係性において重要な要素であり，仕事への感情の反応について調査している。たとえば，ワーカーたちが訪問する家族やそこで暮らす子どもたちに，必ずしも存在するとは限らない暴力の危険を感じた時の不安や恐怖に根差した暴力的で非人権的な仕事についての研究である（Stanley & Goddard, 2002）。

　感情を伴った仕事を管理する方法は，スーパービジョンの 4 × 4 × 4 モデルにおいて不可欠な部分であり，一側面である。スーパービジョンの回復機能は，独立したものではなく，信念と実行力をもった意識と実践へ影響を与え，働きかけ，促進する重要なものであることは明らかである。ワーカーのストレスと不安を認識し，業務への感情に影響を与え，安全な環境であるかを調べ，提供することは，スーパーバイザーの基本的な任務である。このアプローチが感情をコミュニケーションの一形態として認識し，感情に積極的に働きかけるスーパーバイザーとスーパーバイジーの能力は，スーパービジョンプロセスの質に影響を与える。

## どのような情緒的知性／能力が効果的な実践に影響を与えるのだろうか

　情緒的知性は，効果的なスーパービジョンと効果的な実践にどのような貢献ができるのだろうか。「情動的知性」とも呼ばれ，意思決定を支配する感情に関する考え方である。Mayer & Salovey（1997）は，「情動的知性」の当初の定義を以下のように修正した。

　　「感情を的確に知覚，認識，表現する能力。思考を促進する時の感情に接近し，引き出す能力。感情や感情的な認識を理解する能力。そして，情緒的，理知的な成長を促進するた

めの感情をコントロールする能力」(p.10)

Goleman ら (2002) に従えば，情緒的知性は，4つの相互の構成要素で成り立っている。

■自身の感情やそれら感情の原因について知覚する能力
■共感─他者そして他者が感じているかもしれない感情を理解する能力
■セルフマネジメント─自身の目標を成し遂げることに対する自身の感情をマネジメント
　する能力
■対人関係スキル─他者との意図的かつ思慮深い関係を形成する能力

　Morrison (2007) は，情緒的能力のもう一つの側面として，情緒的知性の支柱であり，要素
である「価値基盤」を加えた。さらに価値観は，用いられた情緒的知性にどのような効果や成
果を形成するのかについて示した。極端な例を取り上げれば，対人援助専門職に対して操作的
なクライエントのスキルには他者の尊厳を守るための価値の基盤が欠けている。

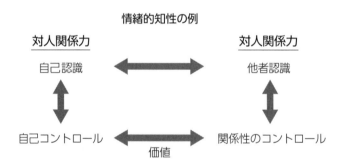

図 4.1　情緒的知性の 5 つの要素

Morrison, T. (2007) Emotional intelligence, emotion and social work: context, characteristics, complications and contribution. *British Journal of Social Work* 37 (2) 245-263.

　図 4.1 の矢印は，5つの要素がどのように相互に関係しているか，特に，個々人の自己認識
と他者認識との相互関係が，自己コントロールと他者との関係のコントロールの基盤となる価
値であることを示している。

　ソーシャルワークの実践における情緒的知性の役割について提示している Howe (2008) は，
ソーシャルワーカーがクライエントによってどのように感情的に影響を受けているか，また感
情がどのように他者に影響を与えているかを明らかにする必要性を指摘している。肯定的な管
理的な関係は，ストレスが生じることを抑制し，安全な場面を提供する。Howe (2008) によると，
スーパーバイザーとの関係の質は非常に重要であるとし，以下のように述べている。

「的確で内省的なスーパービジョンは，ワーカーとサービス利用者の自然で健全な関係が維持されるように，自分自身やサービス利用者の心理状態と精神状態の理解を深めるのに役立つ」(p.187)

Morrison（2007）は，多くの中心的な課題にまたがる情緒的知性，サービス利用者との関係性の質，そしてこれらの関係性が効果的なサービスに影響を与えることについて説明している。

## サービス利用者への関わり

サービス利用者との関わりや関係形成のプロセスに注意を払わなければ，効果的な業務とはならない。

### 観察力

感情を抑圧しようとすると，感情的な出来事について思い出すことが乏しくなることが先行研究によって示されている（Richards & Gross, 2000）。感情を抑圧することは，任務の混乱，個人の不安，または感情の役割に価値がないとする組織文化を生じさせている可能性がある。

アタッチメント理論では，不安な感情は，注意と評価を必要とする危険信号であることを示唆している。自己認識の欠如または感情の抑圧は，ソーシャルワーカー自身の未解決の個人的な経験の影響により，アセスメントそのものについて妥協する可能性がある。自分自身や他者の感情を正確に見極める能力は，他者の誤った感情を見抜くことにも役立つ（Ekman, 1985）。

### アセスメント

ソーシャルワーカーの関係形成スキルとアセスメントの質との間には明確な関係がある。これは，精神的外傷，喪失または問題のある行動（たとえば，過度な飲酒または怒り）など，道徳的または感情的に非難される事柄に関しては特に当てはまる。サービス利用者は，彼らの感情と共感していないワーカーに直ぐに気づく。したがって，ワーカーが情緒的な関係で信頼関係を築き，協働的なアセスメントを可能にする能力は，アセスメントの質の向上にとってなくてはならない，非常に重要な能力である。

### 意思決定

感情も意思決定において重要な役割を果たす（Damasio, 2006　cited in Munro, 2008 を引用）。

「感情は，推論と意思決定の過程に不可欠である…適切に焦点化され，適切に感情を扱わ

なければ，推論の体系が正しく機能しない支援システムとなる可能性がある」(p.69)

　言い換えれば，感情を理性に反するものとして見るのではなく，感情を全体の推論プロセスの一部として位置付けることが必要である。しかし，感情に気づくことと，サービス利用者が私たちに語ってくれること，そして探索し気づくことができない，自身の激しい情緒的反応との間には，大きな違いがある。

　Isen（2000）は，ポジティブな感情は，判断や意思決定に直接影響する意思決定能力と関連していることを以下のように発見した。

■創造的思考
■多様な情報源と多様な種類の情報を結びつける能力
■情報の精緻化
■交渉場面での柔軟性（適応性・融通性）の向上
■診断／アセスメント能力の改善

　Howe（2008）は，情緒的気づきと迅速な情報の処理によって，不安定な状況と新しい状況に対処するのに役立つと主張する。感情はまた，ワーカー自身や他者の双方の結果の見込みを想像することによって，サービス利用者へのワーカー介入による有効性などについて結果を予測するのにも役立つ。

　感情は，知覚しているものと知覚していないものを橋渡しするため，情緒的知性は意思決定において中心的な役割を果たす。情緒的知性がない思考は，思考のない情緒と同じように問題である。

## 他者と働く

　ヒューマンサービス分野における仕事は，協働実践である。同僚や連携機関と健全な関係を維持できない場合，ワーカーが個々のサービス利用者と仕事をすることはできない。

　制度下で働くワーカーたちは，総合的なアセスメントと計画プロセスの調整を担当するワーカーとして重要な職務に携わる。しかしながら，ワーカーがこれらの関係を形成し，維持しなければならない環境は，複雑で要求が高い。不健全な文化をもつ組織は，職場の雰囲気がどのように現れ，管理されているかということに影響を及ぼし，このような環境では，情緒的知性が不可欠である。

　Isen（2000）は，ポジティブな感情がグループ間の敵意と差別を減らし，人々が共通点を見出し，他のグループを自分のメンバーとして扱う可能性を高めることができることを発見した。Wells（2004）は，情動的知性と差異に対するポジティブな交流といった開放性との関連性を明らかにした。これらの研究者による研究は，情緒的知性が，反差別的な方法で他の機関と業務を行うことで，協力する専門家の能力に影響を与えることを示している。専門家がこれらの要因を特定するだけでなく，適切に挑戦できるようにするには，差別に関する価値と知識を対人スキルに統合しなければならない。

## 感情と信ずべき実践

　Tony Morrison と In-Trac Associates[1] で開発されたトレーニング資料を基にして Wonnacott（2012）は，研究によって特定された4つのスーパーバイザーのスタイルに基づいて，4つのスーパービジョンのスタイルを提示している（Baumrind, 1978; Lexmond & Reeves, 2009）。どのスーパービジョンのスタイルが採用されるかは，スーパーバイザーが，明確な実践基準（要求されている水準）と感情（応答）を伴った，明確な業務において，スーパーバイザー自身の役割のバランスをとることができる方法に大きく依存する。

　信頼すべきスーパーバイザー（高い要求／高い応答性）は，高度な情緒的知性を有し，情緒的に安定した業務であると感じている。そのため，ワーカーの心理的ニーズに敏感であり，同時に各サービス利用者が期待する高い実践水準の要求にも敏感である。予測される結果として，サービス利用者や他の連携機関との効果的な関係を形成し，質の高いサービスを提供することを保障する，安全なワーカーの存在である。

### 対照的に……

　権威主義のスーパーバイザー（高い要求／低い応答性）は，高い実践水準を要求するが，情緒的知性が不足しており，感情やストレスまたは不安に触れることに対して抑制的であったり，もしくは無視をする。予測される影響の一つは，スーパーバイザーに従順に従うワーカーとなり，ワーカーたち自身の専門的判断を行うことを恐れることである。ワーカーたちは，サービス利用者へのアプローチにおいて，リスク回避的であり，おそらく懲罰的または厳格なアプローチになる可能性がある。

　寛容なスーパーバイザー（低い要求／高い応答性）は，仕事への情緒的な反応やスーパーバイジーが必要とするサポートに応答するが，サービス利用者の要求を回避し，ニーズに焦点を当てることを見失う。このスタイルのスーパービジョンでは，ワーカー自身が要求されている役

割とサービス利用者のニーズに焦点を置くことを忘れたワーカーとなるかもしれない。このようなワーカーは，問題を解決する際に，極端に自律的になったり，スーパーバイザーに過度に依存する可能性がある。

　怠惰なスーパーバイザー（低い要求／低い応答性）は，スーパーバイザー自身の悩みや問題に関心を払わない可能性が高く，スーパーバイジーを効果的に支援し，期待される実践水準について明確にすることができない。このような状況は，スーパーバイザーがスーパーバイジーの能力を過大評価し，スーパーバイジーが求めているスーパービジョンの必要性を優先させない場合に生じる可能性がある。このような状況に置かれたスーパーバイジーは，不安や孤立，そして役割の不明瞭さが生じ，強固なチームによるサポートがないため，バーンアウトする可能性がある。スーパーバイジーたちの不安は，サービス利用者や他の専門家との効果的な連携の発展を阻害する可能性が高い。スーパーバイジーたちの実践技術は停滞し，サービス利用者への仕事の質は低下するかもしれない。

## スーパービジョンのための安全な環境を整備する

　スーパービジョンプロセスは，チーム，組織，組織間の広範な状況の中に位置するとともに，これらの広範なネットワークの構造と文化の影響を受ける。スタッフ，特に新人スタッフをサポートし，安全で，習慣化され，管理的な機能に焦点を当てたスーパービジョンを提供するためには，広範な組織や省庁がスーパービジョンにどのような影響を与えるかを知ることが重要である。このセクションでは，不安，変化，不確実性が組織の行動に与える影響を見ることにより，組織の行動に与える影響を理解するためのモデルを提供する。

## 組織の不安とスーパービジョンに対する不確実性の影響

　不安と不確実性は，複雑で，しばしば曖昧で，常に変化し，広範囲にわたる調査を必要とする仕事である，ヒューマンサービスにおいては，共通の現実である。これらの不安や不確実性は手順や訓練をとおして排除することはできない。また，まさに個人だけでなく，組織の不安や不確実性に対処する方法についても考える必要がある。不安と不確実性の管理は重要な課題である。 図4.2の組織の不安がスーパービジョンに及ぼす影響は，組織が不安に対応できる2つの全く異なる方法を示している。外側のサイクルには妥協した環境があり，真ん中のサイクルには協働的な環境がある。 内側のサイクルでは，第2章で説明したスーパービジョンサイクルがみられる。

　真ん中のサイクルは，効果的なスーパービジョンをサポートする可能性が最も高い，協働的な組織環境と考えることもできる。

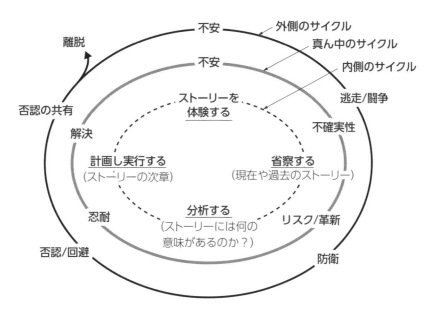

図 4.2　組織の不安がスーパービジョンに及ぼす影響

| 不安 ▶ | 不確実性 ▶ | リスク／革新 ▶ | 粘り強さ ▶ | 洞察／解決 |
| --- | --- | --- | --- | --- |

図 4.3　真ん中のサイクル：協働的な組織環境

協働的な組織環境は，以下の事柄をとおして供給される。

■明確な組織の価値と目標

■積極的（ポジティブ）なリーダーシップ

■明確な方針，手順，基準

■健全な枠組みをもった業務管理

■効果的な労働力開発と訓練

■組織内の開かれたコミュニケーション

■サービス利用者との積極的な関与

■組織間の業務の積極的な体制

　真ん中のサイクルでは，変化し続けることに伴う不確実性や不安といった仕事の性質が率直に認められている。これは，不確実性，感情および差異の健全な表出を尊重する文化である。悩みや失敗が処罰の対象ではなく学習の機会として捉えられる環境である。文化は，複雑さとリスクを管理するためのシンプルで決められた解決策はほとんど存在しないと認識し，創造性と革新性が評価される。ワーカーは，リスクを抱えているということ，疑念を表明するということ，困難を明らかにするということ，そして実践を共有し，新しいアプローチを試すことが

可能である。

　権限の関係は明白となり，多様性は尊重され，役割と責任が明確にされる。難しい問題は率直に認められ，これらの問題に取り組む共通の約束がある。

　人々はそれをたったひとりで取り組むことを期待されているのではない。このような風土では，スタッフは自分の経験から学び，実践を深め，創造的かつ時には予期せぬ解決策を開発することができる。その結果，新たな課題に取り組むための自信とスキルが向上する。

## 真ん中のサイクルのチームの環境の特徴

■サービス利用者に対する敬意と関心を表す。
■役割と責任を明確にする。
■スタッフが示す，所属感，相互支援，責任を共有する。
■明確かつオープンなコミュニケーションを行う。
■外部機関との積極的な関与を行う。
■他の機関との紛争を解決するために献身する。
■感情を認識し，実践を探求するために感情を活用する。
■差異は認められ，尊重される。
■スーパービジョンを優先事項とみなしている。
■理論と研究は実践を助けるために活用される。
■スタッフは学習と養成に専念する。
■チームミーティングを積極的に活用する。

| 不安 | ▶ | 逃走／闘争 | ▶ | 防衛 | ▶ | 否認／回避 | ▶ | 否認の共有 | ▶ | 離脱 |

図 4.4　外側のサイクル：非協働的な組織環境

　これとは対照的に，外側のサイクルは，不安は弱点の象徴であり，不安を認められない組織にとっては，脅威である環境を表している。このような文化をもつ職場では，ワーカーは専門家であるため，仕事や組織の変化の圧力にかかわらず，対処することが期待されている。その結果，問題と不確実性を抑圧する。当初は，紛争，苦情，病気，スタッフの離職率など，逃走や闘争のメカニズムによるものである。内部の葛藤が他の機関との外部関係に移っていく。

　不確実性と差異が探究できる余裕が組織内にないと，防衛と回避につながる。ワーカーは作業を完了することができず，問題は解決されないままである。しばしば実際の経験に基づくこ

とであるが，何かが間違っている時や，実践を洗い出し，犠牲者を探すなどといった，実践を査定するだけの時間となる危険性が存在する。このような環境では，安心して実践をさらけ出したり，また問題，疑問，不確実性を表すことはできない。

## 社会防衛システム

　この環境で働くワーカーたちは，不快な情報や意見を拒否することによって，自分自身を防衛し，痛みを伴う現実を避ける傾向にある。差異は脅威として認識され，支配的なグループの基準枠を支持して拒絶する。これは，「社会防衛システム」によって制度化され，否認は職場での人間関係とプロセスの一部となり，組織的または共有の否認が生じることにつながる（Menzies-Lyth, 1970）。

　社会防衛システムの特徴は以下のとおりである。

■非人格化
■孤立と感情の否定
■タスクの厳格で狭義の定義 ―「ちょうど以下の手順」
■恒常的なダブルチェックと信頼の欠如
■予測と非難による責任の再分配
■事業の本質の再構成と縮小
■たとえ事業が機能しなくなったとしても，慣れ親しんだシステムにしがみつく。

　もし，これを問題にせず放置すれば，これらのプロセスは，結局，組織が単に組織の生き残りに気を取られ，撤退する結果となる。Hughes & Pengelly（1997）が述べたように，サービス利用者のニーズは見失われ，外部の関係機関からは撤退する要塞のように組織が見えるであろう。その結果，組織が何をし，何を言っているか，スタッフが何をし，何を思い，実際に何を行っているのかということの間に，大きな緊張をもたらす。

## 外側のサイクルの環境の特徴
■個人と組織の両方に対する信頼の欠如
■リーダーシップ，戦略，計画の欠如
■不十分な組織内のコミュニケーション
■明確なポリシー，規範，システムの欠如
■不十分なサービス利用者との関わり，サービス利用者による関与
■強い防御性，非難，そして犠牲者探し

■スーパービジョンの欠如または頻繁なキャンセル

■スタッフの高い離職率および／または高い罹患率

■感情の行動化もしくは拒絶

■スタッフの過度な上司への依存

■不適切または差別的なユーモア

■多数の安全でない場面で働くスタッフとスタッフの事故

■厳しい，要求の多い，威嚇的なサービス利用者

■気まぐれなサービスの対応

## 外側のサイクルの環境のスーパービジョンの結果

　外側のサイクルの環境では，スーパーバイザーの安全性もしくはスーパーバイジーの内省や分析はより低下し，スーパーバイジーたちは，安全で，定形化したシステムをもった組織を見つけようと試みる。スーパービジョンの焦点は，管理下の問題に制限され，現に何が起こっているのかということを注意深くみることを避けることにのみ当てられる。スーパービジョンは避けられるべきもの，あるいは管理的なレベルでのみ関与するものになるかもしれない。

　このような環境は，特に新人スタッフにとって有害であり，将来，スーパービジョンに従事することに慎重となり，一般的に組織の権威に不信感を抱く可能性がある。抑圧的なプロセスは問題にもならず，権力構造は個人に向けられるものとなる。

　組織が注意深い方法で管理をしないと，スタッフとサービス利用者に多大な影響が及ぶ。ワーカーたちは業務に影響を与えないように努力しているが，影響の削減にはほとんど限界がある。これは明らかなものからより微妙なものまでさまざまである。ワーカーは，無意識のうちに，組織の方針を反映させ，聞き取りに失敗したり，利用者の心配事に関心を向けなかったり，敵対したり，不適切なまたは馴れ合い的な関係に陥ったりする。

## スーパービジョンはどのように役に立つのか？

　幸いにも，外側のサイクルの組織は少数である。多くの場合，組織は外側のサイクルと真ん中のサイクルのステップを経るとともに，組織は，それぞれ長所と短所といったさまざまな要素をもつ。最悪の組織環境でも，最前線のマネジャーとスーパーバイザーは組織の圧力を上回る優れた能力をもっている。そうすることで，優れたスーパーバイザーは，組織の機能の最悪の側面の防波堤となり，スタッフが適切に働くことができる「真ん中のサイクルの空間」を作り出す。これらのスーパーバイザーについて注目すべきことは以下のとおりである。

■彼らのサービスの価値と重要性を信じている。

■高い専門性の水準を保持している。

■スタッフが幅広い方針と専門的な内容を理解できるようにする。

■スタッフが優れた実践を特定し，評価する手助けをする。

■外側のサイクルのチーム戦略の開発などのような，問題解決に関わるスタッフを巻き込む。

■スタッフとスタッフがもつ関心事を繋げる。

■強力なチームを育成し，倫理性を身につける。

■職員，サービス利用者，仲間への敬意を表する行動のモデルとなる。

■困難に直面した時に，粘り強さと楽観性を示す。

■仲間と積極的な関係を築く。

■スーパービジョンを優先する。

　真ん中のサイクルの空間を維持するスーパーバイザーの秘訣は，スーパーバイジーたちが受ける支援の水準である。この章で論じたすべての問題は，現場の管理者をスーパービジョンする上級の管理職も同様である。同様のサポートなしに複雑な感情を管理することをスーパーバイザーに期待することは現実的ではなく，組織は組織全体でスーパービジョンの質を注意深く検討する必要がある。最前線のスーパーバイザーは，スーパーバイザー自身が期待されるのと同様の質のスーパービジョンを要求する必要がある。スーパーバイザーのサポートについては，次章で詳しく説明する。

　「対人援助の専門的な仕事における人との出会いは，本質的にはストレスの多い仕事である。生じたストレスは，クライエントの利益のために用いられ，利用される。しかし，私たちが働いている組織内に人との出会いを取り入れることができなければ，私たちの情緒的な反応は枯渇する。対照的に，私たちがクライエントと自分自身の情緒的現実との接触を維持できれば，人との出会いは，癒しの経験だけでなく，クライエントや私たちの豊かな経験を促進することができる」(Tonnesmann (1979) in Hawkins & Shohet (1989))

注 ..................................................................................................................................................

1) In-Trac Associates とは，1994 年に Wonnacott によって設立された組織である。本組織は，対人援助専門職への研修とコンサルテーションを提供している。ソーシャルワーカー，看護師，警察官など，多職種へサービスを提供している。

引用文献 ..................................................................................................................................................

Baumrind, D. (1978) Parental disciplinary patterns and social competence in children. *Youth and Society* 9 (3) 239-267.

Bourn, D. & Hafford-Letchfield, T. (2011) The role of social work professional supervision in conditions of uncertainty. *The International Journal of Knowledge, Culture and Change Management* 10 (9) 41-56.

Damasio, A. (2006) cited in Munro, E. (2008) *Effective Child Protection*. London: Sage.

Ekman, P. (1985) *Marketplace, Politics and Marriage*. New York, NY: Norton.

Gibbs, J. (2001) Maintaining frontline workers in child protection: a case for re-focusing supervision. *Child Abuse Review* 10 323-335.

Goleman, D., Boyatzis, R. & Mckee, A. (2002) *Primal Leadership: Realizing the power of emotional intelligence*. Boston, MA: Harvard Business School Press.

Howe, D. (2008) *The Emotionally Intelligent Social Worker*. Basingstoke: Palgrave Macmillan.

Hughes, L. & Pengelly, P. (1997) *Staff Supervision in a Turbulent World*. London: Jessica kingsley.

Isen, A. (2000) Positive affect and decision making. In: M Lewis and J Haviland-Jones. *The Handbook of Emotions (2nd edition)*. Guildford Press: New York.

Lambley, S. & Marrable, T. (2013) *Practice Enquiry into Supervision in a Variety of Adult Care Settings where there are Health and Social Care Practitioners Working Together*. London: SCIE.

Lexmond, J. & Reeves, R. (2009) *Building Character*. London: Demos.

Mayer, J. D. & Salovey, P. (1997) What is emotional intelligence? In: P Salovey and D Sluyter (eds) *Emotional Development and Emotional Intelligence: Implications for educators* pp.3-31. NY: Basic Books.

Menzies-Lyth, L. (1970) *The Functioning of Social Systems as a Defence Against Anxiety*. London: Tavistock Institute of Human Relations.

Morrison, T. (2007) Emotional intelligence, emotion and social work: context, characteristics, complications and contribution. *British Journal of Social Work* 37 (2) 245-263.

Quoted in D. Caruso and P. Salovey (2004) *The Emotionally Intelligent Manager*. San Francisco, CA: Jossey-Bass.

Richards, J. & Gross, J. (2000) Emotional regulation and memory: the cognitive costs of keeping one's cool. *Journal of Personality and Social Psychology* 79 pp.410-424.

Stanley, J. & Goddard, C. (2002) *In the Firing Line: Violence and power in child protection work*. Chichester: Wiley.

Tonnesmann, M. (1979) in Hawkins P & Shohet R (1989) *Supervision in the Helping Professions*. Buckingham: OU Press.

Wells, K. (2004) *Emotional Intelligence as an Ability and its Relationship with Openness to Difference* (dissertation). San Diego, CA: Alliant International University.

Wonnacott, J. (2012) *Mastering Social Work Supervision*. London: JKP.

# 第5章

# 最前線の実践を
# スーパービジョンする
## ―葛藤への働きかけ

　スタッフがヒューマンサービスの現場でどのような役割を果たしていても，彼らは行動の結果が確実ではない状況で毎日働いている。そして，良い実践がどのように見えるかは，多様なステークホルダーによって潜在的に異なる見解が存在する。異なる見解は，苦痛を伴う業務を行う可能性と重なって，業務に携わるスタッフに個人的な反応をもたらす。そのため，サービス利用者と直接関係するスタッフのスーパービジョンは業務の複雑さを考慮する必要性がある。

　Grint（2005）の研究が参考になるであろう。問題解決についての Grint の研究は，問題を批判的，管理的または不道徳なものとして説明している。

■批判的―迅速な介入と応答が必要。組織の上層部の力を用いることが必要とされる。
■管理的―定期的なスーパービジョンの実施には，組織的な手続きが必要である。スーパーバイザーとしての正当な権限も必要とする。
■不正義―問題は構造化されておらず，さらに問題や制約は激化している。総合的で力動的な社会的文脈に組み込まれた多様な要因や状況が存在し，いずれの不正義な問題も異なっている。その解決策は常に慣習によって立案され，対応される。解決策はないかもしれないし，解決すべき担当者でない者が対応するかもしれない。

　保健医療サービスやソーシャルケアの問題の中には重大な問題があるかもしれないが，ほとんどが不正義なカテゴリーに入ることはあまりない。しかしながら，それにもかかわらず，21世紀初頭の大部分のアプローチは，個人のニーズを満たすために，実践者（多くの場合，IT システムによって推進される）が専門的判断を行い，柔軟に対応できる余裕をもたせるのではなく，期限と目標を達成することに焦点を当てるといった，コンプライアンス理論が基本となっている。このアプローチの根底にある思い込みは，ほとんどの問題が「管理」であり，手順と手順

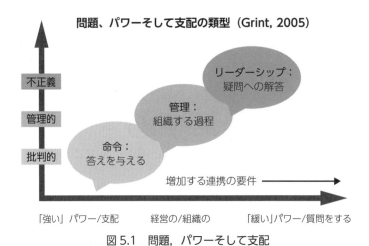

**問題、パワーそして支配の類型（Grint, 2005）**

リーダーシップ：
疑問への解答

管理：
組織する過程

命令：
答えを与える

不正義

管理的

批判的

増加する連携の要件 →

「強い」パワー/支配　　経営の/組織の　　「緩い」パワー/質問をする

図 5.1　問題，パワーそして支配

出典：Repioruced with permission, Grint, K.（2005）*Human Relations* 58（11）28. Sage Publications.

書だけで管理できるということである。したがって，スーパーバイザーは，法令順守（コンプ
ライアンス）に焦点を当てて従う傾向があり，先行研究からは，人々を失敗に導くことが示唆
される（Manzoni & Barsoux, 1998）。「セット・アップ・トゥ・フェイル・シンドローム」[1] につ
いては第 6 章で詳しく説明する。

　Grint は，それぞれのタイプの問題に対して最良の対応がどのようなものかを探求している。

　ほとんどの問題が「不正義」であると認識した場合，これはスーパービジョンサイクルの
説明に従って実施されているスーパービジョンとは異なるスタイルのスーパービジョンであ
る。スーパーバイザーの重要な役割は，クリティカルな振り返りの実践を可能にする質問をし，
スーパーバイザーの仕事に影響を与える多くの相互に作用する要素を探究することによって，
実践リーダーとしての役割を果たすことである。

　この探求において重要なのは，振り返りと分析に焦点を当てたスーパービジョンサイクルの
ステップとの関わりを促進するスーパーバイザーの役割である。6 ステップのスーパービジョ
ンサイクルは，スーパービジョンのサイクルの拡大であり，スーパーバイザーがスーパーバイ
ジーの実践に影響を及ぼす根本的な要因を反映するのを助けることができる，さまざまな方法
を検討するための枠組みを提供し，将来の行動を決定する分析的アプローチを使用する。

　6 ステップのサイクルは，Tony Morrison によって開発された未発表のトレーニング資料
に由来し，その後，児童分野の従事者の能力開発会議のトレーニングプログラム（Morrison &
Wonnacott, 2009）の一環としてイギリス全土のソーシャルワーカーを訓練するために使用され

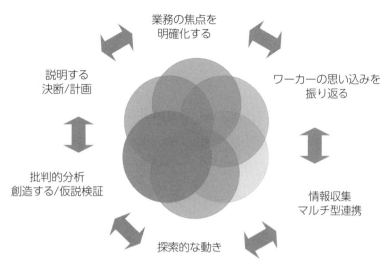

図 5.2　最前線の実践をスーパービジョンするための 6 つのステップモデル
Morrison T & Wonnacott J (2009)

ている。以前のトレーニングの形態では，実践を評価することに重点を置いたスーパービジョ
ンであったが，評価はサービス利用者との全作業を通しての継続的なプロセスであることを認
識し，現在では，最前線での実践のスーパービジョンに関連するアプローチとして開発された。

　このサイクルでは，実践に効果的なスーパービジョンの 6 つの重要な要素が説明されている。
相互に重なり合う円は，これが 1 本の線ではなく連続的かつ循環的なプロセスであることを示
している。一つの領域内の行動や応答は，他のいずれかまたはすべての反応を生じさせるきっ
かけとなる可能性がある。スーパービジョンサイクル（経験，振り返り，分析，計画）の拡大と
して，これには同じ 4 つのステップが含まれているが，少しずつ異なる。サイクルは，経験（情
報収集ステップ）から始まるのではなく，サービス利用者との相談援助の目的と焦点を明確に
することから始まる。これは新しい要素の一つである。このサイクルはまた，振り返りを 2 つ
のセクションに分ける。ワーカーの初期の仮説に関する予備的な振り返りとその事例に関する
見解と，ワーカーとサービス利用者との関係性は分けられる。分析および計画の要素は 4 つの
ステップサイクルと同じである。

　実践の応答を促進させるためには，サイクルの発展を促進する理論は重要である。そのため
には，直感，推測，偏見をともなった方法の研究と実践から我々が理解することである。これ
は，個々の状況の解釈や独自性に関係する情報が統合され，専門的な判断を行うことは正しい
方法ではなく，さまざまな要因の影響が存在することを意味する。手続きやプロセスの過度な
依存から，専門的判断が適切にサポートされ，よりバランスのとれた状況に移行する場合，実

践の側面に働きかけるスーパーバイザーの役割とスキルがさらに重要になる。さらに，サービス利用者との関係や専門職とのネットワーク関係のダイナミクスに焦点を当てることは，スーパーバイザーがすべての関係者に肯定的な影響を与える最良の方法である。

# 偏見，推測および直感

スーパービジョンは，スーパーバイザーとスーパーバイジーの双方が自身の偏見と思い込みを実践に持ち込むことを前提としていなければならず，スーパーバイザーがスーパーバイジー側の弱点と見なすのではなく，存在するものとして，環境を作り出すことが重要である。たとえば，身体障害者と働く健常者は，彼らが育てられた文化に影響された文化的に決定づけられた偏見を持ち込むであろう。アルコール乱用が問題となる家族を支援するスーパーバイジーは，アルコールの経験によって影響を受けた彼ら自身の態度や，すべての専門家が同様の事例を支援する経験と深く関連することによって影響される可能性が高い。これらの偏見は，彼らが遂行する支援の当初からの実践に影響を及ぼすため，6つのステップのサイクルは，情報収集ステップの「前」と「後」の仮説の省察を促す。Munro (2008) は，ワーカーは限られた範囲の証拠に焦点を当てがちである，そしてワーカーが乏しい証拠に基づいて，いくつかの技法の一つを使用することへの異議を唱えている。

これらの技法は……。

■回避すること
■忘却すること
■拒絶すること
■再解釈すること

特に児童保護の分野で働いているワーカーたちは，家族への支援において重要な情報に気づくことができず，仕事上で，「不確実性を遠ざける」姿勢をもち続けていると批判されている。間違いなく，不安を認識することは重要である（第4章を参照）が，仮説と偏見の可能性，偏見の前提と先入観の可能性の根拠を探る必要がある。スーパーバイザーはこれらを探ることを容易にするうえで重要な役割を果たす。

# 直感の役割

上記に関連して，直感の役割とスーパービジョンの重要性が認識され，スーパーバイジーが経験する「直感（第六感）」を探究し，直感的な反応と専門的な判断と，判断に必要な分析的思

考を統合することができる。

　直感的な思考は，私たちが以前の経験で得た認識パターン，感情，イメージを特定することに基づいて，比較的簡単な方法で判断を下すための大量の情報を統合する，ほとんど無意識のプロセスである。Gigerenza（2007）は，直感は，環境に適応して進化した推論の代替方法として最もよく見られると主張している。

　　「したがって，直感は完璧でも不合理でもない。彼らは脳の能力の活用を進化させ，経験則に基づいて，素早く，さらに驚くべき正確さで行動することを可能にする。」（Gigerenza, 2007: Munro, 2008, p.11 で引用されている）

　対照的に，Munro（2008）は，分析的思考を次のように記述している。

　　「意識し，コントロールすることは，形式推論と明確なデータ，そして熟考し，計算された結論を適用することである。これは記憶と処理能力，時間と労力がかかることにより，制限される。この能力は，年齢とともに発達し，老化とともに減弱する」（p.11）

　Munro の中心的な理論は，専門職（プロフェッショナル）は，直感的で分析的な思考と意思決定の両方の方法を使用する必要があるということである。スキルは，表 5.1：直感的で分析的な判断の長所と短所に記載されているように，利点と欠点があるため，どの方法を活用するかを理解することである。

表 5.1　直感的で分析的な判断の長所と短所

| 直感モデルの長所 | 短　所 | 分析モデルの長所 | 短　所 |
|---|---|---|---|
| 素早い処理過程，特に，緊急の場合 | 「直感」に対する過度な信頼は，不十分な判断につながる | 複雑もしくは紛争中に決断が必要な場合に適している | 時間と労力を必要とする |
| 差し迫った／短期的な決定に適している | 個人的な経験に依存する | 体系的なデータ収集と分析を保証 | トレーニングが必要 |
| 感情や直感を重要な情報として検証する | 短期記憶の情報容量によって制限される | 選択と選択肢を最大限にする | |
| 地位や経験に関係なく貢献する価値 | 短期的な焦点が緊急時対応策の欠如を生じさせる | 公式の確立理論に基づく | 忙しい熟練者や管理者を雇うのは難しい |
| 少ない労力で，正確なことができる | 限られた努力で低水準の理論を生成する | 幅広い努力でより高い水準の理論を生成する | エリート主義／専門家の態度を強化するために使用することができる |
| 人生経験や実践知を大切にする | 証拠にもかかわらず，自分の信念を支持しようとする | 決定について公的に説明することを支持する | 科学的または客観的な正当な決定を統制する |

スーパーバイザーたちは，これらの長所と短所を認識し，スーパーバイジーと協力して双方のアプローチを業務に統合する必要性がある。

# 情報の本質：不一致に取り組む

ソーシャルケアのあらゆる分野における情報の性質と提示は，決して簡単ではない。子どもや大人を保護する分野では，それは，効果的なコミュニケーション，サービス利用者，特に子どもにおいて，専門家や各協力機関の不安，誤った，また乏しいスキルのせいで，複雑化し，不明瞭となり，そして異なったコミュニケーションとなる。言い換えれば，この分野の情報は，それが何であるか，それがどのように得られたのか，そしてそれが何を意味するのかを明確にすることはほとんどない。

計画会議で，情報を分かち合い，探索し，決定することは，熟練者，スーパーバイザーそして学際的なチームの情報が非常に重要であるとともに重要な仕事でもある。これらのプロセスをとおして，ありのままの事実情報(事実，感情，信念)は，有用な情報に変換される。多くの場合，ジグソーパズルの一つのピースは，他のピースと一緒に組み合わさったときにのみ意味をなす。

# 5つのタイプの不一致

この問題について考えられる一つの状況は，矛盾という考えである。つまり，ある情報が別の部分に組み合わせられない場合である。

## 協力機関の周囲で発生する可能性のある5つのタイプの不一致

1. 情報提供：異なる機関からの矛盾した情報がある場合
2. 解釈：同じ情報から，異なった人々によって，異なる結論が引き出される。
3. 相互作用：ネットワーク内のサービス利用者の意図と他者の意図の異なる相互作用
4. 不調和：人々が他の人々について話すことが，支離滅裂で，矛盾しており，辻褄が合わない。
5. 直感：直感は何かが間違っていることを示しているが，これが何であるかを特定することができない。

このような不一致の存在が，組織的，機関間，サービス利用者および実践家のレベルで発生する可能性に関する兆候または手がかりが存在する。

これらの不一致の中心には，信念と行動の間，あるいは確信と根拠の間に葛藤が存在する。

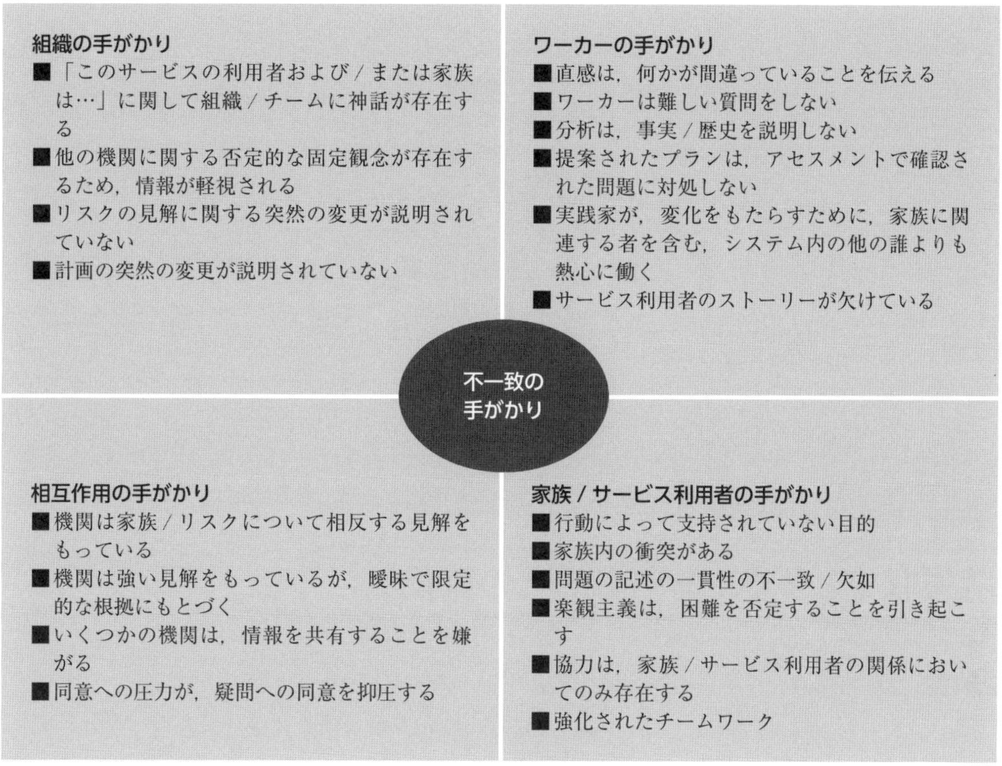

**組織の手がかり**
- ■「このサービスの利用者および／または家族は…」に関して組織／チームに神話が存在する
- ■他の機関に関する否定的な固定観念が存在するため，情報が軽視される
- ■リスクの見解に関する突然の変更が説明されていない
- ■計画の突然の変更が説明されていない

**ワーカーの手がかり**
- ■直感は，何かが間違っていることを伝える
- ■ワーカーは難しい質問をしない
- ■分析は，事実／歴史を説明しない
- ■提案されたプランは，アセスメントで確認された問題に対処しない
- ■実践家が，変化をもたらすために，家族に関連する者を含む，システム内の他の誰よりも熱心に働く
- ■サービス利用者のストーリーが欠けている

**不一致の手がかり**

**相互作用の手がかり**
- ■機関は家族／リスクについて相反する見解をもっている
- ■機関は強い見解をもっているが，曖昧で限定的な根拠にもとづく
- ■いくつかの機関は，情報を共有することを嫌がる
- ■同意への圧力が，疑問への同意を抑圧する

**家族／サービス利用者の手がかり**
- ■行動によって支持されていない目的
- ■家族内の衝突がある
- ■問題の記述の一貫性の不一致／欠如
- ■楽観主義は，困難を否定することを引き起こす
- ■協力は，家族／サービス利用者の関係においてのみ存在する
- ■強化されたチームワーク

図 5.3　不一致の例

　図5.4：不一致のマトリックスは，4つの異なったタイプ（曖昧，欠落，思い込み―思い込まされた，もしくは強固な根拠）の情報の根拠と信念がどのように異なるかを示している。

　矢印は，さらに問い合わせ，情報が有用であるか，また関連性があるかどうかを判断するために深く掘り下げる必要性を示している。必要性があれば，それは一貫性のある情報（黒い矢印）に向かって移動する。あるいは，情報を吟味することで，それを不適切または事実無根と解釈されるものを取り除くことができる（白い矢印）。

　対面式の話し合い，情報の記録などに代表される精査（拡大鏡）によって説明される，スーパービジョンは，情報をふるいにかけ吟味するワーカーを助けるのに役立つ。これは，情報の不一致を強調し，探索し，その情報が価値あるものかどうかを明確にするために，さらなる問い合わせが必要かどうかを判断することにつながる。

　このアプローチは，生々しい情報がほとんど常に複雑で問題が多いという観点から始まっている。しかし，良いスーパービジョンは，情報の思い込み，曖昧さ，またはギャップを精査し，探索するのに役立つとともに，分析と計画が確かな基盤を確保していることにも役立っている。

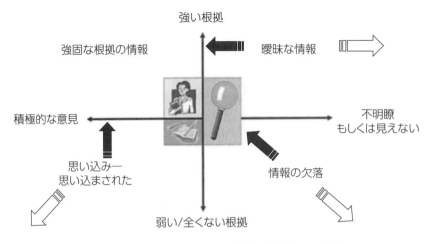

強い根拠

強固な根拠の情報　　　　　曖昧な情報

積極的な意見　　　　　　　　　　　　　　不明瞭
　　　　　　　　　　　　　　　　　　　もしくは見えない

思い込み—
思い込まされた

情報の欠落

弱い/全くない根拠

図 5.4　不一致のマトリックス：情報の根拠となる情報

## 情報収集と多くの専門分野との協働

　スーパーバイザーの役割は，５つの主要な領域に分かれている。

1．彼らの実践に役に立ち，収集しなければならない重要な情報について，ワーカーを導く。

2．潜在的な情報源を明らかにし，これらの情報源をいかに利用するか。

3．サービス利用者に関わる他の機関との効果的なコミュニケーションを行う。

4．情報の質を評価する。

5．ワーカーが収集した情報を整理し，記録するのを助ける。

　スーパーバイジーが働いている環境の性質によって，さまざまな情報収集の手法は役立つであろう。

　たとえば，

■組織とサービス利用者との以前の関与の過程を理解するための年表の開発

■家族の歴史とその背景を理解するためにサービス利用者とのジェノグラムの作成

■エコマップの開発—即ち，サービス利用者と連携する専門職のネットワークとメンバー間の関係を示す図表

　これらのアプローチの中心には，情報を収集し，ふるいにかけるために，他の専門職やサービス利用者と関係を形成するワーカーの能力が存在する。

　情報は客観的なデータの集合ではない。スーパーバイザーとワーカーの間の対話の質によっ

て決定される。しかしながら、両者の力と経験の違いのために、ワーカーが得た情報に関するスーパーバイザーの質問の焦点は、ワーカーがスーパーバイザーに何を話すかに大きく影響する。つまり、もしスーパーバイザーが一定の領域について質問しないと、情報が失われる可能性があるということである。ワーカーは、スーパーバイザーが通常どのような情報を得ているかをすぐに知ることができる。これは、ワーカーがサービス利用者から求められる情報の種類とその求め方に影響する。このため、スーパーバイザーが最前線の実践をスーパービジョンするための6つのステップすべてにアクセスすることが非常に重要である。

# 多分野のネットワーク内の力動の探索

また、多面的な情報は、そのまま受け取ることができないため、スーパーバイザーは、ワーカーがその情報の内容を評価することを手助けする必要がある。即ち、家族や他の機関、自身が所属する機関、実践家からの情報の意味はワーカーにほとんど理解されていない。Reder and Duncan（2003）は、スーパービジョンは、実践家がシステムに基づいて考えて、他の人とコミュニケーションをとっているかどうかを検討する理想的な機会であると主張している。

Reder and Duncan（2003）の主なメッセージは次のとおりである。

■コミュニケーションと調整は異なる活動である。調整は、機関間の関係であり、その中でコミュニケーションが生じる。
■コミュニケーションとは、ある人から別の人に情報が伝達され、その人が理解するプロセスである。
■情報には、事実情報と感情、態度、希望が含まれる。
■ある人が別の人に情報を伝達すると、メタコミュニケーション（コミュニケーションについてのコミュニケーション）が行われる。これは、声のトーンや感情の内容などで構成される非言語的な要素やメッセージを補強するか、それを緩和する方法に関係する。そのため、コミュニケーションが生じたかどうかだけでなく、両者のコミュニケーションにどのような意味があるのかについて探求することが必要である。
■メッセージの発信者と受信者の双方が、コミュニケーションが他者に理解されていることを確実にすること―相互理解をモニタリングすること。
■意識を集中していない時に投げかけられたメッセージや意図のないメッセージは、伝達時に「失われる」可能性が高い。
■個人的および対人関係的要因は、コミュニケーションの挿話の表出に影響する。たとえば、次のようになる。

- 他者や組織に対する感覚
- 不安や作業量の負荷
- 個人的な信念と偏見
- 組織の環境

　効果的なスーパービジョンは，確実なコミュニケーションが行われることを超えて，コミュニケーションの意味やその有効性について探索する際に，スーパーバイジーと協力することである。

## スーパービジョンとコミュニケーションの意味

- コミュニケーションが生じたことの確認
  - かかりつけ医に電話しましたか？
  - Sam についての紹介をもう一度受けた。
- コミュニケーションについての詳細な説明
  - 何を尋ねたのですか？彼らの反応（返答）はどのような内容でしたか？
  - 紹介はどのように行われましたか？今回の心配は何でしたか？
- コミュニケーションにおける感情や感覚の探求
  - 特定の専門家に相談したことはありますか？
  - それから何が起こったのですか？何を感じましたか？
  - あなたが感じていることについて，他の人はどのように感じますか？
  - 情報や応答についてどのように感じますか？
- コミュニケーションの意味の理解
  - あなた自身のコミュニケーションの質や文脈は，あなた自身の過去の経験や現在の期待の影響をどの程度受けていますか？
  - 彼らはあなたの役割をどのように認識していますか？
  - コミュニケーションに影響を与えた可能性のある権威や職位の問題はありますか？
- コミュニケーションの意味の探索
  - さらに質問する必要性はありますか？
  - 次のステップで，このコミュニケーションがもたらす意味は何ですか？

## グループダイナミクス―「集団思考」を理解する―

　ワーカーは，多くの場合，専門職内および専門職間のグループと共に働き，極めて重要な判断と決定はグループの文脈（状況）内で行われる。グループ会議が意思決定に与える影響を探るためには，スーパービジョンの時間が必要である。

Janis（1982）は，歪んだ推論につながる可能性があるグループ内の偏った考えを説明するために「集団思考」という用語を造語した。「集団思考」は葛藤を避けたいという欲求をもち，グループ内の意見の一致に努力することに消極的である。したがって，グループの判断と意思決定は，相反する見解を回避し，極端な立場の総意に向かう傾向があるという2つの傾向に対して無力である。Janisは，グループメンバーが信頼できる仲間とのグループの考えを議論し，これらの議論をグループに報告するグループメンバーを含む集団思考を回避する措置を提案した。スーパービジョンは，この役割を果たすことができる。

## スーパーバイジーとサービス利用者間のダイナミクスを探る

スーパーバイザーの主な課題は以下のとおりである。

■サービス利用者との関係および相互作用の質を監視する。
■ワーカーが，サービス利用者との相互作用を省察することを支援する。
■ワーカーが抱えるケースへの感情の影響と実践への影響を見極め支援する。

態度，仮説，情報の解釈は，相互作用，関係性，情緒に強く影響を与えるため，実践への感情的側面がスーパービジョンプロセスに持ち込まれるのは不可欠である。これには，3つの理由がある。

第一に，専門的な分析において重要な役割を果たす，直感と直感的な判断の中心に感情が横たわっている。もしこれらの反応について議論されず，抑圧され続ければ，サービス利用者との関係性を損なう可能性がある。また，スーパーバイザーは，家族の力動に対するワーカー自身の応答において，高齢者や子どもの潜在的なリスクについての重要な手がかりを見落としてしまうかもしれない。特に経験豊富なワーカーは，家族力動に巻き込まれ，家族に絡みとられ，家族メンバーの脆弱性に配慮することができず，強力で威圧的な家族メンバーと同盟関係に陥る可能性がある。スーパーバイザーは，ワーカーが特定の家族メンバーもしくは一つの家族メンバーの筋書き通りに行動するなど，過度に同一化していると思われる事実を注意深く見守る必要性がある。

第二に，家族とワーカーの良好な関係性は，実践において重要である。サービス利用者とその家族が問題解決に取り組み，問題を提示できる環境を作り出すには，ワーカーの人間関係形成能力が重要である。ワーカーの人間関係形成能力の質もまた，変化の可能性に大きな影響を与える。したがって，スーパーバイザーの主要な任務の一つは，ワーカーとサービス利用者とその家族の関係性を観察し，混迷，葛藤，冷徹さ，馴れ合いや恐れの兆候に気づくことである。これらは，いくつかの方法で拾い上げられる。

■ワーカーが，家族，特に脆弱な高齢者や子どもたちについてどのように話すかについての違いを理解する。

■ワーカーが，さまざまな種類のリスクと害についてどのように話すかについて理解する。

■ワーカーが，移民のサービス利用者やその家族についてどのように話すのかについて理解する。

■ワーカーが話さないことに警戒する。

■ワーカーと他の人の説明との食い違いに注意する。

■同僚のワーカーのサービス利用者への反応と比較する。

■報告書を読んで，ワーカーが使用した言葉を理解する。

■サービス利用者との対話を観察する。

■サービス利用者や家族との相互作用について振り返るよう求める。


　最後に，脆弱なサービス利用者のニーズ，知覚，懸念は，しばしば感情を探索することで表面化する。このようなことは，子どもやコミュニケーションに相違のある人のケースで生じる。これらの問題がサービス利用者にどのようなことをもたらすのか，スーパービジョンのプロセスにおいて熟考しなさい。

■サービス利用者が自分の人生の最後の３ヵ月間の話をすることができれば，彼らは何を言いたいと思うか，そして彼らの一番強い思いは何だろうか。

■サービス利用者の語りをいかにサポートするか。また，彼らのネットワーク内の他者の語りにいかに肉薄しているか。

■彼／彼女が何を感じているかについて，あなたはどのくらい知っているか。

■もしサービス利用者に魔法の杖が与えられ，自身の人生を変えられるとしたら，彼らはどのような人生を選ぶと思うだろうか。


## 批判的な分析

　このステージでスーパーバイザーは，スーパーバイジーと協働して，サービス利用者の能力や脆弱性などの情報に含まれたリスクや強みといった情報の意味についての見方による分析的な推論と直感的な反応とを統合する。このステージでは，これらの要因が将来のソーシャルワーク実践に及ぼす影響を探索し，現在の経験，既知の情報，意思決定や計画との関連付けを行う。

　スーパーバイザーの主要なタスクは次のとおりである。

■ワーカーが他者，特にサービス利用者が問題や悩みをどのように認識し，どのような影響を受けているかについて探索したことを確認する。

■ワーカーが，何が起こっているのかを理解したことを言語化し，代替可能な別の解釈を

考えることを助ける。

■実践の段階で，さらにどのような情報が必要であるかを明らかにする。

■ワーカーが，実践，個人的経験，理論，研究から得られた情報を用いることも含めた根拠に基づいた実践の理解を促進することを支援する。

■家族からの説明

■実践と個人的経験から得られたワーカーの知識

■研究の知識

■正式な理論

スーパービジョンのプロセスのステージはあまりにも貧弱であり，子どものサービス分野においては，ケース記録とスーパービジョンの記録双方に分析記録がないとの批判がある。しかし，スーパービジョンの訓練は分析を支援するツールの使用によって分析プロセスが助けられることを示している。ワーカーの思考の中から，出来事，様式，可能な説明の解釈の表面的な説明を変換し，解釈し直すことは，分析の質を向上させるだろう。また，ワーカーとスーパーバイザーが情報とその解釈を一緒に探索するのに役立つ。ツールは作業の状況に応じて異なるが，情報収集を助けることのできるツールのいくつかであるジェノグラムやエコマップのように分析を助けることができる。特定のケースに適用されるリスクを分析するための枠組み（フレームワーク），変化の意欲を評価する（Morrison, 2010），意思決定ツリーなど，他のツールも役に立つ。

### 意思決定と計画

6つのステップのサイクルでは，これを「意思決定と計画を説明する」と呼んでいる。第4ステップのスーパービジョンサイクルに関連して探索されたすべての要素がここに当てはまり，第一線での実践は，選択された行動の方向性についてサービス利用者と他者との間で明確にされた能力によって裏付けられなければならない。サイクルの前段階がスーパービジョン上でうまく活用されれば，この時点で，ソーシャルワーカーは，彼らがなぜ，また何をしているのかを明確にすることができる。

# 6つのステップサイクルの活用をサポートする質問

以下の質問はチェックリストとして使用すべきではないが，最前線の実践をスーパービジョンするスーパーバイザーのためのガイドを提供する。

## 1. スーパービジョンの焦点を明確にする

■課題は何であるのか。

■課題の目的は何であるのか。

■実践に与えるべき情報のフレームワークと手順は存在するのか。

■実践のどの側面があなたにとってより挑戦的なのか。

■起こりうる結果は何なのか。

■あなたが現在取り組んでいる実践の限界は何であるのか。

■スーパーバイザーからどのような支援と指導が必要なのか。


## 2. 初期の所見, 推定, 知識のベース

■あなたは, この一場面で, どのような質問をしているか。

■このケースの情報に基づいて形成した3つの推論を列挙しなさい。

■このケースに対して偏見があった場合, どうなるでしょうか。

■専門家は, この家族／人について既にもっている信念はどのようなものであると言っているのか。

■どのような文化的, ジェンダー的な問題が発生する可能性があるのか。

■あなたにこのケースはどのような知識をもたらすのか。その知識はどこから生じたのか。

■あなたの知識にギャップはあるのか。

■これまでの似たようなケースはどのようなケースなのか。その経験が, あなたのアプローチにどのように影響する可能性があるのか。

■前回と同様な状況で実践した結果はどうだったか。

■サービス利用者は, あなたがサービス利用者とともに行っている実践に対して, どのような疑問や感情をもっているのだろうか。


## 3. 情報収集

■現時点で必要としている重要な情報は何か。

■私たちは既に何を知っているのか。

■私たちは何を知らないのか。

■この情報の出所はどのような機関なのか。

■家族／人を最も良く知っているのは誰なのか。

■他のどの機関／サービスが現時点で関与する必要性があるのか。

■他の機関がこの家族の中であなたの役割をどのように見ているのか。

■どの機関に関与することが困難であるのか。どのように対処していくのか。

■協働作業に何らかの効果があるのだろうか。

■他機関からの交流や情報は必要であるのか。

■どの家族や友人が実際に関与する必要性があるのか。

■あなたはどのように情報を記録しているのか。

■情報にはどのような相違が存在するのか。

■これらを分析し，決断するにはどうすれば良いのか。

■私たちがまだもっていない，どのような他機関からの情報が必要であるのか。

## 4．ワーカーと利用者の力動

■あなたは自身の実践をどのように説明できるか。

■私は，それに気づくだろうか。

■X婦人は，あなたのアプローチと支援の姿勢についてどのように思うのだろうか。あなたと家族／個人との間の力動を説明しなければならないのであれば，「いたちごっこ」「大変な目に遭う」「発見の旅の分かち合い」「ちょっと変わった扱いにくい人」はどのようなものなのであろうか。

■サービス利用者との相互作用は，実践をどのように助けたり／妨げたりするのか。

■実践との関係について説明することは何が簡単で何が難しいのか。

■もし，矛盾／混沌としていることがあるとすれば，その警告のサインを家族やあなた自身／他の専門職間の相互作用の中で何を拾い上げたのか。

■誰が，何を，あなたの実践の場面で思い出すのか。

■あなたは，家族／人について最も驚いたこと，心配したことはあるか。

■この家族／個人についてのあなたの直感的な反応は何か。この直感はどこから来たのか。

## 5．ワーカーの分析

■何が更に明確になったか。何が明確になっていないか。知らないことは何か。

■あなたの実践にどのような良いもしくは心配なパターンが表出しているのか。

■このようなパターンはどのくらいの期間続いているのか。

■収集された情報は，どの程度，あなたの第一印象を裏付け，変化させるのか。

■情報のどの部分が未だ意味をなさないのか。曖昧なのか。

■これらをどのように明確にすることができるのか。

■どのように収集された情報が，現在の懸念の原因と結果を説明するのだろうか。

■検討するためには，どのような新たな説明が必要であるのか。

■他機関はどのように状況を理解しているのか。彼らの懸念は何であるのか。

■利用者の状況についての説明はどのようなものか。

■この状況の意味は，どういうものだと思うか。

■このような場合，どのようなリスクと保護要因が存在するか。

■他機関やサービス利用者は現在のケースの何を，また我々は現在のケースについてどのように考えているのか。

■どの説明がより強固となるのかについて，我々はどのように分析することができるのか。

■どのような知識，理論，研究，価値観，経験がこの状況が展開するのかを説明するのに役立つか。

■特定された問題に対処するためには，サービス利用者にとってどのような具体的な結果が得られる必要があるのか。

■プロフェッショナルな介入がない場合，6ヵ月以内に状況が改善されるか，悪化するか，同じであるか。

■関係している他の家族メンバーについて考えてみよう。


## 6. 意思決定と計画

■この時点で何を決定する必要があるのか。

■どのような選択があるのか。

■この時点で決定を下すための情報を，どの程度までもっているか。

■異なる決定の長所と短所は何であるのか。

■誰が得をし，誰が損をするのか。

■私たちの組織内での職務と責任に関連して，この状況について交渉可能であるもの，もしくは不可能なものは何であるのか。

■この場合の問題について，どの程度まで機関間で合意が成立しているのか。

■サービス利用者にとっての最良の結果はどのようなものであるのか。

■この結果を達成するためには，どのようなサービスや介入が必要であるのか。

■子ども／両親のための計画において特定の成果が確認されたか，または特定される必要があるのか。

■これらの成果を現実化させるために，あなた／他人の役割と具体的な任務はどれくらい明確であるのか。

■あなたの実践を受け入れているサービス利用者／家族に動機付けているのは何であるのか。

■計画は，意図された成果に対するモニタリングと再検討をどのように提供しているか。

■これらが達成されない場合，緊急時の計画は何であるのか。

■実践の場面を記録するための枠組みについて，どの程度明確であるのか。

■あなたの判断を報告する根底にある理論／研究を記録することは，どこに役立つのだろうか。

■記録は，どのように公正，明確，安定，そして根拠に基づいているのか。決定や報告が
　どのようになされたのかが明確であるのか。

■あなたの考えや書面による報告を家族と共有するためのあなたの計画は何であるのか。

## 注

1) The set-up-to-fail syndrome（セット・アップ・トゥ・フェイル・シンドローム）とは，Manzoni &
　 Barsoux（1998）が多くの経営幹部を対象に行った研究によると，従業員の高いパフォーマンスを生じ
　 させるのは上司であることを示唆している。低いパフォーマンスの上司は，従業員の低いパフォーマン
　 スを改善しようとして，注意と監視を増やすことで，かえって不健全なダイナミクスを生じさせるとし，
　 これをセット・アップ・トゥ・フェイル・シンドロームと名づけた。

## 引用文献

Gigerenza, G.（2007）in Munro, E.（2008）*Effective Child Protection*. London: Sage.

Grint, K.（2005）Problems, problems, problems: the social construction of 'leadership'. *Human Relations* 58
　（11）1467-1494.

Janis, I.（1982）*Groupthink: Psychological studies of policy decisions and fiascos*. Boston, MA: Houghton
　 Mifllin.

Manzoni, J.-F. & Barsoux, J.-L.（1998）'The Set-Up-to-Fail Syndrome' in *Harvard Business Review on
　 Managing People*. Harvard Business School Press.

Morrison, T. & Wonnacott, J.（2009）Unpublished training materials.

Morrison, T.（2010）The strategic leadership of complex practice. *Child Abuse Review* 19 312-329.

Munro, E.（2008）*Effective Child Protection*（*2nd edition*）. London: Sage.

Reder, P. & Duncan, S.（2003）*Beyond Blame: Child abuse tragedies revisited*. London: Routledge.

# 第6章

# 実践力を高めるための
# スーパービジョン

　スーパーバイザーがマネジャーであるかどうかにかかわらず，スーパーバイザーの重要な役割の一つは，実践技術を発展させ，実践力を向上させることが，サービス利用者にとってよりよい成果となるということに焦点を当て続けることである。焦点を当て続ける対象は，時には，スーパーバイジーが苦慮している特定された実践の対象であり，不快で，孤軍奮闘を要するなどの困難を感じる問題に取り組む領域であり，これはスーパービジョン実践の領域を必ず含むものである。些細なひっかかりが無視されることが頻繁にある。しかし，このことが，サービスの質の低下をまねくだけでなく，ワーカー自身の成長を妨げ，今後生じるであろう重大な問題を潜在的に蓄積させるであろう。多くの場合，このような状況が生じるのは，組織の業績管理システムとスーパーバイザーによる管理上のサポートが十分に機能していないためである。その結果，些細な心配事に対処するスーパーバイザーの自信が低下し，スーパーバイジーの行動と実践に対する許容の範囲が広くなり，心配事が無かったことにされてしまうことが多くなる。これらはしばしば，ワーカーとサービス利用者の関係にも見られる。本章では以下の考え方に基づくとともに，技能／成果を改善する明確なアプローチをとおして，このような事態を回避するための枠組みと戦略を取り上げる。

- ■スーパービジョンは，スーパーバイザーがスーパーバイジーの実践を改善できるように共に働く責任をもつ職権関係である。
- ■スーパーバイザーの職権は，職務内容よりも行動の仕方に対するものである。
- ■スタッフは，期待されることが明確なときに最も効果的に仕事をする。
- ■行き詰まっているスタッフを助けることができる。
- ■スーパーバイザーは，なぜスタッフが行き詰まっているのか，彼らの困難が何なのかを理解できれば，最も効果的なスーパービジョンを提供できる。
- ■組織は，問題に対処するための明確な枠組みをもった実践を提供する責任がある。
- ■スーパービジョン関係の本質は，スーパーバイザーによるスーパーバイジーに対するストレングスのフィードバックを提供することである。
- ■期待される実践の質を保たないことは誰にも利益をもたらさない。

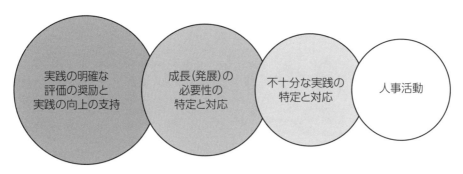

図 6.1　実践力向上の連続体

　実践力を向上させようという働きかけは，スタッフが良好な実践を行うことができるように条件を整備することから，人事活動にまで至る，連続するものであるとして述べられている（Wonnacott, 2012）。

　この連続体は，スーパーバイザーがさまざまなレベルで取り組む必要性を強調し，常に日々の実践の質に関する問題に主体的に関わるものとしている。スーパーバイザーの'専門的権限'の適切な利用と実践のリーダーとしての役割は，スーパーバイザーの重要な側面である（Hughes & Pengelly, 1997）。

　Carpenter ら（2012）と SCIE の実践的なスーパーバイザーの構成要素に関する調査研究によって確認されたのは，最新の臨床専門知識をもつことの重要性と実践に関わる指針をスーパーバイジーにフィードバックしたりすることである。

　図 6.2 のリーダーシップを用いた実践マネジメント（Wanacott, 2012）は，優れた実践がどのようなものかを知り，スーパーバイジーが効果的に実践できる文化と環境を確立する中で，スーパーバイザーの重要性を認識している枠組みの中でなされる。組織内の位置づけによっては，おそらく，スーパーバイザーが他の人に連絡をとること，組織の上層管理職に優れた実践を阻害する要因を警告すること，さらに相互支援の場やフィードバックの機会がより多くなるようなチームの文化を確立することである。これを踏まえて，効果を発揮できるスーパーバイザーは良い実践を認識し，自身のスーパーバイジーやチームの他の人々に良い実践から学ぶように奨励するであろう。公平性と誠実さから，この文脈の中で，実践の概念を特定し，管理し，実践を改善するための行動をとり，数少ない状況ではあるが，正式な介入が可能となる。

## 肯定的な期待の視点

　前述で概説したアプローチは，「肯定的な期待」に基づくものとして記述することができる。

■職員は良い仕事をしたい。

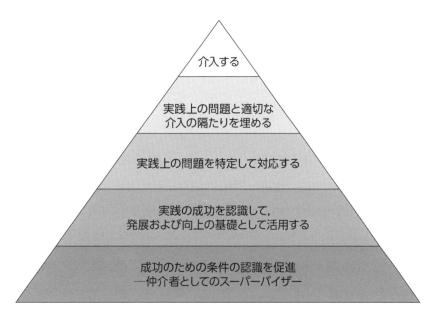

図 6.2　リーダーシップを用いた実践マネジメント

■誰も効果がないことを望んでいない。

■職員の実践は自分の役割と責任が明確なときに最も効果的だ。

■人々はそれが意味を成すならば変えようと努力する。

■弱点が特定されて対処されると，成果（パフォーマンス）を改善させることができる。

■良い仕事がどのようなものであるかを明確にすることは人々を変える助けになる。

■変化することが必要なのは人格ではなく行動である。

■健全な意見の不一致が変化の条件を醸成する。

■実践力を向上することとして合意されているのは，関わりと信頼を高めることである。


## 見識の高い問い

　見識の高い問い（Cooperrider ら，2008）には，何らかの理論に基づいた視点と実践ツールが存在する。また，見識の高い，ポジティブな思いをもったスーパーバイザーにより創造され遂行された実践上にこそ構築される。これらの状況は，「組織は彼らが求める方向に変化する」という前提に基づいている。問題を求め続けようとする組織は問題を見つけ続けるだろう。しかし，組織自体が，また組織自体の最高のものを理解しようとするなら，より良いものが発見されるだろう。実際には，それはスーパービジョンにおいて問いかける方法を考えるための新たな視点を提供する。スーパービジョン過程において，見識の高い問いかけを伴ったアプローチを行うことによって，スーパーバイザーは誤りに焦点を当てた文化を超えて，成功からの学びに多くの関心が払われ，難問を探求していくことにつながる。このようなアプローチを活用することにより，スーパーバイザーは以下の質問をすることとなる。

■あなたとの関わりを拒否していた利用者への実践に取り組んでいた時のことについて，振り返って教えてください。
  ■状況はどうでしたか。
  ■あなたは何を感じましたか。
  ■どのように言ったのでしょうか。
  ■あなたは何をしたのでしょうか。
  ■状況を変えるためにどのような働きかけを行ったのでしょうか。
■あなたが家族とともに行った面接などの一場面について，最後にわくわくしたこと，感じたことについて教えてください。それを私に詳細に説明してください。
■あなたは，前回私に，本当はこの業務をやりたいとは思わなかったと言いましたが，あなたはそれをうまく行いました。
  ■業務を始める前に，あなたは自分にどのように言い聞かせましたか。
  ■他の人から，あなたを手助けするために，どのようなサポートを受けましたか。
  ■成功したのはなぜだったのでしょうか。

## どのような実践を形作るか

　成功のための条件を作成し，成功から学び，スーパーバイジーが苦しむかもしれないポイントを特定するためには，特定の時点で実践を形成する可能性のあるすべての要因をスーパーバイザーが検討する必要がある。

　Rogers（1999）は，個人的な有効性または実践は，3つの要素間の適合から生じることを示唆している。

　1．個人の価値観，経験，技能，人格，モチベーションと期待
　2．仕事の役割，要求，責任，コントロールと複雑さ
　3．組織の文化，システム，チームおよびサービス

## 期待理論

　期待理論は，期待される価値ある結果に向かう行動を形作ることであると述べている。動機づけは，2つの関連する要素，すなわち，期待と手段（Vroom, 1964）の観点から説明される。

　1．期待：「私はXを実現することができますか？」これは，ある方法で行動することによって何かが起こると信じている人がどのくらいいるかである。
　2．手段：「私がすることは無駄なのだろうか？」これはXを起こすことが価値あるものになるだろうという認識がなされることである。

　たとえば，スーパーバイザーは，スーパーバイジーが報告書作成について心配していること

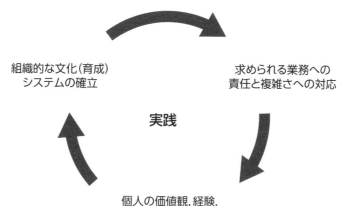

図6.3　実践のサイクル

Adapted from Manzoni & Barsoux (1999)

を認識するかもしれない。図6.3に見られるように，ワーカーの期待と意欲は組織の環境と仕事の性質によって左右され，ワーカーの能力向上の認識は，以下のいくつかの要因に関連する。

- ■組織の期待と報告書作成システムの明確さ
- ■報告書作成課題の性質と複雑さ
- ■フィードバックプロセスの質
- ■ワーカーの技能，専門的価値観，報告書作成の基準
- ■課題を実行するための時間とサポート

　スーパーバイザーは，ワーカーに特定のフィードバックを提供することから始まり，これを報告書作成に関する組織的および専門的な期待につなげる。ワーカーの作業の困難さが探究され，改善計画が策定される。スーパーバイザーは，報告書作成に関するトレーニングや報告書作成時間などを保障する支援を提供する。結果として，ワーカーの意欲は向上し，報告書作成能力を向上させることができると期待しているが，この流れは常に不安定になる可能性がある。

- ■報告書の作成に関する基準がない。
- ■良い報告書の例が提示されていない。
- ■スーパーバイザーからのフィードバックが不十分である。
- ■具体的な改善目標または計画が設定されていない。

## 実践に影響を与える要因

　期待理論の例では，特定の実践に影響する可能性があるすべての要因について考えることの重要性が強調されている。図6.4：貧弱な実践成果の要因については，考慮すべきことは諸々あるが，スーパーバイザーの技量はスーパーバイジーと協力してさまざまな要因の影響を理解し，諸々の問題に対処することに寄与している。

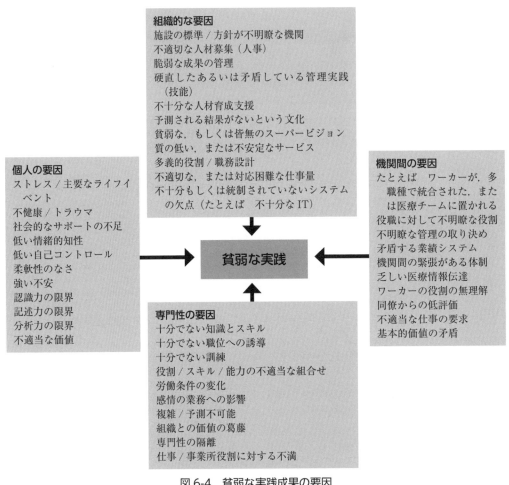

**組織的な要因**
施設の標準／方針が不明瞭な機関
不適切な人材募集（人事）
脆弱な成果の管理
硬直したあるいは矛盾している管理実践
　　（技能）
不十分な人材育成支援
予測される結果がないという文化
貧弱な，もしくは皆無のスーパービジョン
質の低い，または不安定なサービス
多義的役割／職務設計
不適切な，または対応困難な仕事量
不十分もしくは統制されていないシステム
　の欠点（たとえば　不十分なIT）

**個人の要因**
ストレス／主要なライフイ
　ベント
不健康／トラウマ
社会的なサポートの不足
低い情緒的知性
低い自己コントロール
柔軟性のなさ
強い不安
認識力の限界
記述力の限界
分析力の限界
不適当な価値

**機関間の要因**
たとえば　ワーカーが，多
職種で統合された，また
は医療チームに置かれる
役職に対して不明瞭な役割
不明瞭な管理の取り決め
矛盾する業績システム
機関間の緊張がある体制
乏しい医療情報伝達
ワーカーの役割の無理解
同僚からの低評価
不適当な仕事の要求
基本的価値の矛盾

**貧弱な実践**

**専門性の要因**
十分でない知識とスキル
十分でない職位への誘導
十分でない訓練
役割／スキル／能力の不適当な組合せ
労働条件の変化
感情の業務への影響
複雑／予測不可能
組織との価値の葛藤
専門性の隔離
仕事／事業所役割に対する不満

図 6-4　貧弱な実践成果の要因

出典：Morrison, T.（2006）

　実践に影響を及ぼす要因を理解することは，問題がスーパーバイジーの能力の問題であるのか，またはスーパーバイジーが消極的であるのかどうかをスーパーバイザーが理解するのにも役立つ。

　時には，「私はできない」との訴えが，「私はしない」との思いを隠すために使われること，またその逆もあり，ワーカーの能力の問題であるのか，もしくはワーカー自身が消極的である

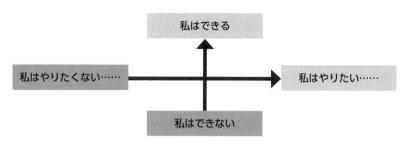

図6.5 実践サイクル

のかとの思いを分けることが難しい場合もある。行動を改善しようとする意欲は，ワーカー自身の意欲だけでなくスーパーバイザーからの信頼にも関係している。重大なことはスーパーバイジーがスーパーバイザーと協力してその違いを理解することである。そうでなければ，不安を抱えたまま実践しようとするとスーパーバイジーが失敗する可能性がある。この要因の分析には，組織的，職業的，個人的な要因だけでなく，スーパーバイザーが無意識に失敗に関与しているかどうかも考慮する必要がある。

### セットアップ・トゥ・フェイル・シンドローム

　Manzoni and Barsoux（1999）の調査によれば，従業員の失敗に無意識に関与しているのは管理者であることが多いことを示唆している。セットアップ・トゥ・フェイル・シンドロームは，通常，スーパーバイザーの過度な反応を通して，ワーカーの低レベルな「間違い」や「失

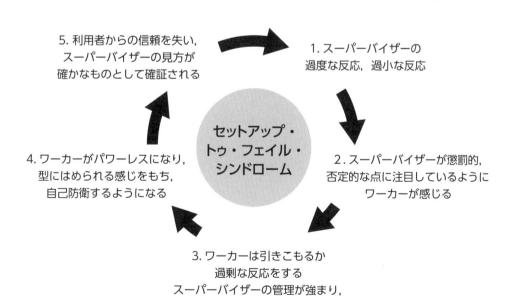

図6.6 セットアップ・トゥ・フェイル・シンドローム

Devised from work by Manzoni & Barsoux（1999）

敗」を生じさせる。これにより，さらにスーパーバイザーはワーカーを過度に管理することとなる。ワーカーは，不公平に評価されていると感じるとともに，スーパーバイザーが何が失敗につながったのかを理解しようとしていないと感じる。

　その結果，ワーカーは急速に自信を失い，スーパーバイザーから距離をとり始める（図6.6 セットアップ・トゥ・フェイル・シンドローム参照）。ワーカーはさらなる批判に何故さらされなければならないのだろうか？これらに加えて，ワーカーは，もはやスーパーバイザーの「組織内」の一員として受け入れられていないと感じ，スーパービジョン関係においても無力感を抱くかもしれない。さらに，ソーシャルケア制度内の一つの危険性は，サービス利用者自身が批判することにより，ワーカーがその批判に対応することとなり，スーパーバイザーの当初の判断が正しいことを確認されることとなる。

　Manzoni and Barsoux（1999）は，このサイクルを記述することに加えて，スーパーバイザーの大部分が，より強く，また弱く実践者に異なる方法で対応する傾向があり，結果的に「集団から外れた者」としての対応を生じさせることを示唆している。

表6.1　「集団内の人」と「集団外の人」

| スーパーバイザー集団内 | スーパーバイザー集団外 |
| --- | --- |
| より強い実践に向けたマネジャーの行動 | 弱い実践に向けたマネジャーの行動 |
| アプローチを決定する自由度を増すための課題についてのディスカッション | どのようにして行うべきか，そしてどのようにそれを行うべきかについての詳細な指導 |
| 些細な間違いは，学習の機会として創出される | 間違いは，「失敗」として扱われる |
| 高い自己有用感—「私にできることがあれば教えてください」 | 低い自己有用感もしくはマネジャーの同意のみ—「……時，いつも私が見ておかないと」 |
| ワーカーの提案に開放的で，ワーカー自身にアイデアを相談する | 提案にほとんど関心を示さない，もしくは却下する |
| うまくできたことに焦点を当てる | ワーカーの失敗に焦点を当てる |
| 異論を提示することを歓迎する | 異論に対して，意見を迫る |

出典：Manzoni and Barsoux（1999）

　この悪循環を断ち切るためには，Manzoni and Barsoux（1999）は，スーパーバイザーの必要性を以下のように示唆している。

■議論のために以下の対応をする—効果的なスーパーバイザーの関係を開発し，良い契約がなされるために時間が使われる。

■問題を根拠に基づいて合意すること—実践が向上し，どんな方法で改善できるか理解しているか，など。

■レベルの低い実践を生じさせる可能性のあることを共に理解する—この章の前半で説明した作業に影響を与える要因など。

　■将来の実践がどのように見えるか（実践の目標）と，ワーカーがこれらの目標を達成する
　　ためスーパーバイザーがどのように支援できるかについての合意。
　■先々のコミュニケーション方法への同意一特にスーパービジョンなどを活用して，早急
　　に支援を必要とする場合など。

　方法上の問題や，実践に影響する要因がどこにあるという根本的な問題について合意を得な
いまま，実践目標のみに焦点を当てていることがしばしば見られる。ワーカーの視点から見れ
ば，スーパーバイジーの報告書の書き方について許容範囲であると思っている場合について
も，スーパーバイザーはそれが十分ではないと感じたり，スーパーバイジーは良い仕事をする
には時間が不足していると感じ，スーパーバイザーは技術が不足していると感じるなど，実践
を改善するために共に取り組むことにつながらない。関係性に焦点を当てることがこのサイ
クルを断つことに不可欠であり，関係性に問題があると効果的なスーパービジョンとはならな
い。この時点でスーパービジョンの合意を見直すこと自体が有用なアプローチかもしれない。

## スーパービジョンサイクルの阻害要因

　実践力の不足への改善戦略の考え方のもう一つの考え方として，外部ストレスへの対応とす
るだけでは不十分である。これは不安，葛藤，仕事の過負荷，または役割の混乱であり，その
結果，ワーカーは一時的にまたはより広範に「我慢」したり「引きこもったり」することとなる。
経験，振り返り，分析，行動のスーパービジョンサイクル（図6.7参照）を思い出し，ワーカーが
全てのサイクルの各サイクルに対応するのではなく，ワーカーがあるサイクルで立ち往生したと
きに何が起こるかを見ることができる。これらの各サイクルのどの時点で「戸惑う」のか，また

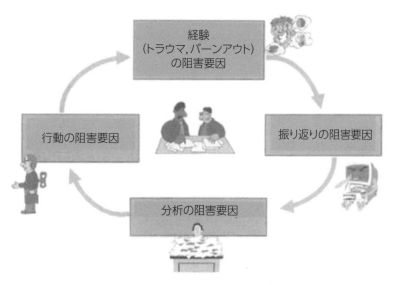

図6.7　スーパービジョンサイクルの阻害要因

不安なワーカーや圧倒されたワーカーにとって自己防衛することになるのかについて見ることもできる。

　サイクルの4つのステップは，以下のように説明される。

## 感情に行き詰まる

　前向きに自身の感情を振り返らず，自身の感情に傾注することで，自身の実践の考察や分析，計画が明確にできなくなる。その結果，業務の遅延や回避が生じ，生産性が大幅に低下する。観察や考察を疎かにし，感情にのみに焦点を当てることは，対処すべき情報への関わりを乏しくさせ，ワーカーにとって自己防衛的になる。このことは，ワーカーは，サービス利用者，組織，その他の機関のような多様な視点からの関わりも乏しくなり，ワーカーはワーカー自身の感情に集中するようになる。加えて，これらのワーカーの不安は，容易な作業を成し遂げることすら，スーパーバイザーや同僚からの多くの働きかけや，絶え間のないサポートを求める結果となっている。このようなワーカーの「脆弱性」は，スーパーバイザーがワーカーに業務を成し遂げるように指示することやワーカーが平等な作業負担を負うようにすることを困難にする。

## 分析に行き詰まる

　ここでは，ワーカーは視野狭窄となり，柔軟性がなく，自分の実践に批判的になり，自身の感情に関与することができなくなる。ワーカーは以前より組織により一方的に定められたような官僚的な働き方に後退する（すなわち，「それはスーパービジョンサイクルを妨げる一つである」）。表面上は，スーパーバイザーをほとんど必要とせず，ワーカーが効率的で生産的な実践を発揮するが，利用者との関係形成，慎重な評価と迅速な対応が犠牲となる。情緒的な対応を避け，手続き的な，「チェックリスト」の回答に反応することによって，ワーカーは自己統制感，安全性，予測的対応能力を回復し，専門的責任と個人的な脆弱性への対応の負担から逃避する。

## 「忙しさ」に行き詰まる

　過度な忙しさはしばしば，すべてのワーカーの日常業務の特徴であるかもしれないが，ここでは「忙しい」，「忙しいと見られている」ということがワーカーを合理的にさせていく。このパターンは，利用者のためにという理由で，利用者とやり取りすることを急ぎ，利用者と依存関係を形成し，父権主義的（パターナリズム的）な対応となっていく一つのパターンである。

　「支援すること」に捉われた場合，利用者にとって重要な事柄を見逃し，困難な問題に対処できない場合には，葛藤を引き起こし，利用者との「関係」を脅かす可能性がある。ワーカーの「忙しい，忙しい」といった反応のスタイルは，適切な評価を非常に困難にする。それはまた，ワーカーがより精神的に厳しい要求に，または複雑な問題に従事することができないことを意味する。しばしばスーパービジョンを回避し，チームや同僚とのつながりが不十分で，「巧

妙」になり，もはや信頼できる組織とすることができなくなる。ワーカーは，サービス利用者の実際のニーズや組織の求めに応じることを避け，サービス利用者と依存関係を形成したり，忙しそうに過ごし，気分を落ち着かせたりすることなく，公的な目的や個人的な評価を得るという方法で役割を定義する。

## 経験に行き詰まる

ここでは，個人が過剰な仕事量や有害な作業環境の力動（ダイナミクス）により圧倒される状況を記述する—第 4 章の外側のサイクルを確認しなさい（第 4 章を参照）。ワーカーは，身体的・情緒的疲労のために，感情や思考，行動のパフォーマンスが低下する。もう一つの説明としては，これらの反応は，外傷経験に対する反応であるということである。時には，このような反応は，比較的容易な事例の文脈の中でも，以前の未解決の経験の記憶が引き金となり引き出される。反応は，おそらくワーカーが他のストレスに直面しているときに，また自宅に居るときに起こる。いずれにせよ，結果は専門性の低下および個人的苦痛である。自分自身をコントロールし，信頼，能力の喪失から守るために，ワーカーは外部世界と自分自身の苦しんだ状態の両方の関わりを避けてしまう。そうすることによって，ワーカーは身体的および精神的な余裕を得ることができ，過剰な仕事量や有害な作業環境の力動から生じるストレスにさらされることから逃避することができる。

## 学習すること，実践することを妨げるサイクル機能

図 6.8 に示した，阻害された学習サイクルというこの概念は，不十分な実践を，不安，脅威，推論，制御，信頼または能力の喪失に対する反応と見なす概念である。安全性，コントロール性，快適性，推論を回復するために，心は無意識のうちに戦略的に保護的な操作を行う。

扱う情報の量を減らすことによって状況は単純化され，複雑さが避けられる
↓
要求，感情，異なった見知の認識を曖昧にする
↓
役割，応答性や説明責任を低下させる
↓
協働関係にある連携する他機関の他者とつながるか，
他機関との連携を避けるか，どちらにしても行き詰まった状況を助長する
↓
ある人への影響を与える行動について他者からフィードバックされること，
もしくは危険な個人的感情に気づくことを避ける
↓
ワーカーの役割を縮小し，新しい状況や不確実なものへの対応を減少させる
↓
ワーカーへの安心感，予測性，コンピテンシーを回復させることが可能になる

図 6.8　阻害された学習サイクル：心の防衛的反応

このように，不十分な実践は，専門的かつ公的に問題があるが，不安，不確実性および推論に対する自己防衛的対応として個人に起因する。これは不十分な実践を無視したり，また馴れ合いの議論ではないことを重要視する必要がある。代わりに，阻害のサイクルは，防衛行動を引き起こす可能性のあることを理解するための，多くの内容を含むことを提示する。

　また，貧しい実践に対処するための戦略には，正確な情報，質の高いフィードバック，また，ワーカーの「防衛を緩和する」ことを可能とするための包含的で信頼できるアプローチが必要であるということも指摘されている。防衛の性質が特定されたら，以下の戦略を検討する必要があるかもしれない。

## ワーカーが振り返りに行き詰まったときの戦略

■業務の理解を明確にする。

■何をすべきかについてのスーパーバイザー自身の期待を明確にする。

■業務に必要なスキル，知識，経験を確認する。トレーニングの必要性を特定する。

■以前に携わっていた業務とどのような業務が類似しているかをワーカーに尋ねる。

■ワーカーが同様の仕事をしたときに起こったことを探索する。正と負の結果を特定する。

■これらが人種，性別などの問題に関連しているかどうかを確認する。

■業務を自分の能力の認識の中にある管理可能な部分と，実行する必要がある優先事項に分ける。

■ワーカーが予測し得る最悪の恐怖や幻想が何であるかを調べる。

■ワーカーの強みと経験を指摘する。

■ワーカーにとって有益でない，思考や行動の方法，または無力化しているプロセスを特定する。

■課題や協働作業の一部を共有できる同僚を思いつかせる。

■経験豊富なワーカーがその業務を行うことを観察する機会を提供する。

■業務を記録する際の時間制限を設定し，業務の記録方法を指定する。

■業務を終えた直後にワーカー自身が自身の業務を確認できるように空き時間を確保する。

■あなたや他の誰かからあなたが望む支援を頼めるようにワーカーに依頼する。

■課題のリハーサルを準備する。

■業務が完了したら，どのように感じるかをワーカーに尋ねる。

■業務を完了した後，ワーカーが，彼らがうまくやったこと，さらにより良い業務を行うための領域を分析できるようにする。

### 陥りやすい点

情緒的な部分に焦点を当てすぎない。これはワーカーが立ち往生している場面である！

## ワーカーが分析で行き詰まっている状態への戦略

■ 仕事に対して，どのような気持ちをもっているのかを調べる。

■ 感情に関する質問に対して，考察，理論的または一般化による応答には，注意をしてフィードバックしていく必要性がある。なぜなら，性差に関わる仲介の要素が含まれている可能性があるからである。

■ 「感情」的な質問に対する，「感情」的な応答による追求

■ ワーカーとして従事している経験の中での気づきを高めるために，業務のプロセス記録を実行するようにワーカーに依頼する。

■ 仕事をするうえで，ワーカーがもっている恐怖や幻想の要因として，人種，性別などが関係しているかどうかを確認する。

■ 問題に焦点を当て，一般化または知性化に陥らないようにする。

■ さまざまな理論的／政治的見解の妥当性を認めながらも，課題や利用者に対する倫理的または法的責務を政府機関に指摘する。

■ 別に時間を設けて，ワーカーが懸念する一般的な問題について話し合う。

■ 課題の本質を明確にし，それを分割し，いつ実行する必要があるのかについて優先順位をつける。再検討の日程を設定する。

■ ワーカーがどのような作業を完了したいかについて特定する。

■ リハーサルの機会を設定する。

■ トレーニングの必要性を特定する。

■ どのように行き詰まっているかを確認する。これは，以前の悪い経験や仕事の本質が道徳的または政治的な確信と矛盾しているというよりも，基本的な認識に根ざしている可能性がある。そうであれば，ワーカーの進路と志望を見直す時間を与える必要がある。

### 陥りやすい点

知的な討論に対する論争や競争を避ける。

## ワーカーが行動に行き詰まっているときの戦略

■ スーパービジョンセッションにすべて出席しているかを確認しなさい。

■ ワーカーが自身の仕事や業務に感じているプレッシャーについて，どのように感じているかを調べなさい。

■ 強大な防御性に備えなさい。ワーカーは，彼らの業務の検討にスーパーバイザーが入る

ことで，業務に費やした時間を無効にするのではということを恐れている可能性がある。
「忙しさ」は，個人的なニーズを覆い隠す可能性があり，繊細な扱いが必要となる。

■ワーカーの傾向と能力を認識しなさい。

■最重点領域の変化を起こすために，良い業務の例を特定し，それを活用して，不十分な業務と比較しなさい。

■求めている変化に対して合理的な根拠を見つけなさい。たとえば，あなたはワーカーがあまりにも懸命に働くこと，もしくは，ワーカーのスキルをより生産的に活用することができるかを心配している。

■特定の事例に関与するための計画，目標，および根拠を要約するようワーカーに要請しなさい。ワーカーが何をしたかについての長い記述を避けなさい。事例のケースプランを含むサマリーを要請しなさい。

■ケースファイルの状態と場所を確認しなさい。

■トレーニングまたは再トレーニングの必要性を特定しなさい。

■ワーカーの時間管理を分析しなさい。これにはワーカーが管理している個人的な時間ではないため，組織の記録が含まれていなければならない。

■説明責任と報告準備に関する期待を明確にしなさい。

■カウンセリングの必要性があるかどうか，もしあれば，機関がそのようなニーズをどのようにサポートすべきかを検討しなさい。

■彼らが助けを借りて現在の仕事を継続できるかどうかを評価する。そうでない場合は，組織内で他の選択肢を探しなさい。


## 陥りやすい点

繊細な対応をしながら，スーパーバイザーとして明確な境界を維持し，友人，カウンセラー，救助者にならないようにすること。


## ワーカーが経験に行き詰まったときの戦略

### (a) 何らかのバーンアウトの状態の存在が疑われる

■バーンアウトの症状に関する情報を求める。

■病気と遅刻の記録をチェックする。

■仕事，満足度，不満感，進歩感，将来の希望と抱負についてどのように感じているかを確認する。拒否や怒りをあらかじめ確認する。

■ワーカーの取扱い件数や言動を見直しなさい。彼らは極端過ぎていないか？

■トレーニングまたは再トレーニングの必要性を特定する。

■ワーカーは役割と責任について明瞭であることを明らかにする。

■ワーカーが表現した説明から，生活の中で何が起こっているかについて感知しなさい。

■記録と実績を慎重に監査しなさい。バーンアウトした人は，利用者のリスク，ニーズおよび苦痛の領域に鈍感となる。ワーカーの評価が正確であることを確認しなさい。

■あなたがバーンアウトしたと観察した態度や行動について，具体的なフィードバックをしなさい。

■上司／人事部と問題について話し合い，さらに医学的意見を求める必要性を考慮しなさい。医学的支援が必要となるバーンアウトに関連する重要な隠れた生理学的兆候が存在しうる。健康診断とは，スタッフのケアへの介入であり，何が起きているかをワーカーが知ってもらうのに役立つものである。仕事から離れて，十分な休息が必要な場合がある。

■上記のことを考慮して，一時的または長期的に現在の役職を継続する能力がワーカーにあるのかを見直す。あなたのマネジャー／人事部と相談して，可能な選択肢を準備しなさい。

### 陥りやすい点

　スタッフのケアにおいて，バーンアウトにより引き起こされたふるまいに，関心をもたないことや責任問題が無視されることに注意すること。

(b) **ワーカーがよそよそしくまたは動けていないように見えるところ（振り返りに悩まされている人々のための多くの戦略がここに適用される）**

■職員の役割と責任に対する認識を明確にする。

■技能，知識，経験についてのワーカーの期待を明確にする。

■大げさで非現実的かもしれない。

■ワーカーの訓練と発達のニーズを詳細にチェックする。

■ワーカーが自信をもって感じることを特定する。

■苦痛や自信を失った特定のケースや出来事があったかどうかを調べる。

■建設的なフィードバックをどのように提供し，スーパービジョンを使って自信をつけることができるかを尋ねる。

■定期的な評価点で，徐々に責任を負うことを交渉する。ワーカーが仕事に戻ることの希望と，ワーカーの準備が整っているかどうかについてのあなたの判断との間には緊張関係が存在する可能性がある。

■以前の所属機関やスーパービジョン歴を確認する。ワーカーの実践を阻止しているものは何もないか。過去の差別や苦痛の経験に特に注意を払う。

■職場，機関およびチームへの参加の決定について，ワーカーの理解を深める。ワーカーはこれが正しい職務であると確信しているか。

注：これがバーンアウトの初期段階である可能性を排除しないことが重要であるため，上記の戦略のいくつかが関連している可能性がある。しかし，ここのワーカーは，冷笑的で否定的なものよりも恐ろしいか，あるいはわかりにくい傾向がある。容易に突然引き起こされる出来事はないかもしれない。


## 陥りやすい点

ワーカーの仕事をする能力に自信をもたせることで，ワーカーがあなたの肯定的なフィードバックを内面化でき，あなたを信じることができる！と決め込んではならない。


## ポジティブな強化による実践の向上

成人学習理論に基づくポジティブな強化のアプローチは，ポジティブな報酬により行動が繰り返され，維持される可能性が高い。ポジティブな強化には，感謝，賞賛，またはうまくいった仕事の認知などの社会的報酬と，成長の機会，キャリアの進展，役割拡大などの具体的な報酬が含まれる。

実践上の懸念がある状況でポジティブな強化アプローチを使用するには，次のことが必要である。

■ ワーカーの実践の的確な把握
■ 心配ごとを含むワーカーの実践の評価と分析
■ スーパーバイザーの実践の自己評価
■ 組織と専門職の方針と基準に関する知識
■ 明確な証拠に基づく実践上の心配ごとに関するフィードバック
■ スーパーバイザーが関係する理由と必要な基準の説明
■ 問題の原因の共有理解を得るための議論
■ 慎重な目標設定：何を変更する必要があるのか，どのような実践が向上するのかを明確にする。
■ 改善を可能にする開発，業務の再設計または職業上の健康戦略
■ 定期的に，必要に応じて強化されたスーパービジョン
■ 上記の明確な文書
■ 改善がなければ，進捗状況を慎重に見直し，次のステップを明確化する。


## フィードバックを与える

Morrison（2005）は，建設的なフィードバックを定期的に与え，受けることは，実践を向上させるために利用できる最も強力な2つのツールであるが，活用されていないことを認識して

いる。残念なことに，これらが活用されていない理由の一つは，一部のスタッフとスーパーバイザーの不十分な経験から，もはやそれを有用で安全なツールと見なさないということである。それにもかかわらず，すべての組織のレベルのすべてのスタッフは，最高の状態で働くために定期的なフィードバックが必要である。フィードバックが得られるのは，次の場合である。

■計画すること：慎重に言いたいことを準備する。混乱した伝達は，不安と誤解の急速な拡大をもたらす。タイミングと場所も考える必要がある。ワーカーがどのように対応するのかも考慮が必要である。ワーカーたちは，以前に否定的なフィードバックの経験をもっていたか。ワーカーのスーパービジョン歴は何を示唆しているのだろうか。

■明確さと認知：「私は，あなたがその会議をどのように扱っているかについて，何らかのフィードバックをしたい」

■すぐに：出来事が終わった後，長い間放置しない。

■バランスのとれたもの：必ずしも同時にではないが，長所と短所の両方が強調されていることをフィードバックしなさい。あなたは，ワーカーは批判の前振りとして，肯定的なフィードバックと関連付けることを望まない。

■具体的かつ行動に焦点を当てる：ワーカーは自分の人格を変えることはできないが，その行動は変えることができる。フィードバックの最大の問題は，それがあまりにもしばしば具体的でないことである。

スーパーバイザーが実践を向上させるために活用する戦略は，いずれにしてもこの課題において，彼らを支援する文脈の中で行う必要がある。Morrison（2005）は，スーパーバイザーのために，問題になる領域をいくつかの構成単位で特定し，複雑な問題が発生する前に，見極めるべき差異を特定する必要性があるとしている。たとえば，もし適切な役割と期待の概説の取

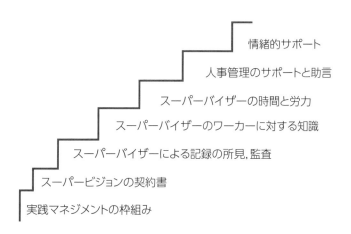

図6.9　妨げられた実践の管理：スーパーバイザーが必要とするもの
Morrison T（2005）

り決めがない場合，実践の向上への挑戦は，否定的で過酷，もしくはいじめのように見なされるかもしれない。スーパービジョン関係において情緒的サポートが貧弱で，人材育成の助けや助言への確信不足のスーパーバイザーは，困難な会話を避けるか，もしくは迷惑がることがある。

　スーパーバイザーのサポートと養成に関するさらなる問題は，最終章で論じられている。

### 引用文献

Carpenter, J., Webb, C., Bostock, L. & Coomber, C. (2012) *Effective Supervision in Social Work and Social Care*. London: SCIE.

Cooperrider, D. L., Whitney, D. & Stavros, J. M. (2008) *Appreciative Inquiry Handbook*. Ohio: Crown Custom Publishing.

Hughes, L. & Pengelly, P. (1997) *Staff Supervision in a Turbulent World*. London: Jessica Kingsley.

Lambley, S. & Marrable, T. (2013) *Practice Enquiry into Supervision in a Variety of Adult Care Settings where there are Health and Social Care Practitioners Working Together*. London: SCIE.

Manzoni, J. - F. & Barsoux, J. - L. (1999) 'The Set-Up-to-Fail Syndrome' in *Harvard Business Review on Managing People*. Harvard Business School Press.

Morrison, T. (2006) *Staff Supervision in Social Care*. Brighton: Pavilion.

Rogers, S. (1999) *Performance Management in Local Government* (*2nd edition*) Chapter 7'The management of individual performance'pp113-148. London: Financial Times/Pitman London.

Vroom, V. (1964) *Work and Motivation*. New York, NY: Wiley.

Wonnacott, J. (2012) *Mastering Social Work Supervision*. London: JKP.

# 第7章

## 状況に応じた
## スーパービジョントレーニング
### ——スーパーバイザーを支援し, 成長させ, 支持する

　本書は, 保健医療サービス, ソーシャルケアまたは同様の環境で働くスーパーバイザーの中核となる訓練のニーズに取り組むために設計されたトレーニングマニュアルを提供し, さまざまな短期トレーニングプログラムのアイデアを提示する。しかし, スーパーバイザーは, 短期トレーニングコースよりもはるかに多くのことを必要としており, 本章では, スーパービジョンのトレーニングが必要とされる状況と組織全体で取り組むスーパービジョンの実践に関するトレーニングの効果を最大化するために必要な支援システムを探る。

　スーパーバイザーを支援し, 養成する戦略が, 組織, ピアグループ, および個人のレベルで運用されている場合, トレーニングは最も影響を与える可能性がある。

　■組織戦略には, スーパービジョン文化の開発, スーパーバイザーのための質の高いスー

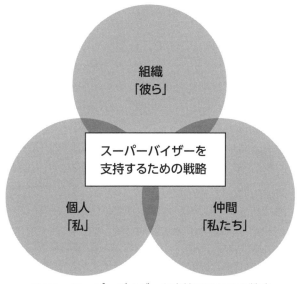

図 7.1　スーパーバイザーを支援するための戦略

10. スーパービジョンの頻度と質が審査され，スーパービジョンの改善計画に関連付けられている

9. 他の部署に従事しているスタッフに対して，所属機関の援助理念に準拠したスーパービジョン実施の取り決めが確立されている

8. スーパービジョンの標準化および質を保証するプロセスは，すべての委託されている任務に含まれている

7. スーパービジョンへ誘導し，すべてのスタッフがスーパービジョンを最大限に活用することに貢献するプログラム

6. すべてのスーパーバイザーが定期的なスーパービジョンを受け，加えてメンタリング，コーチング，アクションラーニングの機会を得ることができる

5. スーパービジョンの基準およびコンピテンシーに基づくスーパーバイザーの選任，導入，養成への体系的なアプローチ

4. 組織の標準化とポリシーには，スタッフとサービスの管理における主要な活動としてのスーパービジョンが含まれている

3. 定義，原則，機能の基準を含み，すべてのスタッフを網羅するしっかりとしたスーパービジョンポリシー（方針）／実践ガイダンス

2. サービス提供の質にどのように関係しているのか，そして組織的およびサービス利用者の結果について，機関全体での共通の理解

1. 専門機関と政府のガイダンスはスーパービジョンの基準と要件，およびスーパーバイザーのトレーニングを認定する

図 7.2　肯定的なスーパービジョン文化の構築

Adapted From Morrison（2005）

パービジョン実践に関する定期的な観察とフィードバックが含まれている。

■ピアグループの戦略には，アクションラーニング[1]の機会が含まれる場合がある。

■個々人の戦略には，自己覚知と助けを得ようとする能力を伸ばすことが含まれる。

## スーパーバイザーへの支持と支援における組織の役割

Morrison（2005）は，効果的なスーパービジョンのための組織の構成単位を特定した。スーパーバイザーのトレーニングは，システム全体の中の小さな要素の一つに過ぎず，効果的なスーパービジョンを提供するために，トレーニングだけに依存している組織は失敗する可能性がある。

## スーパーバイザーは誰か？　スーパービジョン実践に向けたシステム全体のアプローチ

図 7.1 に示すように，スーパービジョンは孤立して行われるのではなく，上級管理職が組織の目標，サービス提供，サービス利用者の成果およびスーパービジョンの質との関係性を認識するところで最も効果的である。しかし，スーパービジョンの影響の直線的な理解を超えて，スーパーバイザーが誰であるかといった問題に対応するシステム全体へのアプローチに移行する必要がある。組織が内省のスタイルのスーパービジョンを現場の職員を対象とするだけではなく，上級管理職がスーパーバイザーのスーパーバイザーであることを認識しない限り，持続的で効果的なスーパービジョンが維持されることはない。

　残念なことに，多くのスーパーバイザーは，彼らが必要なスーパービジョン方法の指導を受けたことがないと報告している。たとえば Lawson は，Community Care のホームページで次のように述べている。

　「*最前線のスーパーバイザーに自分のスーパービジョンについて尋ねたところ，大部分のスーパービジョンは不十分であるとしていることが明らかになった。これは過度な課題重視『クイックチェックイン（素早い手続き）』としばしば説明されている*」(Community Care, 2011)

　これは，多くのスーパーバイザーが強いストレスと不安の状況で働いているにもかかわらずである。たとえば，公共部門と民間部門のマネジャーを対象とした調査では，公共部門の最前線のマネジャーは最大の組織変更を経験し，最大限のストレスを報告したと結論づけられた。この調査では，説明責任は改善されたものの，組織への帰属意識，士気，動機づけ，雇用保障の劇的な低下を犠牲にしていると結論付けられている (Worrall et al, 2001)。

　自信があり，訓練されておらず，サポートされていないスーパーバイザーは実践に必要なものをスタッフに提供することができない。スーパービジョンのトレーニングコースで得た熱意ある最初の興奮を超えて，効果を維持するためには，スーパーバイザー自身が質の高いスーパービジョンをすることと，それだけでなく，他に学習と開発の機会が必要である。

　しかし Lawson は，シニアマネジャーが効果的なスーパービジョンを提供することができない，あるいはそうしたくないという状況はより複雑であると指摘している。
　彼女は，Ofsted の調査をもとに，以下のように述べている，
　「*多くの初心者のスーパーバイザーは，彼らのニーズが満たされていないと思っている。また，自身の役割がわからず，リスクが露わになることを望まないか，スーパービジョンを必要とすることは，『対処できていない』と見なされる。実践者が，最前線からいったん離れ，支援を求めると，スーパービジョンは失敗を認めたことと同じように思える*」(Ofsted, 2012)

　ここでは，スーパービジョンの質と組織全体の文化との間の適合の重要性を見ている。大部分は，リーダーシップの役割を果たし，スタッフを管理し，スーパービジョンするように振る舞う文化である。

　Lawson（2011）が示唆しているように，スーパーバイザー自身がサポートを求めることによ

る結果を恐れている場合，スーパービジョンが提供される組織の文化全体に注意を払う必要性
がある。スーパーバイザーは，サンドイッチの中のジャムのように，組織の要求と彼らのスー
パーバイジーからの要求を仲介しようとすることによって，両者から押し潰されているよう
な感覚であると述べている。この一つの危険は，スーパーバイザーが防衛行動として退くこ
とである。このような行動は，看護師によって示された高ストレスと不安の研究の中で，看
護師が非人格化により，耐え難い不安に対して防御する行動が生じていることを述べた Men-
zies-Lyth（1970）の研究がある。必要とする支援を受けていないスーパーバイザーはスーパー
バイジーから離れ，非常に特殊なニーズや困難な状況にある個人にうまく接することができな
い。距離のある関係は，仕事の詳細，特に感情的な要求や複雑な関係，未熟な実践に挑戦す
ることに焦点を当てない場合がある。あるいは，スーパーバイザーは，彼らの組織の要求から
スーパーバイジーを保護していると思い込み，実践力の低下への変革がなされないことから，
組織の要求が増大し，スーパーバイザーに実践の改善という圧力がかけられ，負のサイクルが
生じる。

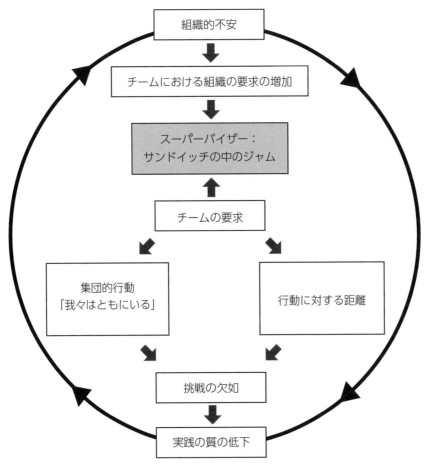

図 7.3　スーパービジョン実践の質に対する圧力の影響

したがって，この負のサイクルを防止するには，スーパーバイザー自身が良いスーパーバイザーを得ることが必要である。これはスーパービジョンが提供される全体システムに対するアプローチの一部である必要がある。そこでは振り返りの空間と情緒的サポートのために必要とされる上級管理者の役割を効果的にするために，批判的思考の開発に不可欠な要素として理解されている。

## 観察とスーパービジョンのフィードバック

スーパービジョンの質は定期的に評価する必要があるが，Ofsted（2012）の調査では，少数のソーシャルワーカーとマネジャーだけに生じていると述べていることを指摘している。組織がスーパービジョン実践の質に影響を与える最も影響力のある方法の一つは，スーパービジョン実践についての「通常」のコミュニケーションを図ることであるとしている。2つ目の方法は，スーパーバイジーからの定期的なフィードバックと，スーパーバイザー，スーパーバイジーの観察によるものである。

スーパーバイザーのフィードバックはアンケートや調査で得ることができるが，最も効果的な方法の一つは，スーパービジョンセッションの構造的な観察であり，スーパーバイジーおよびスーパーバイザー，オブザーバーがスーパービジョンプロセスについての討論に参加することだ。これらの観察は，外部のファシリテーターが行うことができるが，内部的に行われ，組織内のスーパービジョン実践の全体的な発展を知らせるために活用された場合，おそらく最も有効である。しかし，これがシステムに組み込まれている場合，いくつかの重要な考慮すべき事項がある。

■観察者はスーパービジョンがどのように見えるかをよく理解しているか。
■スーパーバイザーが使用しているスーパービジョンと同じモデルで訓練されているか。
■スーパーバイザーは，良いスーパービジョンがどのように見えるかをよく理解しているか。
■組織内で活用されているスーパービジョンやスーパービジョンモデルから何を期待するのか，訓練を受けたことはあるか。
■観察の際の取り決めは明確であるか。たとえば，守秘義務とその限界，観察者が保有する記録の使用と保管など。
■観察プロセスにおける「ルール」は明確か。たとえば，観察者が介入する可能性がある場合，セッションに続いて最初にフィードバックする人がいるか。一般的に先ず最初にスーパーバイジーが，セッションが彼らの視点からどのようになったかについてコメン

トする機会が与えられるべきであり，次にスーパーバイザー，最後に観察者が続いてコメントする。

## ピアサポートの開発と使用

スーパーバイザーが確かな基盤の上に配置されるために必要とされることの多くは，上記で検討された組織の構成要素の中で説明されている。しかし，辛い交渉，難しいチームづくり，扱いにくい人格，難しい判断はスーパーバイザーの能力，知識，判断，自信，権限を損なう可能性があり，そのようなプレッシャーの下で，彼/彼女は，一体何者であるのかというようなスーパーバイザーとしての本質的な疑問をもつことになる。

Morrison の未発表の訓練資料では，これはスーパーバイザーのバランスを取る行為と言われている。

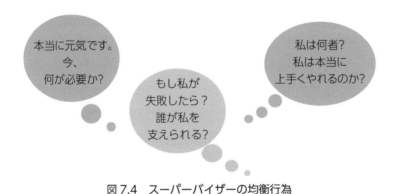

図 7.4　スーパーバイザーの均衡行為

スーパーバイザーがスーパービジョンの有効性について深淵な挑戦と疑問に直面しているときに，ピアサポートは，振り返りのための安全なスペースを提供するうえで最大の価値がある。この要素は，非公式の社会的支援，相棒とメンターに至るまでいくつかの方法でできる可能性がある。Morrison（2010）は，現場の実践の戦略的なリーダーシップを模索し，スーパーバイザーは孤立を減らすことができる構造的な空間を必要としていると述べている。

そして，

■彼らの真の気持ちが充分に認められるほど安全だと感じる。

■不確実性と疑念を強力な支援として認識する。

■他のスーパーバイザーと関係をもち，仲間入りする。

■それが好きであることを教える（組織がどのようになりたいかはわからない）。

■知識，情報，ノウハウを共有する。

■他者の問題の解決に貢献する。

■スーパーバイザーとしての集団的価値と能力の感覚を取り戻す。

■バッテリーを充電し，エネルギーを再集中させる。

ピアサポートの最も効果的で包括的な構造の一つは，アクションラーニングセットである。

## アクションラーニングセット

アクションラーニングセットのアイデアを構築した Revans（1982）は，それらを「対等な相互支援による自己の発達」と表現した。これらは，スーパーバイザーグループが共通の問題を一定期間にわたって協働する機会である。この用語が示唆しているように，彼らは行動を通じて学ぶ。言い換えれば，優れたアクションラーニングセットは，プロフェッショナルなサポートと開発を超えて，メンバーのニーズを安全に，または少なくとも十分に保護し，自分の役割において自己とアイデンティティを感じるようになる。Payne（2006）が述べているように，他人との行動に参加しない限り，アイデンティティを構築したり維持したりすることはできない。

アクションラーニングセット（Mumford, 1991）の基本原則は次のとおりである。

■学習は，実際に話すだけでなく，実際に行動を起こすことを伴う。

■行動は，スーパービジョンにとって重要なプロジェクト問題に関する作業である。

■学習は社会的プロセスである。

■ソーシャルプロセスはグループミーティングを通じて実行される。

■グループは，問題や互いに自身をさらけ出すことによって学習するのに役立つ。

■ファシリテーターがいる。

Morrison（未発表の訓練資料）によれば，スーパーバイザーのアクションラーニングセットを容易にするために，再びつながりなおして関与し，感情を分かち合い，それが良しとされるプロセスが続く共通のプロセスが起こっているようである。このような状況に付随する疑い，心配，怒り，絶望など，時には不可能な要求，不可解な問題，絶え間ない圧力について聞くことになったとしても，お互いの意見を聞き，互いの共同体の現実を認めることの重要性は，過度に強調することはできない。

しかし，この「底付き」の段階には，しばしば逆進力が働き，メンバーは事態が発生した

ときに，自発的に例外を特定し，オールタナティブ（代替）のストーリーや可能性を生み出す。生じている事態（周囲のあらゆる障害にもかかわらず）や，それがどのようにして貢献したかを特定するだけのために，単純にスーパーバイザーを招くことは，しばしば「何もしない」雰囲気に影響を与えるのに十分である。

　そこから，問題を特定するプロセスの動きが生じる。時にはこれはメンバーによって生成されることもあれば，組織がその助けを求めている問題を出してくるかもしれない。関係性を助ける互恵関係は，スーパーバイザーが助けを求める人から助けを与える人に変わることで，能力の感覚を回復するための鍵の一つである。私たちが行動から学ぶように，問題と共に働く協力者に働きかけることへの発言を開発することが不可欠である。そしてそれは，働きかけることを通して我々のアイデンティティが統合されるのである。最後に，このアクションラーニングセットには，グループが一緒に作業したプロセスと，メンバーが誰であるか，誰ができるのかを教えてくれることを考慮すると，学習に反映するのに時間がかかる。
　アクションラーニングのスーパーバイザーは，組織の安全空間の唯一性と重要性について頻繁にコメントし，感情，心配，疑問を共有する。優れたアクションラーニングセットは，可能性と能力の文化を創造するが，とりわけ倫理性を回復させる。

## 個々の戦略

　最終的には，組織や仲間によるサポートプロセスは良好であるが，スーパーバイザーはそれらを活用するかどうか，方法を選択する。スーパーバイザーがスーパービジョンに影響を与える要因はスーパーバイジー自身にも影響する。

　Morrison（2005）は，すべてのワーカーが仕事に関連するストレスに直面しているという個人的責任についてコメントしている。

　「これは，仕事に関連するストレスに直面して個人が個人的責任をもたないことを暗示するものではない。今日の作業環境の要求は，個々の堅牢性と感情的能力がますます重要になり，募集と選考の間に焦点を当てるべきであることを示唆している。問題が常に機関の責任であるとして個人的責任の感覚をほとんど示さない個人は，圧力の下で倒れる可能性がより高い。反対に，ワーカーがあまりにも多くの個人的責任を負う者は，同様に脆弱である。したがって，現実的な態度と積極的な対応戦略の行使は非常に重要である」

　逆境に直面し，生命の挑戦に対処する能力を開発することは，レジリエンスの文献（Newman,

2004) 内のサービス利用者に関連して広範に調査されてきた。最近では，これは職場環境の中で研究されており，その重要性は，自分自身の幸福を守り，専門的実践を強化するために個人にとって探求されている。ソーシャルワークの研究では，

> 「レジリエンスの高いソーシャルワーカーは肯定的な関係を維持し，さまざまな情報源からのサポートにアクセスし，適切な共感を示し，対処スタイルの範囲を引き出し，自分の感情や他人の感情を管理し成功させることができる。より弾力性のあるソーシャルワーカーは，自らの実践に建設的に反映し，家庭と職場の間に強固な身体的および感情的境界を設定し，彼らが直面する課題から意味を引き出すことができる」(Grant, 2012)

レジリエンスを高めるための個々の能力は，環境要因と個人要因の相互が合わさることで影響を受けるが，最もレジリエンスが高いワーカーとスーパーバイザーは，利用可能なサポートシステムにアクセスする可能性が最も高い。スーパーバイザー自身のレジリエンス力を示すことを支援するために，Morrison は，スーパーバイザー自身でレジリエンススキルと力を特定することを支援する自己意識チェックシートを作成した。

## スーパーバイザーとしての安全なアイデンティティの開発

援助要請の行動は，スーパーバイザーが，非常に脆弱でサポートが必要かもしれないときに，スーパーバイザーとしてのアイデンティティがまだ守られていると感じ，そして緊張し続けることができるとき，不自然に見えるかもしれない。たとえば，スーパーバイザー自身の役割に疑問を感じているスーパーバイザーは，援助要請の行動が，弱さの現れであると認識する可能

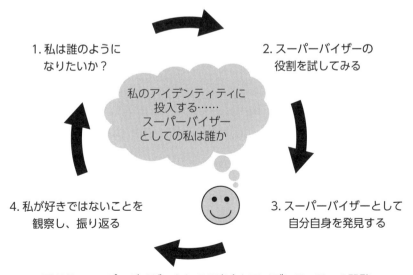

図 7.5　スーパーバイザーとしての安全なアイデンティティの開発

Morrison T（2009）

性が高くなる。スーパーバイザーは時間の経過とともに，その役割の中でアイデンティティを発揮する。特にスーパーバイザーとしての成長の初期段階では，役割（私がしていること）とアイデンティティ（私は誰か）の区別があまりにもしばしば認識されない。これは，スーパーバイザー自身の役割に自信を深める機会を得るために，役立つトレーニングコースである。スーパービジョンされ，仲間と仕事をしている自分の経歴を反映することで，彼らは役割を果たそうとし，スーパーバイザーとしての自分自身を発見し，彼らがどのように役割を果たそうとしているかを反映することができる。アクションラーニングと自らのスーパービジョンを通してこのプロセスを継続することも同様に重要である。

　優れたスーパービジョン関係とサービス利用者に対する明確な成果の結びつきは不可欠であり，最終的には，スーパーバイザー開発，サポート，維持は，ヒューマンサービス組織の最も重要な課題の一つである。読者からのメッセージは，トレーニングは，このプロセスの唯一の側面であり，最も成功した組織は，すべてのスーパーバイザーが提供することが期待されると同様に，同じ質の高いスーパービジョンを経験し，ピアサポートを含む定期的な成長の機会をもち，観察とスーパービジョンのフィードバックを通して彼らの実践の振り返りをするように定期的に挑戦している。すべての組織がスーパーバイザーに対する高い期待をもっている必要性があるが，成功の可能性を最大限に引き出すためには，システム全体が共に働く方法についても同様に振り返る必要性もある。

注 ...............................................................................................................................................

1)　アクションラーニングとは，アクションと学習を結びつけながら行われる教育実践方法のことである。具体的には，実践を改善するために，問題解決のためのアクションを起こすと同時に，起こしたアクションについてリフレクションすることを通して学習することである。

引用文献 .........................................................................................................................................

Community Care (2011) 'Inform' 21/4/11 (electronic; subscribres only).

Grant, L. (2012) Guide to developing social worker emotional resilience. *Community Care* 'Inform' 4/7/11 (electronic; subscribers only).

Lawson, H. (2011) Guide to effective supervision: what is it and how can supervisors ensure they provide it?' *Community Care* 'Inform' 21/4/11 (electronic; subscribers only).

Menzies -Lyth, L. (1970) *The Functioning of Social Systems as a Defence Against Anxiety*. London: Tavistock Institute of Human Relations.

Morrison, T. (2005) *Staff Supervision in Social Care*. Brighton: Pavilion.

Morrison, T. (2009) Unpublished training materials.

Morrison, T. (2010) The strategic leadership of complex practice. *Child Abuse Review* 19 312-329.

Mumford, A. (1991) Individual and organizational learning - the pursuit of change. *Industrial and Commercial Training* 23 (6).

Newman, T. (2004) *What Works in Building Resilience*. London: Barnardos.

Ofsted (2012) *High Expectation, High Support and High Challenge: Protecting children more effectively through frontline social work practice* No. 110120. Available at: http://dera.ioe. ac.uk/13875/ (accessed October 2013).

Payne, M. (2006) Identity politics in multi- professional teams. *Journal of Social Work* 6 (2) 137-150.

Revans, R. (1982) *The Origins and Growth of Action Learning.* Chartwell-Bratt: Bromley UK.

Worrall, L., Cooper, C. & Campbell, F. (2001) The pathology of organisational change: a study of UK managers' experiences. In: B. Hamblin, J. Keep and K. Ask (eds.) *Organisational Change and Development.* Harlow: Financial Times/Prentice Hall.

# トレーニングパック

# 著者と In-Trac についてトレーニングとコンサルティング

　ジェーン・ワナコットは，In-Trac Training & Consultancy のプロフェッショナルプラクティスディレクターである。彼女は 1979 年にソーシャルワーカーとしての資格を取得，過去 20 年間，独立したトレーナーおよびコンサルタントとして働いてきた。この職務において，彼女は多くの制度および自発的な組織と協力して，トレーニングを開発および提供し，また，実践の審査，ポリシー開発，深刻なケースレヴューを含む他のプロジェクトに取り組んでいる。ジェーンは長年に渡り，スーパービジョンに関心をもち，英国と海外の両方でスーパービジョントレーニングコースを開発し，提供してきた。彼女はトニー・モリソンと共同で，ソーシャルワーカーの初任 3 年間の専門能力開発である，Children's Workforce Development Council （CWDC：子ども分野で働くスタッフの能力開発評議会）の手引きおよびトレーニングプログラムを作成した。2010 年にトニーが亡くなって以来，In-Trac はこれらのトレーニング資料の開発を続けており，2009 年から 2013 年にかけて，保健医療サービスおよびソーシャルケアで働く 9,000 人以上のスーパーバイザーのトレーニングを行った。ジェーンは，Jessica Kingsley Publishers が発行した *Mastering Social Work Supervision*（2012）の著者でもある。

　In-Trac Training & Consultancy は，1994 年にジェーン・ワナコットによって設立され，政府機関，地方自治体，医療トラスト，保護委員会，および子どもと高齢者にソーシャルケアサービスを提供する民間およびボランティア組織と協力している。チームのメンバーは，それぞれが正統な専門家であり，保護，評価，子どもの発達，愛着，スーパービジョン，リスク管理などのテーマに関するトレーニングを提供する。多くのメンバーは，In-Trac から特定のトレーニングを受けており，Children's Workforce Development Council によって資金を提供され，国家公認のスーパービジョン養成プログラムで訓練されたスーパーバイザーであり，また教育省より助成を受け Assessed and Supported Year in Employment（ASYE）のソーシャルワーカーのスーパーバイザーも訓練した。In-Trac は，トレーナーを指導してスーパービジョンプログラムを提供し，観察，コーチング，アクションラーニングを通じてスーパービジョン実践の開発をサポートする。

## 謝　辞

　このトレーニングパックとそれに同行する読者は，トニー・モリソンの仕事と知恵がなければ不可能でした。

　In-Trac は，ソーシャルワークスーパーバイザー向けの Children's Workforce Development Council の全国プログラムの開発についてトニーと緊密に協力する特権を与えられ，保健医療サービスおよびソーシャルケアの組織において，質の高いトレーニングの重要性とスーパービ

ジョンが果たす重要な役割の両方を実施しようとする彼の熱意に触発された。

　Tony は決して立ち止まることはなかった。このマニュアルがトニーの過去の仕事に正義を与え，その妥当性を証明し続け，いくつかの新しい開発とアイデアで前進することを願っている。

　In-Trac のチームメンバーに，多くのスーパービジョントレーニングのイベントを提供し，絶えず変化する環境の中で，スーパービジョントレーニングプログラムを適応させる方法を絶えず考え，この成果を生かし続けている彼らの仕事に感謝する。

　トニーの成果の出版をサポートしてくれた Jacquie Morrison と，以前は入手できなかったパブリックドメインのトレーニング資料を掲載する機会を与えてくれた Pavilion Publishing and Media に特に感謝している。

# このトレーニングパックについて

## 前書き

　このトレーニングパックは，パビリオンが発行する "Developing and Supporting Effective Staff Supervision" 『スーパービジョントレーニング—対人援助専門職の専門性の向上と成長を支援する』(Wonnacott, 2016) にリンクされたトレーニングの提供をサポートする資料を提供している。

　本書は Morrison T (2005) *Staff Supervision in Social Care (3rd edition)*. Brighton: Pavilion. (ソーシャルケアのスタッフスーパービジョンの第3版) にリンクされたトレーニングパックであったが，本書では，最新の Jane Wonnacott (2016) *Developing and Supporting Effective Staff Supervision.* にリンクさせて翻訳した。

　ソーシャルケアのスタッフスーパービジョンは，新しい経験豊富なスーパーバイザーにインスピレーションを与えており，自身が所属する組織内でスーパービジョントレーニングプログラムを開発したいトレーナーにとって効果的な資料を含んでいるが，包括的なトレーニングを意図したパックではない。したがって，この出版物は，ソーシャルケアにおけるスタッフのスーパービジョン実践を補足し，その中心概念をトレーニング場面内で活用できる方法を説明することを目的としている。最終的な目的は，サービス利用者に実際に違いをもたらす健全で効果的なスーパービジョン実践を確立することである。

　このトレーニングパックに含まれる資料の多くは，トニー・モリソンによって開発され，

英国，さらにアイルランド，ニュージーランド，オーストラリア，カナダ，およびアメリカ全体で子どものサービス，地域社会の正義，健康，学際的な場面で適応した形で広く活用されている。2010 年にトニー・モリソンが亡くなったとき，彼はジェーン・ワナコットとIn-Trac Training and Consultancy のトレーナーチームと協力して，Children's Workforce Development Council から委任されたソーシャルワークスーパーバイザー向けの全国トレーニングプログラムを提供していた。このプログラムは，以前にモリソンとワナコットが独自のトレーニング実践で開発したトレーニング資料を利用し，ソーシャルケアのスタッフスーパービジョンで提示されたアイデアが広く活用されただけでなく，ソーシャルケアの組織が直面している現代の問題に対処するために改訂した。このプログラムは，以前にモリソンとワナコットが独自のトレーニングで開発した資料を活用し，ソーシャルケアのスタッフスーパービジョンで打ち出された考えを広範囲に渡って汲み取っただけでなく，ソーシャルケアの組織が直面している現代の問題に対処するために改訂した。トニーの死後，In-Trac トレーナーのチームは引き続きこれらの資料を改良および開発し，英国および海外の保健医療サービスおよびソーシャルケアの部門にまたがって活用した。

このトレーニングパックに不可欠なことは，仲間である読者，効果的なスタッフスーパービジョンの開発とサポートである：脆弱な子ども，高齢者およびその家族と働く人々のためのスタッフスーパービジョントレーニングの実施をサポートする読者である。また，このトレーニングパックの資料は，ソーシャルケアにおけるスタッフスーパービジョンの中の考え方の概要を改訂し提供したものである。このトレーニングパックはトレーナーのソーシャルケアのスタッフスーパービジョンについての道案内となり，マニュアルに精通し，トレーニングセッションを実行するための準備のために本トレーニングパックを参照することを勧める。

このトレーニングパックは以下のことが含まれている：

■さまざまな保健医療サービスおよびソーシャルケアの場面でスーパービジョントレーニングプログラムを設計するのに役立つ資料である。
■1 対 1 のスーパービジョンを提供するためのスーパーバイザーのトレーニングに焦点を当てている。
■効果的なスーパービジョンを実施するために Morrison（2005）のフレームワークに基づいている。
■スーパービジョンの理論と実践を充分に具えている経験豊富なトレーナーが活用するように設計されている。

このトレーニングパックには，以下の点は含まれていない：

■「計画されていないその場その場の」スーパービジョントレーニングコース：すべての学習グループの学習内容は独自であり，スーパービジョントレーニングが提供されている独自の内容の長所と試みを評価し，それに応じた教材を活用するのはトレーナーの責任
■独自の演習と独自な状況のための内容に備えたトレーニングの資源：この資料には一般的な適用性はあるが，トレーナーは対象者に応じて関連する例を調整して使用する必要性
■グループスーパービジョンを提供するスーパーバイザーを開発し訓練するための資源
■トレーニングの提供の原則と実践の枠組みを設定するトレーニング資源

## 教 材

　これらの資料は，スーパービジョンに対する一定のアプローチをサポートするように特別に設計されているが，The Munro Review of Child Protection（2011），The Social Work Task Force，および The Early Years Foundation Stage を含む，保健医療サービスとソーシャルケアの分野における同時代の実践者とも一致しており，すべてが効果的なスーパービジョンの重要性を強調している。コンプライアンスに基づくアプローチから，専門家の判断，反映，批判的思考，および情緒的知性を重視するアプローチに移行する場合，安全な実践となる可能性が高いという現在の理解は，このパック内の資料によって完全にサポートされている。

　以下の6つの信念がこのパックを支えている。

1. スーパービジョンは，効果的なサービスを提供するための関与，評価，計画，介入のプロセスと切り離せない実践である。スーパービジョンと実践の双方に共通のプロセスが存在する。
2. スーパービジョンは，感情，思考，行動を統合するプロセスである。
3. 完璧なスーパーバイザーは存在しない。違いを生むのは，スーパーバイザー自身の長所と限界を理解し，サービス利用者とスタッフに働きかけ，スーパービジョン実践を継続的に改善することに積極的に取り組むスーパーバイザーで「十分」である。
4. 多くのスーパーバイザーは，組織の圧力を上回る「パワー」をもち，想像以上にスタッフと業務に大きな影響を与える。
5. スーパーバイザーは，実践家と組織との関係の重要な仲介者である。
6. 初任時のスーパービジョン経験は，専門家としての自信，能力，アイデンティティ，方向性に強力かつ時には深い影響を与える。そのため，スーパービジョンに不慣れなスーパーバイザーたちには，専門職としての意識，標準的な実践，ワーカーの信頼といった

価値に影響を与える独特の機会を得ることとなる。

## このトレーニングパックの活用方法

　このトレーニングパックは，読者の育成と効果的なスタッフスーパービジョンと密接に関連している：脆弱な子ども，高齢者およびその家族と働く人々のスタッフスーパービジョントレーニングの実施をするリーダーをサポートする。リーダーは，トレーナーの意図を読み取ることを読者に提供するとともに参加者にも役立つ。

　このパックを使用するトレーナーは，以下を行う必要がある：

■ 保健医療サービスとソーシャルケアにおける効果的なスーパービジョントレーニングの設計（128ページ）に記載されている問題を検討する。

■ プログラムの中核的な要素がカバーされていることを確認することにより，コースの内容に同意する。見本となるプログラム（134ページ）がスーパービジョントレーニングの助けとなるかもしれない。

■ 適切なセッション，パワーポイントのスライド，配付資料，トレーニング資料を選択しなさい。

## トレーニングの学習成果

1. 効果的なスーパービジョンの構成要素と，サービス利用者への良好な結果との関係を理解する。

2. スーパービジョンの4×4×4（統合）モデルと，スーパービジョンの機能およびシステム内の他のスーパービジョンに対するスーパービジョンの影響を理解することに，どのように役立つかを検討する。

3. スーパービジョンサイクルを活用し，効果的なスーパービジョンを促進するためのこのサイクルの活用方法を理解する。

4. 感情がスタッフ，批判的思考，意思決定に与える影響を検討する。

5. スーパービジョンプロセスが，スーパーバイジーが抱える不安に対して積極的に機能する方法を理解する。

6. スーパーバイジーの過去のスーパービジョン経験など，スーパービジョン上の関係に影響を与える可能性のある要因を考慮する。

7. スーパービジョン関係を発展させ，さらにその関係性について再吟味することの重要性と，スーパービジョン下での反抑圧的な実践を促進する契約を確認する意義を理解する。

8. 資格を取得したばかりの実践家から経験豊富な実践家まで，専門能力開発の段階ごとの

スーパービジョンの役割を検討する。

9. スーパービジョンによる良好な結果を促進するうえで，情緒的で知的なスーパービジョンスタイルと信ずべきスーパービジョンスタイルの重要性を理解する。

10. 複雑な問題を扱う際に，批判的思考を促進するためのスーパービジョンの役割を理解する。

11. 専門職のネットワークのダイナミクスを効果的に活用するためのスーパービジョンの役割を考慮する。

12. 複雑な実践へのスーパービジョンに関連して6つのステップモデルを活用する。

13. スタッフが情報を評価および分析し，意思決定およびリスク管理に情報を提供できるようにツールを活用する。

14. 実践の改善に取り組むときは，前向きな期待モデルの重要性を考慮する。

15. 個人の学習と発達を阻害する要因への可能性を理解する。

16. スーパービジョンの範囲内で適切に権威を使用し，ワーカーがセット・アップ・トゥ・フェイル（失敗のスパイラル）に陥ることを回避する。

17. 貧弱な実践力で業務を行うための戦略を開発する。

18. スーパーバイザーのスキル開発の意味合いで，学習内容に実践と振り返りを取り入れる機会をもつ。

### 引用文献

Morrison, T. (2005) *Staff Supervision in Social Care: Making a real difference for staff and service users* (*3rd edition*). Brighton: Pavilion Publishing.

Munro, E. (2011) *The Munro Review of Child Protection: Final report*. London: TSO.

# 保健医療サービスとソーシャルケアにおける効果的なスーパービジョントレーニングの設計

## トレーニングを提供するのは誰であるべきか？

経験によれば，このトレーニングパックのスーパービジョントレーニングは，次のような人が提供する場合に最も効果的である。

■優秀なトレーナー
　　　　そして
■経験豊富なスーパーバイザー
　　　　そして

■内省的で関係に基づいた実践を促進することに専心する者

　そして

■「トレーナーの養成トレーニング」のプログラムに参加する機会をもった，安全な環境で
　試みられた資料の提供が可能である者


　これらの教材が，スーパービジョン内の関係をポジティブに活用することを促進する以前
に，トレーナーはただ，トレーニンググループとの活動がまるで関係ベースの実践をモデル化
したように，本物と認識されるであろう。これは，単に理論を伝えるだけのトレーニング教材
ではない。教材では，トレーナーと実践者の双方が，いかに実践を改善していくかについて
共に探索するために，自身の実践を実直に探求し，思考を広げていくことが必要である。し
たがって，これはただ棚から取り出された，またこのトレーニング方法に専念していないト
レーナーが提供したトレーニングパックではない。


## スーパービジョントレーニングを企画するときに尋ねる 10 の質問

　他のトレーニングと同様に，提供される状況に応じて適切に計画されているプロセスの場合
には，違いを生む可能性が最も高くなる。したがって，トレーニング内容を設計する前に適切
な質問をすることが重要である。これらの質問のいくつかは，トレーニングプログラムを実施
する前に尋ねる必要があると同様に，他の質問は，スーパーバイザーのトレーニングに特に関
連している。


1.　なぜこのトレーニングが今求められているのか。
2.　この組織のスーパーバイザーは誰なのか？　スーパーバイザーは，全体的な管理組織のど
　　こに位置付けられているのか。
3.　このトレーニングの対象者は誰で，同じトレーニンググループ内で誰が一緒にトレーニ
　　ングされるべきなのか。
4.　対象となる参加者の専門職団体を代表するスーパービジョンの基準は何であるのか。
5.　トレーニングのためのスーパーバイザーの職責を公表し，職場内で必須なタスクの獲得
　　を容易にする組織的な関与はあるのか。
6.　スーパービジョンのどのようなモデルを活用するのか。
7.　上級管理職はモデルを「取り入れ」なければならないか？また，組織のスーパービジョ
　　ンの方針をとおして推進されたのか。
8.　スーパービジョンのすべての形態，すなわち正式，非公式，グループスーパービジョン
　　がどのように記録されるべきかについて明確なものがあるのか。
9.　組織は，特にスキルの開発に関して，必要な学習成果をカバーするためのトレーニング

に十分な時間を許可しているか。

10. スーパーバイザーがトレーニングを修了すると，どのようなサポートおよび開発プロセスが利用可能になるのか。

## スーパーバイザーのトレーニングには何が役立ちますか？

### スーパービジョンがサービス利用者にどのような結果をもたらすか，その間の関係に焦点を当てる

　スーパービジョントレーニングは，ポリシーと手順が確実に順守されるように，技術的なアプローチを超えて課題に移行する必要がある。効果的なスーパービジョン実践の開発はそれよりも複雑であり，真に効果的であるために，スーパービジョントレーニングはスーパービジョンの質とサービス利用者の結果の間の基本的な関係を実証しなければならない。これは，スーパービジョンの動機付けに関与し，組織内のどこにいてもトレーニングへの参加を促進するための鍵である。たとえば，最前線のスタッフのスーパーバイザーの場合，トレーニングは，ワーカーとサービス利用者間の相互作用，したがって全体的な結果に影響を与えるうえでスーパービジョンが果たす重要な役割を確立する必要がある。スーパービジョンプログラムに管理スタッフが含まれる場合，トレーニングには，最前線のワーカーに対する管理サポートの質，サービスの質，およびサービス利用者への結果の間の関係を反映する必要がある。

## モデルの中核である「交渉不可能な」側面が含まれていることを確認する

　トレーニングの資源には，中核となる多くの概念をもつスーパービジョンモデルが反映されている。これらは，特定の状況でスーパービジョンモデルを効果的に活用するための基盤を提供するが，これらの中核となる考え方や実際にそれらを適用するスキルを理解していなければ，スーパーバイザーは提供された包括的なトレーニングを最大限に活用することはできない。

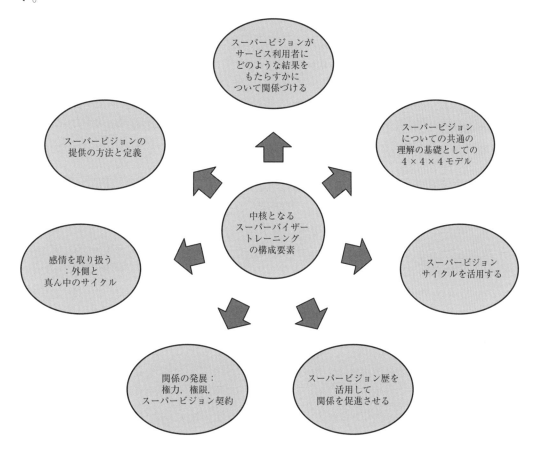

## 特定のニーズを満たすために中核となるトレーニングを拡げる

　ほとんどの場合，トレーニングは中核となる構成要素，アイデア，スキルを超えて，参加者のスキルを伸張し，特定の状況に適用する機会を提供する必要がある。

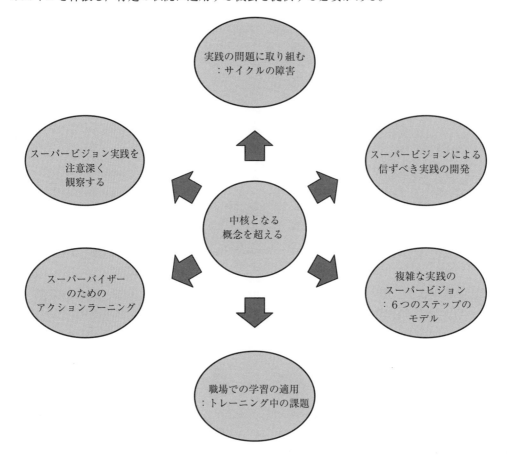

## スーパービジョンを実践し，フィードバックを受ける機会を提供する

　参加者が自身の職場でスキルを実践し，安全な環境でフィードバックを受け取る機会が与えられたときに，スーパービジョントレーニングが最適に機能することが経験から示されている。これを達成する2つの方法は次のとおりである：

**1. トレーニング中の課題**：トレーニングは2つの部分で行われ，参加者はコースの2番目の部分の前に学習に関係づけられた課題を完了するよう求められる。トレーニングの2番目の部分の開始時に課題を完了する経験を調査するための時間が割り当てられる。このマニュアルには，考えられる課題の概要とフィードバックの管理方法が記載されている。

**2. スーパービジョンセッションの注意深い観察**：トレーナーは職場のスーパーバイザーを訪問し，スーパービジョンセッションを観察して，即座にフィードバックを提供する。スーパービジョンの準備にスーパーバイザーとスーパーバイジーの双方を含めることは重要であり，観

察を伴う学習ツールとしての役割を確立することも重要である。スーパーバイザーの支援と維持に関して，第7章の「状況に応じたスーパービジョントレーニング―スーパーバイザーを支援し，成長させ，支持する―」を読むことで，考慮すべき問題のいくつかを検討している。

## 学習の正式な評価

　執筆の時点で，このトレーニングパック内の資料を使用した特定のスーパービジョンコースは，これらのトレーニング資料を精査したリーダーシップ管理研究所（ILM）によって認定されている。ILM認定を取得するには，参加者は，認定されたILMセンターのトレーナーによって認証された課題を完了する必要がある（この場合，In-Trac Training & Consultancy）。

## スーパーバイザーに継続的なサポートとスーパービジョンの開発の機会を提供する

　多くの場合，組織は上司に内省的かつ分析的なスーパービジョンを提供したいという要望を表明するが，実際にこれを維持するために何が必要かを十分に検討していない場合がある。経験から，スーパーバイザー向けの継続的なスーパービジョン開発およびサポートプログラムの一部であり，より良い実践を促進するために必要であると見なされている場合，スーパービジョントレーニングが最も効果的である可能性が高いことが示されている。

　スーパーバイザーになることは孤独な仕事になることが多く，個人，チーム，組織レベルからの重圧を抱えて日々働く必要がある。これらの重圧によりスーパービジョンを行う際に，感情に焦点を当て探索するタイプのスーパービジョンが実施されない場合もある。スーパーバイザーが短期間のトレーニングコースに参加するだけでは，情緒的なエネルギー，知的な熟練，自己洞察の能力を必要とするスーパービジョンのスタイルを提供することを期待することは非現実的であり，参加者とトレーナーの双方にとって失敗である。また，このようなトレーニングは，貧しいトレーニング資源であり，費用対効果的にも非効率である。

　したがって，効果的なスーパービジョントレーニングには，継続的な専門能力開発のフレームワークが含まれていることが必要である。このようなトレーニングは，職場での学習を実践につなげることをサポートするように設計された多くのアプローチが含まれる可能性がある：ソーシャルワーク環境で最前線のマネジャーに必要なサポートに焦点を当てたプロジェクトによって提案されたいくつかのアプローチ（Skills for Care, 2011 www.skillsforcare.org.uk / swmanagers）は次のとおりである：

■ ピアサポート
■ コーチング
■ アクションラーニングセット

上述のアプローチの開発の機会や実施する方法について職場で取り組むことは，このトレーニングパックの範囲を超えているだけでなく，スーパーバイザー養成に関連する効果的なスーパービジョンではなく，スーパーバイジーをサポートするために計画された補足的な活動であることを強調することが重要である。スーパーバイザーがスーパーバイザーとしての仕事をするために必要な知識とスキルをもっていることを保証することが必要である。

## プログラムの例

　以下に紹介するプログラムは，参加者のニーズに合わせた独自のプログラムを設計するためのガイドおよび出発点となるように設計されている。これらのプログラムは，2回の短い休憩と約30〜45分の1回の昼食休憩を伴う，午前9時30分から午後4時30分までのトレーニング日数に基づいている。

| プログラム例1：効果的なスーパービジョンの中核となるスキル | |
|---|---|
| 期間 | 2日間 |

| この2日間のプログラムは，スタッフのサポートを含む保健医療サービスおよびソーシャルケア組織内で働く幅広い人々を対象としたプログラムの内容である。<br>　プログラムの内容：<br>≫スーパービジョンの4×4×4（統合）モデルの中核的な要素に焦点を当てている。<br>≫スーパービジョンの4×4×4（統合）モデルを実践するうえで重要な手段を探る。<br>≫参加者に効果的なスーパービジョンを行うためのスキルを習得する機会と場所を提供する。<br>　以下の内容についてのプログラムは含まれない：<br>≫スタッフの実践そのものに不安を感じる場合など，複雑で困難な実践に対してスーパービジョンするために必要なあらゆるスキルとツールをスーパーバイザーに装備する。<br>≫職場での学習内容を統合する機会を提供すること。 |
|---|
| **学習成果：**<br>　参加者は以下の学習成果が得られる：<br>　1．効果的なスーパービジョンの構成要素と，サービス利用者への良好な結果との関係を理解する。<br>　2．スーパービジョンの4×4×4（統合）モデルと，スーパービジョンの機能およびシステム内の他のスーパービジョンに対するスーパービジョンの影響を理解することに，どのように役立つかを検討する。<br>　3．スーパービジョンサイクルを活用し，効果的なスーパービジョンを促進するためのこのサイクルの活用方法を理解する。<br>　4．感情がスタッフ，批判的思考，意思決定に与える影響を検討する。<br>　5．スーパービジョンプロセスが，スーパーバイジーが抱える不安に対して積極的に機能する方法を理解する。<br>　6．スーパーバイジーの過去のスーパービジョン経験など，スーパービジョン上の関係に影響を与える可能性のある要因を考慮する。<br>　7．スーパービジョン関係を発展させ，さらにその関係性について再吟味することの重要性と，スーパービジョン下での反抑圧的な実践を促進する契約を確認する意義を理解する。 |

| セッションの提案 | |
|---|---|
| **1日目** | |
| 演習の概要：オプション1 | 90分 |
| ステークホルダーとしての組織の例題 | 45分 |
| スーパービジョンとサービス利用者への影響 | 60分 |

| スーパービジョンサイクルの概要 | 90分 |
|---|---|
| スーパービジョン関係に影響する要因：スーパービジョン契約が重要なのはなぜなのか？ | 90分 |
| **2日目** | |
| スーパービジョン歴 | 90分 |
| 関係性の発展：多様性とスーパービジョン契約の役割との連携 | 60分 |
| 感情を取り扱う：外側と真ん中のサイクル | 90分 |
| 感情を取り扱う信ずべきスーパービジョン実践を開発する | 60分 |
| 評価と再吟味 | 45分 |

| **プログラム例2：ソーシャルケア実践のスーパービジョン** | |
|---|---|
| **期間** | 4日間（約1ヵ月後の3日目と4日目を含む一つのセッションを2日ずつで提供） |

この4日間のプログラムは，スーパービジョンの実践の主体であり責任をもつソーシャルケア組織の人々に適している。

プログラムの内容：
≫スーパービジョンの4×4×4（統合）モデルの中核的な要素に焦点を当てている。
≫スーパービジョンの4×4×4（統合）モデルを実践するうえで重要な手段を探る。
≫参加者に効果的なスーパービジョンを行うためのスキルを習得する機会と場所を提供する。
≫職場での学習を統合する機会を提供する。
≫スタッフの実践そのものに不安を感じる場合など，複雑で困難な実践に対してスーパービジョンするために必要なあらゆるスキルとツールをスーパーバイザーに装備する。
≫スーパーバイジーの貧弱な実践に対する懸念など，スーパーバイジーの実践を改善するためのスーパーバイザーの役割を探索する。

**学習成果**
参加者は以下の学習成果が得られる：
1. 効果的なスーパービジョンの構成要素と，サービス利用者への良好な結果との関係を理解する。
2. スーパービジョンの4×4×4（統合）モデルと，スーパービジョンの機能およびシステム内の他のスーパービジョンに対するスーパービジョンの影響を理解することに，どのように役立つかを検討する。
3. スーパービジョンサイクルを活用し，効果的なスーパービジョンを促進するためのこのサイクルの活用方法を理解する。
4. 感情がスタッフ，批判的思考，意思決定に与える影響を検討する。
5. スーパービジョンプロセスが，スーパーバイジーが抱える不安に対して積極的に機能する方法を理解する。
6. スーパーバイジーの過去のスーパービジョン経験など，スーパービジョン上の関係に影響を与える可能性のある要因を考慮する。
7. スーパービジョン関係を発展させ，さらに関係性について再吟味することの重要性と，スーパービジョン下での反抑圧的な実践を促進する契約を確認する意義を理解する。
9. スーパービジョンによる良好な結果を促進するうえで，情緒的で知的なスーパービジョンスタイルと信ずべきスーパービジョンスタイルの重要性を理解する。
14. 実践の改善に取り組むときは，前向きな期待モデルの重要性を考慮する。
15. 個人の学習と発達を阻害する要因への可能性を理解する。
16. スーパービジョンの範囲内で適切に権威を使用し，ワーカーがセット・アップ・トゥ・フェイル（失敗のスパイラル）に陥ることを回避する。
17. 貧弱な実践力で業務を行うための戦略を開発する。
18. スーパーバイザーのスキル開発の意味合いで，学習内容に実践と振り返りを取り入れる機会をもつ。

| **セッションの提案** | |
|---|---|
| **1日目** | |
| 演習入門：オプション2 | 60分 |
| スーパービジョンとはどういう意味なのか？ | 60分 |

| ステークホルダーとしての組織の例題 | 60分 |
|---|---|
| スーパービジョンとサービス利用者への影響 | 60分 |
| スーパービジョンサイクルの概要 | 90分 |
| スーパービジョン関係に影響する要因：スーパービジョン契約が重要なのはなぜなのか？ | 90分 |
| **2日目** | |
| スーパービジョン歴 | 60分 |
| 関係性の発展：多様性とスーパービジョン契約の役割との連携 | 60分 |
| 感情を取り扱う：外側と真ん中のサイクル | 90分 |
| 感情を取り扱う信ずべきスーパービジョン実践を開発する | 60分 |
| コースの中間での課題学習の準備と振り返り | 45分 |
| コースの中間までの職場における課題 | ― |
| **約1ヵ月程度期間を空ける** | |
| **3日目** | |
| コースの中間までの課題から学ぶ | 45分 |
| 保健医療サービスとソーシャルケアにおける最前線の実践をスーパービジョンする：6つのステップのモデル | 60分 |
| 保健医療サービスとソーシャルケアの最前線でのスーパービジョン実践についてスーパービジョンを実施する：事例研究演習 | 140分 |
| 実践を探索するエネルギー | 95分 |
| **4日目** | |
| 実践を改善するための積極的な取り組み：洞察力の高い質問 | 45分 |
| 実践の懸念を早期に特定する：セット・アップ・トゥ・シンドロームの原因を特定し，回避する | 90分 |
| 阻害されたサイクル | 60分 |
| 阻害されたサイクルでの実践：実践を改善するための戦略 | 90分 |
| 評価と再吟味 | 45分 |

---

| **プログラム例3：実践を改善するためのスーパービジョン** | |
|---|---|
| **期間** | 3日間（2日間が一つのセッションとして提供され，約1ヵ月後に3日目が提供される） |

この3日間のプログラムは，サポートスタッフを含む保健医療サービスおよびソーシャルケア組織内で働く幅広い人々に適している。

**プログラム内容：**
 ≫スーパービジョンの4×4×4（統合）モデルの中核的な要素に焦点を当てている。
 ≫スーパービジョンの4×4×4（統合）モデルを実践するうえで重要な手段を探る。
 ≫参加者に効果的なスーパービジョンを行うためのスキルを習得する機会と場所を提供する。
 ≫職場での学習を統合する機会を提供する。
 ≫スーパーバイジーの貧弱な実践に対する懸念など，スーパーバイジーの実践を改善するためのスーパーバイザーの役割を探索する。
以下の内容についてのプログラムは含まれない：
 ≫スタッフの実践そのものに不安を感じる場合など，複雑で困難な実践に対してスーパービジョンするために必要なあらゆるスキルとツールをスーパーバイザーに装備すること。

**学習成果**
　参加者は以下の学習成果が得られる：
　1．効果的なスーパービジョンの構成要素と，サービス利用者への良好な結果との関係を理解する。
　2．スーパービジョンの4×4×4(統合)モデルと，スーパービジョン機能および組織内の他のスーパービジョンに対するスーパービジョンの影響を理解することにどのように役立つかを検討する。
　3．スーパービジョンサイクルを活用し，効果的なスーパービジョンを促進するための活用方法を理解する。

4. 感情がスタッフ，批判的思考，意思決定に与える影響を検討する。

5. スーパービジョンプロセスがスーパーバイジーかつ抱える不安に対して積極的に機能する方法を理解すること。

6. スーパーバイジーの過去のスーパービジョン経験など，スーパービジョン上の関係に影響を与える可能性のある要因を考慮すること。

7. スーパービジョン関係を発展させ，さらに関係性について再吟味することの重要性と，スーパービジョン下での反抑圧的な実践を促進する契約を確認する意義を理解すること。

9. スーパービジョンによる良好な結果を促進するうえで，情緒的で知的なスーパービジョンスタイルと信ずべきスーパービジョンスタイルの重要性を理解する。

14. 実践の改善に取り組むときは，前向きな期待モデルの重要性を考慮する。

15. 個人の学習と発達を阻害する要因への可能性を理解する。

16. スーパービジョンの範囲内で適切に権威を使用し，ワーカーがセット・アップ・トゥ・フェイル（失敗のスパイラル）に陥ることを回避する。

17. 貧弱な実践力で業務を行うための戦略を開発する。

18. スーパーバイザーのスキル開発の意味合いで，学習内容に実践と振り返りを取り入れる機会をもつ。

| セッションの提案 | |
|---|---|
| **1日目** | |
| 演習入門：オプション2 | 60分 |
| スーパービジョンとはどういう意味なのか？ | 60分 |
| ステークホルダーとしての組織の例題 | 60分 |
| スーパービジョンとサービス利用者への影響 | 60分 |
| スーパービジョンサイクルの概要 | 90分 |
| スーパービジョン関係に影響する要因：スーパービジョン契約が重要なのはなぜなのか？ | 90分 |
| **2日目** | |
| スーパービジョン歴 | 60分 |
| 関係性の発展：多様性とスーパービジョン契約の役割との連携 | 60分 |
| 感情を取り扱う：外側と真ん中のサイクル | 90分 |
| 感情を取り扱う信ずべきスーパービジョン実践を開発する | 60分 |
| コースの中間での課題学習の準備と振り返り | 45分 |
| コースの中間までの職場における課題 | |
| **約1ヵ月程度期間を空ける** | |
| **3日目** | |
| 実践を改善するための積極的な取り組み：洞察力の高い質問 | 45分 |
| 実践の懸念を早期に特定する：セット・アップ・トゥ・フェイル・シンドロームの原因を特定し，回避する | 90分 |
| 阻害されたサイクル | 60分 |
| 阻害されたサイクルでの実践：実践を改善するための戦略 | 90分 |
| 評価と再吟味 | 45分 |

# セッション

........................................
## コースの概要：オプション 1
........................................

### このセッションの目的は何であるのか？

このセッションの目的は，安全な学習環境およびトレーニングの内容を設定し，グループメンバーが課題に取り組むことをとおしてお互いに認め合う空間を確保することである。

また，このトレーニングは，グループメンバーがトレーニング，そして現在のスーパービジョンモデルおよび活用の方法を十分に理解することをトレーナーにもたらすとともに，すでに行われている優れた業務と改善すべき点の両方を確認することができる。

このセッションでは，コースを補強するスーパービジョンの定義を概説し，スーパービジョンの4×4×4（統合）モデル内でそれを特定することにより終了する。これにより，スーパービジョンの定義，主要なステークホルダーへの影響，および提供方法の間のつながりを確立する。

### 学習成果：1 と 2

1. 効果的なスーパービジョンの構成要素と，サービス利用者への良好な結果との関係を理解する。
2. スーパービジョンの4×4×4（統合）モデルと，スーパービジョンの機能およびシステム内の他のスーパービジョンに対するスーパービジョンの影響を理解することに，どのように役立つかを検討する。

**必要な時間：90 分**

### 準　備

参加者が，参加者自身の所属している組織内で用いている，何らかの組織の理念や学びの原則の写しを受け取っていることを確認する必要がある。

参加者が組織内で使用している学びの原則の冊子を受け取っていること，または初日に入手

可能となっていることを確認する必要がある。もし所属組織内に一連の理念や方針がない場合は，In-Trac Training & Consultancy で使用している方針を**配付資料 1「学びの原則」**として活用できる。

　また，コース全体の内容と，トレーニングで活用されているスーパービジョンモデルの中核的な要素にも精通している必要がある。

## 準備物と配付資料
　■パワーポイントのスライド 1 ～ 9
　■配付資料 1：学びの原則（参加者ごとに 1 部）
　■配付資料 2：学習記録と学習計画（アクションプラン）（参加者ごとに 1 部）
　■フリップチャートの用紙とペン

## トレーニング方法
### はじめに（15 分）
　■自己紹介をして，トイレの場所や休憩のタイミングなど，会場管理の方法をおおまかに説明する。配付資料 1「学びの原則（または所属組織の学びの原則）」のコピーを配付し，ざっと説明する。配付資料 2「学習記録と学習計画（アクションプラン）」のコピーを配付し，参加者がそれを使用してコース全体での学習に反映していくことを説明する。
　■守秘性と境界の問題について強調する。参加者のスーパーバイザーと一緒に部屋にいる人を確認する。この場合，学習を阻害する可能性が高い場合は，その参加者があなたに申し出る必要性があることを強調する必要がある。
　■グループに自己紹介をするように依頼する。スーパービジョン経験と，現時点でコースを実施している理由を説明するように依頼する。最後の質問は，参加者がトレーニングに参加する際の選択の程度を確認するために重要である。このステップでは，ユーモアの活用とグループとの関わりにおけるトレーナーのスキルが重要になる。

### スーパービジョンの紹介（10 分）
　パワーポイントのスライド 1「効果的なスーパービジョン～先行研究レビュー」（図 1）の表示：スーパービジョンの影響に関する研究は限られているが，仕事の満足度，スタッフの離職率，およびワーカーの業務の効果についての認識に関連していることが明らかとなっている。

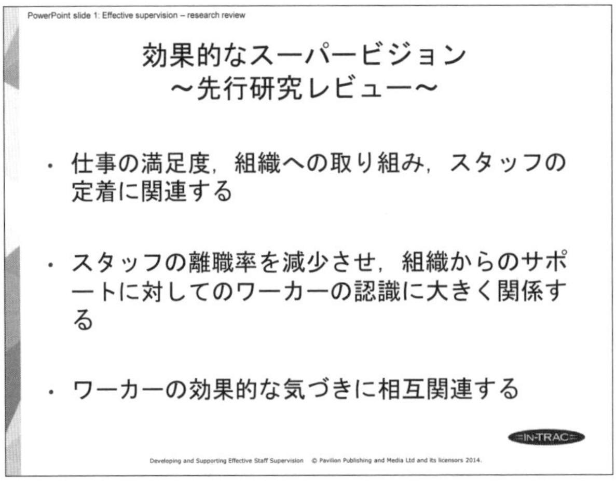

図1　スライド1「効果的なスーパービジョン〜先行研究レビュー〜」

パワーポイントのスライド2「スーパービジョンモデルの中核的な要素」（図2）を表示する。

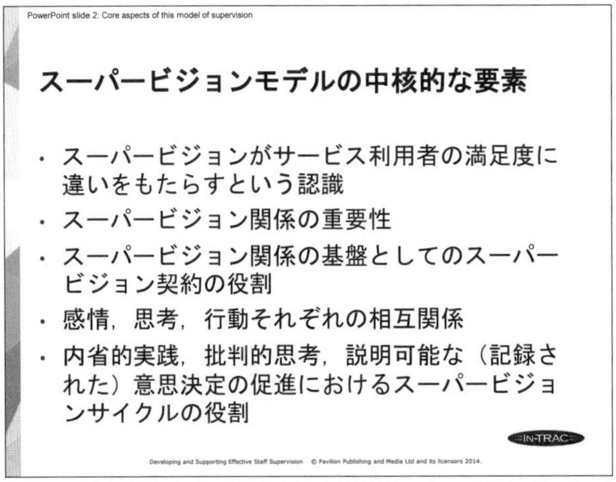

図2　スライド2「スーパービジョンモデルの中核的な要素」

パワーポイントのスライド3「スーパービジョンモデルの重要性」（図3）を表示する。

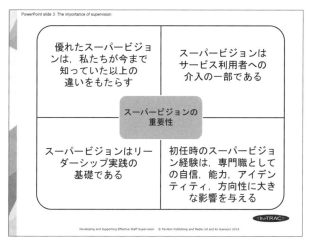

図3　スライド3「スーパービジョンモデルの重要性」

## 効果的なスーパービジョンとは何か？（20分）

■グループ全体を約6人の参加者からなる小さなグループに分ける。フリップチャートの
用紙とペンを配る。パワーポイントのスライド4「職場での効果的なスーパービジョン」
（図4）を示し，グループに図表をコピーして記入するよう指示する。これは，「何」と「な
ぜ」の間には当然重複することはあるが，それらのことを図形に収めようとするのではな
く，構造化された議論であることを強調する。

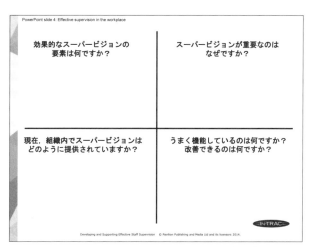

図4　スライド4「職場での効果的なスーパービジョン」

■あるグループからフィードバックを受け取り，他のグループにディスカッションに貢献
するよう依頼する。スーパービジョンが重要である理由を振り返るようにグループ全体に

働きかける。これにより，コースの論調が打ち立てられ，スーパービジョンとサービス利用者への効果の間の関係性が創られる。

## スーパービジョンの定義（45分）

■パワーポイントのスライド5「スーパービジョンの定義」（図5）を表示する。コースを支えるスーパービジョンの定義を確立することにより，セッションを終了する（定義はソーシャルケアのスタッフスーパービジョン（Morrison，2005）からである）。4つの機能を特定し，スーパービジョンの定義はスーパービジョンを事象としてではなく，プロセスとして捉え，スーパーバイザーとスーパーバイジーの先にある組織との複雑な交渉を必要とする，仲介機能を含んでいることを説明する。この時点で，機能間のバランスを促進するスーパービジョンのスタイルの必要性を探る。アンバランスなアプローチの結果を説明するようグループに励ます。

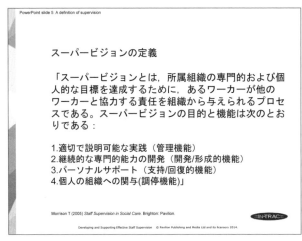

図5　スライド5「スーパービジョンの定義」

パワーポイントのスライド6「コンサルテーション，メンタリングおよびコーチングの定義」
（図6）を表示し，説明する。

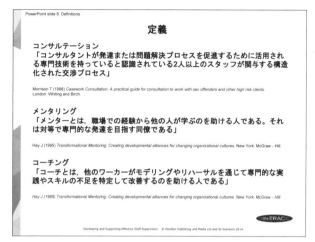

図6　スライド6「コンサルテーション，メンタリングおよびコーチングの定義」

■パワーポイントのスライド7「スーパービジョン4×4×4（統合）モデル（1）」（図7）お
よびパワーポイントのスライド8「スーパービジョン4×4×4（統合）モデル（2）」（図8）
を表示して，残りのコースの機能としてモデルを確立する。これにより，主要なステーク
ホルダーに与える可能性のある影響，および提供方法としてのスーパービジョンサイクル
の文脈内で4つの機能が設定される。

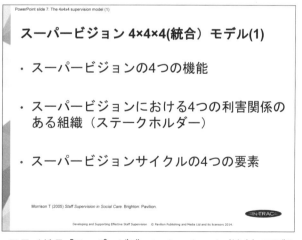

図7　スライド7「スーパービジョン4×4×4（統合）モデル（1）」

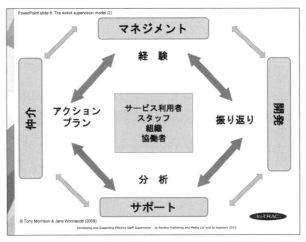

図8　スライド8「スーパービジョン4×4×4（統合）モデル（2）」

　グループとのディスカッションの内容に応じて，パワーポイントのスライド9「スーパービジョンを提供する方法」（図9）を提示し，スーパービジョンの実施方法および概要を示すとともに，スーパービジョンの実施のプロセスの中心にある正式なスーパービジョンを確立する。

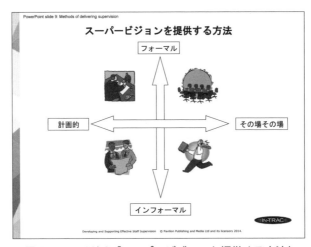

図9　スライド9「スーパービジョンを提供する方法」

## 効果的なグループへの応答

　このセッションへの応答は，内容によって異なる。応答に影響を与える要因は次のとおりである：

■このトレーニングはどうしても必要であるのか（おそらく，不十分な調査または深刻なケースレヴューの結果として），または参加者はこのトレーニングに参加することを選択したのか。

■参加者はすでにお互いを知っているのか。

■参加者は同じ組織から参加しているのか？同じスーパービジョン文化から参加しているのか。それともまったく異なるスーパービジョン文化から参加しているのか。

参加者が全く異なるスーパービジョン文化から参加している場合，違いを理解するのに時間を費やす必要があるだろう。たとえば，スーパーバイザーが組織の部門のマネジャーである場合，トレーナーは，コンサルテーション／メンタリングとコーチングが混在した状況に置かれているスーパービジョンを確立する必要がある。

# コースの紹介：オプション2

## このセッションの目的は何であるのか？

このセッションの目的は，安全な学習環境およびトレーニングの内容を設定し，グループメンバーが課題に取組むことをとおして，お互いに認め合う空間を確保することである。

これは，定義を深く掘り下げることはせず，効果的なスーパービジョンがどのように見えるかについて，より一般的に焦点を当てる比較的短期間の入門的なセッションである。この演習は，スーパービジョンに関するグループの現在の経験を理解するのに役立つ。

## 学習成果：1

1. 効果的なスーパービジョンの構成要素と，サービス利用者への良好な結果との関係を理解する。

### 必要な時間：60分

## 準　備

参加者が組織内で使用している学びの原則の冊子を受け取っていること，または初日に入手可能となっていることを確認する必要がある。もし一連の方針がない場合は，In-Trac Training & Consultancy で使用している方針を**配付資料1「学びの原則」**として活用できる。

また，コース全体の内容と，トレーニングで活用されているスーパービジョンモデルの中心的な側面にも精通している必要がある。

## 準備物と配付資料

■パワーポイントのスライド1，2

■配付資料１：学びの原則 (参加者ごとに１部)

■フリップチャートの用紙とペン

■粘着式の貼付ける文具 (ポストイット)

## トレーニング方法

### 自己紹介と体験の紹介 (15 分)

■自己紹介をして，トイレの場所や休憩のタイミングなど，会場管理の方法をおおまかに説明する。配付資料１「学びの原則」(または組織の理念) のコピーを配付し，ざっと説明する。

■守秘性と境界の問題について強調する。参加者のスーパーバイザーと一緒に部屋にいる人を確認する。この場合，学習を阻害する可能性が高い場合は，その参加者があなたに申し出る必要性があることを強調する必要がある。

■グループに自己紹介をするように指示する。スーパービジョン経験と，現時点でコースを受講している理由を説明するように指示する。最後の質問は，参加者がトレーニングに参加するにあたっての主体性の程度を確認するために重要である。このステップでは，ユーモアの活用とグループとの関わりにおけるトレーナーのスキルが重要になる。

■グループ全体を約６人の参加者からなる小さなグループに分ける。フリップチャートの用紙とペンを配る。グループに２つのフレーズを書くよう依頼する：一つは良いスーパービジョン経験，もう一つは，悪いスーパービジョン経験を記述する。次に，スーパービジョンを行うため，また自信を高めるために必要なスキルは何であるのか，このコースで最も学びたいと思っているものを特定するように指示する。

### 効果的なスーパービジョンの中核的な要素 (30 分)

■フリップチャートの用紙を壁に貼って，効果的なスーパービジョンの中核的な要素とスーパーバイザーが効果的なスーパービジョンを行うために必要な要素について議論する。コースの学習成果を特定し，スーパービジョンモデルの中核的な要素であるパワーポイントのスライド１「効果的なスーパービジョン〜先行研究レビュー〜」(図1)，スライド２「スーパービジョンモデルの中核的な要素」(図2) を表示して，ディスカッションを終了する。

### 効果的なグループへの応答

このセッションへの応答は，内容によって異なる。応答に影響を与える要因は次のとおりである：

■このトレーニングはどうしても必要であるのか (おそらく，不十分な調査または深刻なケー

スレヴューの結果として），または参加者はこのトレーニングに参加することを選択したのか。

■参加者はすでにお互いを知っているのか。

■参加者は同じ組織から参加しているのか。同じスーパービジョン文化から参加しているのか。それともまったく異なるスーパービジョン文化から参加しているのか。

このセッションでは，参加者自身のスーパービジョンに対する不満が強調される場合がある。本トレーニングコースのはじまりに，各々の不満を出し合い，吟味することは良いことではあるが，これらの不満に支配されないようにすることが重要である。代わりに，トレーニングが目指す，達成目標に積極的に焦点を合わせていく。フリップチャートの用紙を各グループに配付して，組織にフィードバックしてもらいたい問題を記録することも可能である。

## スーパービジョンとはどういう意味なのか？

### このセッションの目的な何であるのか？

このセッションは，スーパービジョンを構成するものについての理解，コースの基礎を形成する定義，スーパービジョンの４×４×４（統合）モデルの主要な構成要素を設定していることに同意を得られるように設計されている。

注) コースの概要：オプション 1 を既に使用している場合は，スーパービジョンの提供方法に関する定義とアイデアが既に確立されているため，このセッションは不要になる可能性がある。

### 学習成果：1 と 2

1. 効果的なスーパービジョンの構成要素と，サービス利用者への良好な結果との関係を理解する。

2. スーパービジョンの４×４×４（統合）モデルと，スーパービジョンの機能および組織内の他のスーパービジョンに対するスーパービジョンの影響を理解することに，どのように役立つかを検討する。

### 必要な時間：60分

### 準 備

読者の紹介と，*Staff Supervision in Social Care* の 40 ～ 50 ページ（Morrison, 2005）に精通している必要がある。

後述の応用問題のオプション１を使用している場合は，グループのために，自身のケーススタディの例を準備するのも良いかもしれない。

## 準備物と配付資料

- ■パワーポイントのスライド5，7，8そして9
- ■インターネットへアクセスする（オプション２の場合）
- ■配付資料3：ケーススタディ〜ピーター（オプション１の場合）
- ■配付資料4：4つの機能のチェックリスト（参加者ごとに1部）

## トレーニング方法

### スーパービジョンとは何か？（10分）

- ■グループ全体を3つの小さなグループに分割する。フリップチャートの用紙とペンを配付する。小グループにスーパービジョンの定義を書くよう指示する。

### スーパービジョンの定義（10分）

- ■スーパービジョンの定義を共有して比較し，グループが述べているスーパービジョンの中核となる「要素」を特定する。パワーポイントのスライド5「スーパービジョンの定義」（図5）を使用し，効果的なスーパービジョンの構成要素を特定し，スーパービジョンは事象ではなくプロセスであり，「プロセス」という言葉を強調する。
- ■パワーポイントのスライド7「スーパービジョン4×4×4（統合）モデル（1）」（図7）およびスライド8「スーパービジョン4×4×4（統合）モデル（2）」（図8）を表示して，これをコースの残りの基礎として，スーパービジョンサイクルの提供方法と同様に，主要なステークホルダーに与える影響の文脈内の4つの機能を設定する。

### スーパービジョンの4つの機能（40分—次の2つのオプションのうち1つを選ぶ）

- ■パワーポイントのスライド5「スーパービジョンの定義」（図5）で説明されているスーパービジョンの4つの機能に注目する。4つの機能間のバランスを保つための問題に言及する。次に，オプション1またはオプション2のいずれかを選択し，さらに探索する。

### 応用問題のオプション1：ケーススタディ（30分）

- ■ 配付資料3「ケーススタディ〜ピーター」（またはグループに関連する自身のケースのいずれかを使用）および配付資料4「4つの機能のチェックリスト」を使用する。
- ■グループ全体を4つのグループに分割する。各グループが4つの機能のうち一つの機能を担当し，検討する。各グループに15分間話し合うよう指示する。具体的には，以下に

ついて話し合うように指示する。

- この機能が取り扱われたことを確認するために，スーパーバイザーとして何をする必要があるのか。チーム，組織，または専門職スタッフのネットワークとどのように協力しているのか。
- 他の機能を除外して，この一つの機能のみに焦点を当てることの意味は何であるのか。

■ グループを元に戻し，4つの機能すべてを満たすために，他の人と創造的に協力する必要性を強調する議論に導く。パワーポイントのスライド8「スーパービジョンの4×4×4（統合）モデル（2）」（図8）を表示し，活用されているさまざまなスーパービジョンの方法を反映していることを説明する。スーパービジョンは，プロセスの中心であり，1対1のスーパービジョンが正式であり，必要であることを強調することが重要である。

## 応用問題のオプション2：フィルムクリップ（30分）

SCIE Webサイトにアクセスして，ビデオ「スーパービジョンによるスタッフ開発の強化」（Supervision: supporting staff to provide good care）を視聴しなさい。

1. 「スーパービジョンによるスタッフ養成の強化」（http://www.scie.org.uk/socialcaretv/video-player.asp?v=supervision02.）
2. 「スーパービジョン～スタッフのサポートとケアの改善～」（http://www.scie.org.uk/socialcaretv/video-player.asp?v=supervision01.）

最初の映像は，高齢者向けの施設でのスーパービジョンの2つの例を示し，2番目の映像は，発達障害がある成人をサポートする組織内のスーパービジョンを示している。

■ 配付資料4「4つの機能のチェックリスト」のコピーを配付する。参加者にペアを組むよう指示し，4つの機能の各機能について，各人がどのように果たしているかを話し合う。話し合いに10分間の時間を与える。
■ 4つの機能すべてを満たすために，他の人と創造的に協力する必要性を強調し，グループ全体のディスカッションを導く。パワーポイントのスライド9「スーパービジョンを提供する方法」を表示する。スーパービジョンは，プロセスの中心であり，1対1のスーパービジョンが正式であり，必要であることを強調することが重要である。
■ 参加者がスーパーバイジーの1人とチェックリストを活用して，スーパービジョンが4つの機能すべてのうちのどれだけ満たしているかについて振り返ることができることを提示して，ステップを終了する。

## 効果的なグループへの応答

　一部のグループはこのセッションで説明されているスーパービジョンの定義と機能に非常に精通しているが，他のグループは初めての可能性がある。スーパービジョンの定義に精通し，4つの機能のバランスのとれたアプローチを達成するために直面する課題に精通している人々であっても，日々の実践の現実について，さらなる考察を促す必要性がある。このバランスが達成されない場合，結果への影響を熟考することを促進していくことが非常に困難である。このテーマに慣れていない人にとっては，スーパービジョンの定義と，スーパービジョンに対する機械的で機能的なアプローチを超えた統合モデルの意味を探求することに，より多くの時間を費やす必要性がある。

# スーパービジョンによるサービス利用者への効果

## このセッションの目的は何であるのか。

　このセッションは，参加者がスーパービジョンの提供方法とサービス利用者への最終的な結果との間の関係性を探索する機会を提供するように設計されている。セッションの終わりまでに，参加者はスーパービジョン関係が積極的に活用されることにより，スーパービジョンが結果に影響を与える手段であることを良く理解する必要がある。

## 学習成果：1

1. 効果的なスーパービジョンの構成要素と，サービス利用者への良好な結果との関係を理解する。

**必要な時間：60分**

## 準　備

　『スーパービジョントレーニング─対人援助専門職の専門性の向上と成長を支援する』の「第2章　スーパービジョンの統合アプローチ─4×4×4モデル」(Wonnacott, 2014) を事前に読み，精通する必要がある。

## 準備物と配付資料

■パワーポイントのスライド12〜16
■フリップチャートの用紙とペン

## トレーニング方法

### スーパービジョンを振り返る (15分)

■参加者にペアになるように依頼する。各ペアの一人に，スーパービジョンが彼らの仕事にもたらした違いについて思い出すように指示する。パートナーに，次の質問について5分間振り返るように依頼する：

- スーパービジョンでは何が起こっていたのか。
- スーパービジョンではどのような気持ちになったのか。
- スーパービジョンは自分たちの日々の仕事にどのような影響を与えたのか。
- スーパービジョンによって，サービス利用者にどのような違いが生じたのか。

■一般的なフィードバックとスーパービジョンと成果との間の関係性について共通のテーマについて探索する。

### 結果に影響を与えるものは何であるのか？ (5分)

■パワーポイントのスライド12「結果に影響を与えるのは何か？ (1)」(図10) を表示する。これは Kieran Mckeown の研究に基づいている。家族支援サービスで機能するものの主要なレヴューで，McKeown (2000) は，変化を説明する4つの主要な要因を発見したことを説明している。主要な要因は次のとおりである：

1. サービス利用者の特性 (IQ, 歴史, 社会経済的地位, 社会的支援)
2. ワーカーとサービス利用者との関係，特に共感性
3. 活用される介入の方法 (すなわち，家族療法，行動作業，チャイルドカウンセリングなど)
4. クライエントが口頭で表明した変化についての希望の程度

### 変化に影響する要因 (10分)

■パワーポイントのスライド12「結果に影響を与えるのは何か？ (1)」(図10) を表示し，参加者にペアになり，結果に影響を与える要因について検討するよう指示する。出てきた要因，すべてが重要であることを強調する。ただし，一部は他の要因よりも大きな影響力がある。4つの要因に合計100%の割合となるよう，割合について割り当てるようペアに指示する。たとえば，4番が最も重要な要因であると感じた場合，70%を割り当ててから，他の要因に10%を割り当てることができる。

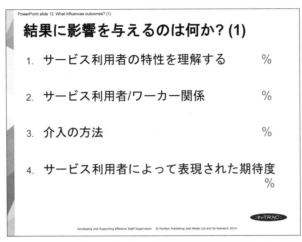

図 10 スライド 12「結果に影響を与えるのは何か？（1）」

## 割合の推測（5 分）

■最も高い割合をつけた要因についてペアの相手に尋ねる。自身がつけた割合のリストを
見て，最も高い割合をつけた要因は何であったか。またその割合をつけた人は何人いるか。
など挙手を求め，結果を書き留める。最も多くの人が高い割合をつけた人の中で 2 名の人
にその理由を尋ねる。割合の関係性についても同様に尋ねる。パワーポイントのスライド
13「結果に影響を与えるのは何か？（2）」（図 11）を表示し，真の割合を明らかにする。

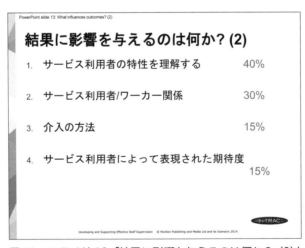

図 11 スライド 13「結果に影響を与えるのは何か？（2）」

## クライエントとワーカーの関係性（10 分）

■課題をアセスメントする際に，クライエントの特性の理解（40%）と共感的で意図的な関
係性（30%）のこの 2 つの要因を組み合わせることにより変化の 70% をもたらすこととな
る。ワーカーのスキルと能力の双方に焦点を当てるスーパービジョンの重要性について話

し合う。これは，スーパーバイザーが，良好な結果に関連して，ワーカーの能力と情緒的
知性を正確に評価するスーパーバイザーとの間の相関をジェーン・ワナコットが発見した
ことを反映している。

## 5つの要素（15分）

■ パワーポイントのスライド 14「スーパービジョンの目的に影響するものは何であるの
か？」（図 12）を表示する。スーパービジョンと結果の間の関係性を支える 5 つの要素を提
示し，5 つの要素の間の関係性に関するグループディスカッションを主導する（事例に基
づいて描画する）。たとえば，家庭内での役割が不明で暴力を恐れるワーカーは，虐待の証
拠を見たくない場合があり，権威を適切に使用できず，評価に不備が生じる。

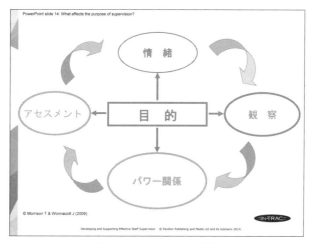

図 12　スライド 14「スーパービジョンの目的に影響するものは何であるのか？」

■ パワーポイントのスライド 15「スーパービジョンの影響の連鎖」（図 13）を表示する。一
連のスーパービジョンの影響と，一連のスーパービジョンの影響内に関係する 6 つの要素
との関連を示す。パワーポイントのスライド 16「非協働的なスーパービジョンサイクル」
（図 14）とスライド 17「協働的なスーパービジョンサイクル」（図 15）を表示する。これら
は，構成された協働作業のサイクルを示している。ここで重要なメッセージは，スーパー
ビジョンが介入プロセスの一部であるということである。

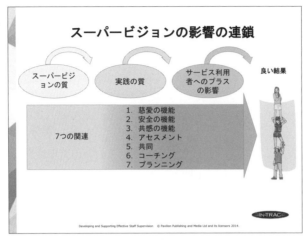

図 13　スライド 15「スーパービジョンの影響の連鎖」

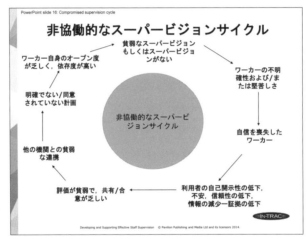

図 14　スライド 16「非協働的なスーパービジョンサイクル」

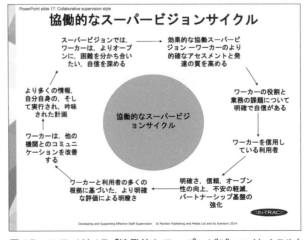

図 15　スライド 17「協働的なスーパービジョンサイクル」

### 効果的なグループへの応答

　これは一般的に非常に強力なトレーニングとして受講することとなる。特に，多くのグループがワーカー / ユーザーの関係が過大評価され，特性要因について過小評価しているためである。これは，ワーカー / スーパーバイザーが，利用者自身の強み，リスク，脆弱性，および属性について正確な評価にあまり注意を払わない可能性があるということを意味している。過大評価される可能性がある他の要因は，クライエントが口頭で述べた希望要因である。これは，経験の浅いワーカーに起こる可能性が高い。予測される希望の変更の主な要因は，サービス利用者の虚言とその文脈にある。特性への評価が低いワーカーは，評価プロセスに十分な注意を払わず，「直感的反応」が信頼できると考えるかもしれない。これは，直感に関する読者のための便利な資料である（第 5 章の pp.76-77 を参照）。

　最終的にワーカーの基本的な特性は，彼らが活用する特定の方法 / 手順よりも重要であるという点で，スーパービジョンとのさらなる関連性がある。実践者にとって，これらの中核となる特性には，価値，情緒的知性，および経験から学ぶ能力が含まれる。これは，実践力の低下を回復させようとする対処も含む。

　最後に，このトレーニングは参加者が自身のチーム / 部署で行うことが楽しく，有益であることを提案できる。

## ステークホルダーのトレーニング

### このセッションの目的は何であるのか？

　スーパーバイザーは，スーパービジョンが違いを生むと考える場合，スーパービジョンのスキルの開発に集中する可能性が高くなる。したがって，このセッションの目的は，スーパービジョンのプロセスの 4 つの主要なステークホルダー〔サービス利用者，スーパーバイジー（スタッフ），組織，協働者〕に対するスーパービジョンのポジティブな利益を探ることである。

### 学習成果：1，2，3

1. 効果的なスーパービジョンの構成要素と，サービス利用者への良好な結果との関係を理解する。
2. スーパービジョンの 4 × 4 × 4（統合）モデルと，スーパービジョンの機能およびシステム内の他のスーパービジョンに対するスーパービジョンの影響を理解することに，どのように役立つかを検討する。
3. スーパービジョンサイクルを活用し，効果的なスーパービジョンを促進するためのこの

サイクルの活用方法を理解する。


**必要な時間：45分**


## 準　備

このトレーニングパックの前半部分の第2章の「スーパービジョンの統合アプローチ―4×4×4モデル」を読み，精通している必要がある（*Staff Supervision in Social Care*（Morrison, 2005）のpp.29-33も参照）。


## 準備物と配付資料

- ■ フリップチャートの用紙とペン
- ■ パワーポイントのスライド10と11


## トレーニング方法

### ステークホルダー（5分）

- ■ スーパービジョンの4×4×4（統合）モデルを参照してセッションを紹介する。パワーポイントのスライド10「利害関係者（ステークホルダー）」（図16）を表示する。ステークホルダーとスーパービジョンの提供方法に関心をもつ人々（つまりステークホルダー）には4つの主要なグループがあるという考えを説明する。このセッションでは，スーパービジョンの種類と品質がそれらに与える影響を検討することに焦点を当てている。

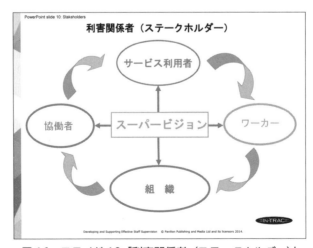

図 16　スライド 10 「利害関係者（ステークホルダー）」

### ステークホルダーの演習 (15分)

■パワーポイントのスライド11「利害関係者（ステークホルダー）の演習」（図17）を表示する。フリップチャートの用紙とペンを配る。参加者を4つのグループに分け，各グループに1つのステークホルダーに焦点を当てるよう指示する。ステークホルダーに対する適切なスーパービジョンの利点と不十分なスーパービジョンの結果を分析するように指示する。フリップチャートの用紙に回答を記録するよう依頼する。

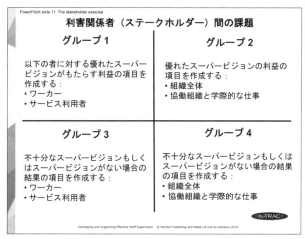

図17　スライド11「利害関係者（ステークホルダー）の演習」

### フィードバック (25分)

■各グループに，フリップチャートの用紙を表示してフィードバックするよう依頼する。各々のステークホルダーの領域の手続き間の強力な関係性を引き出す，たとえばサービス利用者が優れた学際的な業務に依存するように，グループディスカッションをリードしなさい。スタッフとサービス利用者のメリットのリストは，少し理想的／表面的に聞こえるかもしれない。したがって，適切なスーパービジョンがこれらのメリットを生み出す方法と理由をグループに詳しく説明するよう依頼することは非常に重要である。

### 効果的なグループへの応答

このセッションは，彼らの機関がスーパービジョンをどのように見て／評価するかについて，グループにかなりの反映をもたらすことがよくある。その全体的な文化は非常に強力である。これは，スーパービジョンに関する政府機関の政策についての議論につながるかもしれない。

# スーパービジョン歴

## このセッションの目的は何であるのか？

　このセッションでは，このスーパービジョンモデルの中核的な要素として，スーパービジョン歴を紹介し，参加者がスーパービジョンされている自分の経験と，スーパービジョンのスタイルに対するこれの意味について考える機会を与える。このセッションは，自己認識を養うだけでなく，参加者のスーパービジョン歴を自分のスーパーバイザーと共に活用するスキルを開発することを目的としている。セッションの終わりまでに，参加者は，関係の構築と効果的なスーパービジョン契約の開発の一環として，この演習の重要性を認識する必要がある。

## 学習成果：6および7

6. スーパーバイジーの過去のスーパービジョン経験など，スーパービジョン上の関係に影響を与える可能性のある要因を考慮する。

7. スーパービジョン関係を発展させ，さらにその関係性について再吟味することの重要性と，スーパービジョン下での反抑圧的な実践を促進する契約を確認する意義を理解する。


**必要な時間：60分**


## 準　備

　このトレーニングパックの前半部分の第3章の「スーパービジョン関係を形成する」を読み，精通している必要がある。*Staff Supervision in Social Care*（Morrison, 2005）の第3章も参照する。


## 準備物と配付資料

　■配付資料5：スーパービジョン歴のディスカッションのテンプレート（参加者ごとに1部）
　■パワーポイントのスライド18


## トレーニング方法

### スーパービジョン歴の利点（5分）

　■パワーポイントのスライド18「スーパービジョン歴の利点」（図18）を表示する。スーパービジョンを実施する前の導入段階の一部としてスーパービジョン歴を聴取するという考え方を紹介する。自身のスーパービジョン歴，スーパーバイザーとしての自身の歴史と同様にスーパーバイジーとしての自身の歴史を反映するスーパーバイザーの二者の立ち場の重要性を強調する。

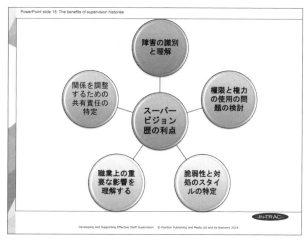

図18　スライド18「スーパービジョン歴の利点」

## スーパービジョン歴の探索（40分）

■参加者に，日常的にスーパービジョンまたは協働的な業務をしていない人とペアになるように依頼する。20分を費やして，お互いのスーパービジョン歴を探索するよう指示する。配付資料5「スーパービジョン歴ディスカッションテンプレート」を使用して，ディスカッションのメモを記録するように依頼する。詳細な個人的なフィードバックは行われず，会話はペア間で秘密であることに注意する。

　ペアでのディスカッションにおいて，相手の人に集中して20分間過ごす必要があることを強調することは非常に重要である。これは，スーパーバイジーとこのプロセスを活用する独自のスキルを開発する一部である。スーパーバイザーのスキルの1つは，スーパーバイジーの経験に真剣に焦点を当て，耳を傾け，時間を与えることであり，ペアの相手のスーパービジョン経験に関する一般的な議論に終わってはならない。

## スーパービジョンに影響する要因（15分）

■パワーポイントのスライド19「最も良好なスーパービジョン」（図19）を使用してグループディスカッションをリードする。演習で得られたディスカッションに基づいて，効果的なスーパービジョンの重要な要素を示す。スーパービジョンにおける権力と権威の問題，およびプロセスを通じてコントロールとコンフリクトがどのように取り決めされるかなど，関係に影響を与える可能性のある要因を調べる。参加者は，個人的／文化的経験の権威と組織の権威への対応との重なり合いを考慮するよう奨励されるべきである。最後に，このセッションとスーパービジョン契約の確立との間を関係づける。

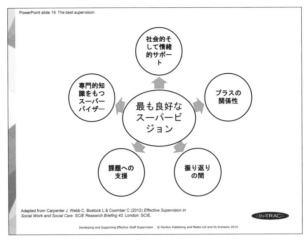

図19 スライド19「最も良好なスーパービジョン」

## 効果的なグループへの応答

　スーパービジョン経験を振り返ることは，激しいプロセスであり，強い記憶を呼び起こすこととなる。フィードバックセッションは，個々の経験が尊重されるが支配的ではないような方法で管理することが重要である。演習からの学習，特に私たち自身のバイアスを理解し，スーパーバイジーと効果的に協力して，過去のスーパービジョンの経験がスーパービジョンのプロセス全体に与える影響を理解することの重要性に焦点を当てる。

# スーパービジョンサイクルの概要

## このセッションの目的は何であるのか？

　この重要なセッションでは，参加者にスーパービジョンサイクルを紹介する。スーパービジョンのすべての主要な機能を果たすことは，すべての主要なステークホルダーにプラスの結果をもたらすが，最も重要なのはサービス利用者である。

## 学習成果：3

　3. スーパービジョンサイクルを活用し，効果的なスーパービジョンを促進するためのこのサイクルの活用方法を理解する。

**必要な時間：90分**

## 準　備

　本書のトレーニングパックの前半部分の第2章の「スーパービジョンの統合アプローチ—4

×４×４モデル」を読み，精通している必要がある。*Staff supervision in Social Care*（Morrison, 2005）の第５章も参照する。

## 準備物と配付資料
- ■ フリップチャートの用紙とペン
- ■ パワーポイントのスライド 20 〜 22
- ■ トレーニング資料１：スーパービジョンサイクルカード
- ■ 配付資料６：スーパービジョンサイクルの活用（参加者ごとに１部）
- ■ 配付資料７：スーパービジョンサイクル〜質問例〜（参加者ごとに１部）

## トレーニング方法
　スーパービジョンサイクルを説明するには，さまざまな方法がある。自身の経験からの例を活用して，それを実現する方法を見つける必要がある。スーパービジョンサイクルを説明する教材は次のとおりである：
- ■ パワーポイントのスライド 20 〜 22
- ■ 説明どおりにサイクルを描くフリップチャートの用紙
- ■ トレーニング資料１：スーパービジョンサイクルカード（ラミネート）

注）以下の方法では，フロアーカードの使用について説明しているが，代わりに，パワーポイントのスライド 21（図 21）およびスライド 22（図 22）を使用することもできる。グループ全体として，またはより小さなグループでトレーニングを実行することも選択できる。

## グループ全体の活動
### スーパービジョンサイクルの探索（5分）
- ■ スーパービジョンの４×４×４（統合）モデルの概要を説明し，参加者がモデルの中心にあるサイクルを詳細に探索することを説明する。パワーポイントのスライド 20「スーパービジョンを成功させるには何が必要か？」（図 20）を使用してスーパービジョンサイクルを導入する。そして，スーパービジョンサイクルは知覚，思考，行動の間の相互作用を促進するように設計されていることを説明する。

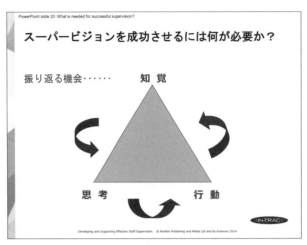

図 20　スライド 20「スーパービジョンを成功させるには何が必要か？」

■トレーニング資料 1「スーパービジョンサイクルカード」をグループの中央に配置する（または，パワーポイントのスライド 21「スーパービジョンサイクル (1)」(図 21) とスライド 22「スーパービジョンサイクル (2)」(図 22) を使用する）。Kolb (1988) が提示した成人学習理論のサイクルを知っている人の人数を確認する。これは，スーパーバイザーがスーパービジョンの 4 つの機能すべてを統合するのを支援し，スーパーバイジーと協力して作業するための公開質問の方法をとおしてスーパーバイザーを支援するスーパービジョンサイクルの基礎であることを説明する。サービス利用者との特定の作業に関連するディスカッションや，スーパーバイジーの業務に関連する，より一般的な問題に焦点を当てたディスカッションに活用できる。

図 21　スライド 21「スーパービジョンサイクル (1)」

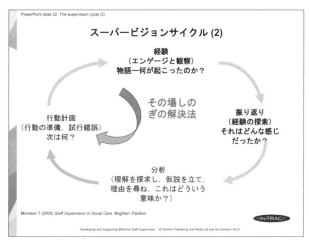

図 22　スライド 22「スーパービジョンサイクル (2)」

### ストーリーサイクル (10 分)

　「ストーリーサイクル」のアイデアを用いてサイクルを説明する。新しいスキルを習得するように，単純で非専門的な例を説明することでこれを行うことができる。トレーニング資料 1「スーパービジョンサイクルカード」を用いる利点は，サイクルを説明しながら歩き回ることができ，ときどき場所を移動できることである。

### 短期間の巡回 (25 分)

■スーパービジョンサイクルの観点からもう一度説明する。2 つのサイクルとそのプロセスの類似点を強調し，パワーポイントのスライド 21（図 21）と 22（図 22）を表示する。この場合も，フロアーカードを用いると，トレーナーはサイクルを「ぐるっと回る」ことができる。また，ケースや業務に関連する問題を説明することで，参加者を参加させることもできる。

■参加者を惹きつけ，サイクルの各部分について質問し，事例または業務に関連する問題を説明することで，ワーカーの考えや感情を引き出すことができる。ここで重要なメッセージは，スーパーバイジーの回答の範囲と深さを形成するのはスーパーバイザーの質問の質／焦点であるということである。

■「ストーリー」は，「ストーリーの探索者」(スーパーバイザー) と「ストーリーの語り手」(ワーカー) の間の対話によって共同構築される。グループと協力して問題の理解を深めるプロセスの過程で，スーパーバイザーの権威と「それを正しくする」ことに対する不安の組み合わせが，スーパーバイザーの質問によって導かれることをワーカーにもたらす可能性があることを探る。組織が重要と考えるものを反映しそうになる。スーパーバイザーに等しく与えるこれらのプレッシャーのもとでは，短絡的で危険なものとなり，省察と分

析が失われる。

■ カードを裏向きにする。結果として生じる短絡的な回路がどのようなものかを参加者に尋ねる。また，ワーカーがリフレクションカード（ひっかかっている複雑な問題について）にスーパーバイザーを配置する（ワーカーにプランを伝える）ことによっても説明することができる（ワーカーに計画を伝える）。

## 小グループでの演習

### スーパービジョンサイクルの実践（30分）

■ パワーポイントのスライド23「スーパービジョンサイクル（3）」（図23）を表示し，「話す，説明する，描写する」を強調表示し，開かれた質問を組み立てる方法を覚えておくと便利である。 この小グループでの演習は，実際の問題でスーパービジョンサイクルを活用して演習するように設計されていることを説明する。仕事に関連した問題を抱えている / 小グループと話す / 話したいと希望しているボランティアを求める。議論の詳細な内容は秘密を守ることを強調する。

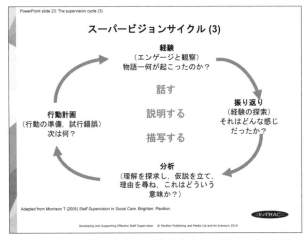

図23　スライド23「スーパービジョンサイクル（3）」

■ グループを約6人の小グループに分割するには，話したいと希望している十分なボランティアが必要である。 ボランティアにこの問題について簡単な概要を説明するよう依頼する。残りの参加者は，この演習でどのトピック / ボランティアテーブルに移動するかを決定できる。または，ボランティアの人々をグループに割り当てることもできる。

■ フリップチャートの用紙とペンを配る。配付資料6とパワーポイントのスライド21, 22, 23「スーパービジョンサイクルの活用（1）（2）（3）」（図21, 22, 23）のコピーを配り，演習の目的を説明する。この演習は，自分の主張を共有している同僚に質問することに焦点を当てており，自分のスーパーバイジーなど，他の人に尋ねたい質問を決定するのに役立たな

いことを強調する。また，フリップチャートの用紙に記録される質問の重要性を強調して，後で質問に反映できるようにし，グループ内を歩き回って活動がどのように進行しているかを確認できるようにする。グループに 20 分間活動をさせる。

## 演習の報告 (10 分)

配付資料 7「スーパービジョンサイクル〜質問例〜」を活用して，グループに報告を依頼する。

## 演習に関するフィードバック (10 分)

特定の示された質問を活用して，スーパービジョンサイクル全体を構造化し，その方法で活動した経験について，簡単に要約した内容のフィードバックを受け取る。

## 効果的なグループへの応答

スーパービジョンサイクルは，ワーカーが所属する組織が，ワーカーの実践の部分部分の注意深い観察，印象および分析を犠牲にして，ワーカーの「行為」の断片にばかり注目していることについて，スーパーバイザーに問題を提起する。また，実践の振り返りにのみ注目すると，「感情や分析の時間がもてない」などというような防御的な反応も引き起こすことがある。しかし，実践を探求することは重要であり，これらの探求は，一般的なプレッシャーにもかかわらず，多くのワーカーが省察的な実践を確保し，維持するためのある程度の余裕をもたらすことを指し示すことに役立つ。

このセッションでは，スーパーバイザーのスーパービジョンの質の問題も提起される。この問題提起は強い感情を生じさせ，スーパーバイザーたちのスーパービジョンをいかに改善させるかについて考えることをグループに求めることとなる。

# スーパービジョン関係に影響する要因：スーパービジョン契約が重要なのはなぜなのか？

## このセッションの目的は何であるのか？

このセッションは，スーパービジョン歴に関するセッションを補う。スーパービジョン関係に影響する幅広い要因を詳細に調査し，これらの理解，スーパービジョン上に生じる反抑圧的な実践とスーパービジョン契約の重要性の間の関係性を明示することを目指している。

## 学習成果：6および7

6. スーパーバイジーの過去のスーパービジョン経験など，スーパービジョン上の関係に影響を与える可能性のある要因を考慮する。

7. スーパービジョン関係を発展させ，さらにその関係性について再吟味することの重要性と，スーパービジョン下での反抑圧的な実践を促進する契約を確認する意義を理解する。

## 必要な時間：90分

## 準　備

本書の第1章の「スーパービジョンはどのような違いをもたらすのか？」を読み，精通している必要がある。

## 準備物と配付資料

■ フリップチャートの用紙とペン

■ パワーポイントのスライド24～34

## トレーニング方法

### 振り返り（15分）

■ 本セッションでは，スーパービジョン関係の例を用いて，サービス利用者にとってのスーパービジョンの質と効果に影響を与える多くの要因を紹介する。もし，具体的な例を用いることができない場合は，パワーポイントのスライド24「振り返りの内容について話す」（図24）について説明する。

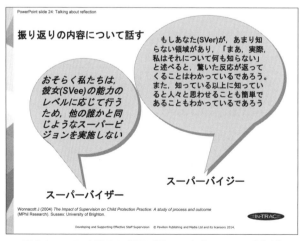

図24　スライド24「振り返りの内容について話す」

■グループに，パワーポイントのスライド24の「振り返りの内容について話す」(図24)についての相互作用に影響を与える要因と思われるものは何であるのかについて推測するように指示する。グループメンバーに推測する機会を与えた際に，スーパーバイザーが同様の文化をもった白人女性であり，新しく昇進したばかりであること，そしてスーパーバイザーがスーパーバイジーと親友であったことを説明する。スーパーバイザーは新たな役割に苦心しており，スーパーバイジーを良い仕事をするために頼ることができ，信頼できる人と見なしたため，スーパーバイジーから距離を置いて，疑問や不安，知識のズレについて探ることができず，結果としていくつかのケースで貧弱な実践となった。グループでこれらの問題を探索し，貧弱な実践となった要因の相互作用が応答にどの程度影響したかについて検討する。要因は以下に関連する：

- スーパーバイザー自身の役割の権限と専門的な権威に関するスーパーバイザー自身の認識
- スーパーバイザーの役割と専門的権威に関するスーパーバイジーの認識
- 個人的な関係
- 社会的地位（人種，性別，セクシュアリティなどを含む社会の場所）

## エコマップの演習（30分）

■グループを約6人の小グループに分ける。フリップチャートの用紙とペンを配る。パワーポイントのスライド25「グループ演習」(図25)を表示し，各グループにスーパービジョン関係に影響を与える可能性のあるすべての要因のエコマップを完成するよう指示する。これを行うために30分の時間を与える。エコマップの作成を指示する理由は，スーパービジョン関係に影響を与える要因間の相互関係について考えるようグループに促すためである。このプロセスは，学習スタイル，以前の経験，そしておそらく愛着パターンなどだけでなく，権力，権威，および抑圧的な実践の問題を提起するはずである。これらの問題が提示されない場合は，グループを刺激する必要がある。

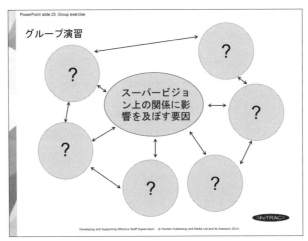

図 25　スライド 25「グループ演習」

## ひそかに何が続いているのか？（15分）

■ グループ全体の議論を主導し，グループ間の類似点と相違点を特定する。スーパービジョン下で「ひそかに」何が起こっているのかを理解することの重要性について話し合う。これらの話し合いは，これらの詳しい要因のいくつかに取りかかるスーパービジョン契約の重要性の議論につながるはずである。

## スーパービジョン契約（30分）

■ パワーポイントのスライド26〜34を表示して，スーパービジョン契約の役割を説明する。グループに以下の問いを尋ねる：

　■ スーパーバイジーと契約を結んでいる人は何人ですか？

　■ スーパーバイザーと契約を結んでいる人は何人ですか？

　■ 契約はどのように記録されているのですか？

　これらの質問は，個性を認めない契約の定型的なテンプレートおよび契約を展開するために彼ら自身のスーパーバイザーを要請するための時間を必要とすること，どのように創造するかについてのディスカッションを促進するかもしれない。

## 効果的なグループへの応答

　このセッションでは，参加者と自分の上司との関係について多くの問題を提起できる。誰もが支配されることを認めないことを承認する必要がある。彼らが受けるスーパービジョンの質を向上させるために，彼らが自分のスーパーバイザーと共に働くための過程からの学習をどのように活用できるかについての議論に焦点を当てることが重要である。

グループが，自分の経験と組織文化と自身の経験に応じて，スーパービジョン契約と反抑圧
的な実践との繋がりに，議論がどの程度向けられているかについては，大きなばらつきがあり
そうである。一部のグループは，表面的な認識を超えてこれを探求するために多くの励ましを
必要とするが，他のグループは深い議論をすることを切望する。グループを管理するスキルを
活用する必要がある。そしてコースの原則を説明して，議論が行われる安全な環境があること
を確認しなさい。

# 関係性の発展：多様性とスーパービジョン契約の役割との影響

## このセッションの目的は何であるのか？

このセッションでは，「スーパービジョン関係に影響する要因：スーパービジョン契約が重
要なのはなぜか」というセッションに基づいている。また，いくつかの問題をさらに詳しく調
査する機会を提供する。ビデオクリップを使用して，反抑圧的な実践を分かちあい，促進する
うえでのスーパービジョン契約の重要性を探る。

## 学習成果：6と7

6. スーパーバイジーの過去のスーパービジョン経験など，スーパービジョン上の関係に影
響を与える可能性のある要因を考慮する。
7. スーパービジョン関係を発展させ，さらにその関係性について再吟味することの重要性
と，スーパービジョン下での反抑圧的な実践を促進する契約を確認する意義を理解する。

**必要な時間：60分**

## 準　備

パワーポイントのスライド36「契約の作成」（図26）のビデオクリップに精通している必要が
ある。契約の作成と，それに対する考えられる応答を検討しなさい。また，ビデオクリップ
を再生するには，コンピューターにQuickTimeをインストールする必要がある。

注：このビデオを再生するには，QuickTimeをインストールする必要があります。

Developing and Supporting Effective Staff Supervision © Pavilion Publishing and Media Ltd and its licensors 2014.

図 26　スライド 36「契約の作成」

　ステップ 2 で，二人で一組（ペアリング）をグループに提供できるように，トレーニング資料 2「スーパービジョンのペアリング」を印刷して切り取る必要がある。

## 準備物と配付資料

■ パワーポイントのスライド 35 と 36

■ パワーポイントのスライド 36「契約の作成」（図 26）でビデオクリップを再生するには，QuickTime をインストールする。

■ トレーニング資料 2：スーパービジョンのペアリング

## 説明書

### スーパービジョン契約の要約（10 分）

■ スーパービジョン契約の重要性を振り返り，これを実践する際の現在の課題についてグループに反映することにより，セッションを開始する。

### グループ演習：ペアリング（15 分）

■ スーパービジョン契約は，スーパービジョンのプロセスとプロセスに与える要因を批判的に省みるスーパーバイザーとスーパーバイジー間のスーパービジョン実践の反抑圧的な実践を裏付ける影響の違いを探索する機会である。

■ 参加者を 5 つのグループに分け，各グループにトレーニング資料 2「スーパービジョンのペアリング」1 部を渡す（または，独自の二人一組のペアを組ませることもできる）。 検討する必要のある要因のいくつかは何であるのか，スーパービジョン契約の策定中に他の問題を明確にし，検討する必要があるものを検討するように指示する。

**多様性を考慮する（15分）**

■ グループにディスカッションの一般的な内容をフィードバックするよう指示する。彼らがフィードバックする際に，スーパービジョン関係における固有の多様性が無視された場合にどのようなことが起こる可能性があるかを検討しなさい。これは実践にどのように影響を及ぼすのか。パワーポイントのスライド35「ケーススタディ：パワーの不均衡」（図27）を表示し，多様性が考慮されず，スーパービジョンが抑圧的になった，パワーのアンバランスな実際の事例である。スーパーバイジーを沈黙させ，スーパーバイザーはサービス利用者に対して自分の力を不適切に使用した。

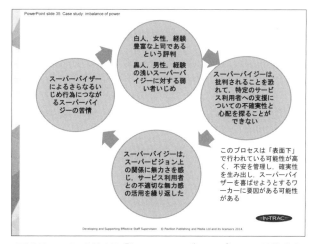

図27　スライド35「ケーススタディ：パワーの不均衡」

**ビデオクリップ（20分）**

■ パワーポイントのスライド36「契約の作成」（図26）でビデオクリップを表示する。

■ ペアの相手に次のことを考えるよう指示する：

■ スーパーバイザーとスーパーバイジー間の相互作用について何に気付いたか。

■ 何が異なるのか。どのように改善できたか。

■ スーパーバイジーが誤解されたという以前の感情について話さなかった場合，スーパービジョン関係はどうなったか。

■ フィードバックを受け取る。さまざまな反応が存在する可能性があるが，これは「やってみる」切り札ではなく，さまざまなアプローチ方法を考えるよう促す手段であることを強調することが重要であり，スーパービジョン契約に取りかかる異なった方法と交渉関係に影響を与える可能性のある要因を記載しないことの結果について考えるよう参加者に促す手段であることを強調することが重要である。

■ スーパービジョン契約の質を改善するためにできることの一つとして共に振り返るために，適切に参加者を招待して，セッションを終了する。

## 効果的なグループへの応答

グループがこのセッションにどのように反応するかは，彼らがどの程度安全であるか，また違いや抑圧的な実践を探求することにどれだけ慣れているかにかかっている。いくつかのグループは防御的である可能性があり，トレーナーとして，これは当事者の責任を分担することではなく，問題を探索できる安全な場所を提供することを強調することで「正常な議論とする」ことが重要である。トレーナーとして，トレーニング環境内でのスーパービジョン内で必要なアプローチをモデル化する必要がある。

# 感情の取り扱い：影響力のあるスーパービジョン実践の開発

## このセッションの目的は何であるのか？

このセッションでは，参加者に影響力のあるスーパービジョンを紹介する。情緒的知性を伴ったスーパーバイザーと影響力のあるスーパービジョンのスタイルを開発する能力との間の関係性を探索する機会を提供すると同様に，参加者にスーパーバイザーのスタイルとサービス利用者間の成果の関係性を振り返るためのフレームワークを提供する。

## 学習成果：9

9. スーパービジョンによる良好な結果を促進する上で，情緒的で知的なスーパービジョンスタイルと信ずべきスーパービジョンスタイルの重要性を理解する。

### 必要な時間：60分

### 準　備

本書の第3章の「スーパービジョン関係を形成する」と第4章「スーパービジョンで生じる感情に積極的に働きかける」を読み，精通している必要がある。

Morrison T（2007）Emotional intelligence, emotion and social work: context, characteristics, complications and contribution. *British Journal of Social Work* 37（2）245-263. も有用な参考資料である。

### 準備物と配付資料
　■パワーポイントのスライド37 ～ 45
　■フリップチャートの用紙とペン

## トレーニング方法

### 権威とは何であるのか？（10分）

■参加者に3人のグループになるように指示し，セッションを紹介する。パワーポイントのスライド37「あなたにとって権威とは何ですか？」（図28）を表示し，質問について話し合うように指示する。これを行うために，5分を与える。簡単な一般的なフィードバックを受け取り，フリップチャートの用紙に表題の文章を記す。

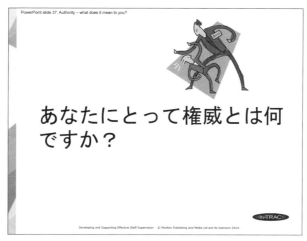

図28　スライド37「あなたにとって権威とは何ですか？」

### 3種類の権威（5分）

■パワーポイントのスライド38「3つのタイプの権威」（図29）を表示し，権威の3つの側面（役割としての，専門職としての，個人）を紹介する。グループでスーパーバイザーとして権威のバランスを保つために必要性なことについて話し合う。たとえば，チーム内で昇格したばかりのスーパーバイザーは，最初は個人的および専門職としての権威に依存するが，スーパーバイザーとしての役割の権威の開発に取り組む必要がある。質問を投げかける──「スーパーバイザーとしての役割の権威が位置づけられていない場合の影響は何であるのか」。

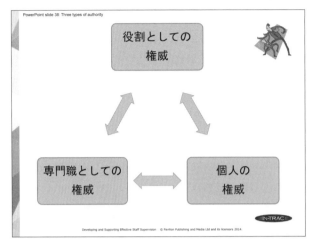

図 29　スライド 38「3 つのタイプの権威」

## 良い結果を促進するために権威を使用する（15 分）

■権威の側面を統合するだけでなく，スーパーバイザーがスタッフとサービス利用者の双方に対して可能な限り最良の結果を促進するように権威を使用する際のスタイルとスキルを考慮することが重要であることを説明する。パワーポイントのスライド 39「影響力のある実践─それはどういう意味なのか？」（図 30）を示し（「権威ある」と言う），グループにこれが参加者に何を意味するかについて説明するように指示する。

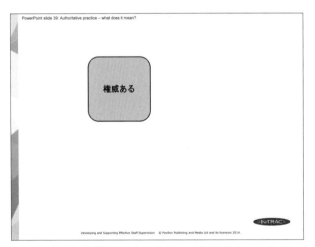

図 30　スライド 39「影響力のある実践─それはどういう意味なのか？」

次のスライドに進み，パワーポイントのスライド 40「スーパービジョンのスタイル (1)」（図31) に進む。これにより，権威主義的／寛容／軽視的なスタイルの文脈内に位置づけされる。読者に説明されているように，探索の背景を説明しなさい。グループに，スーパービジョンが権威あるエリアにとどまることを可能にするために情緒を扱うことが果たす重要な役割を考慮

するように指示する。

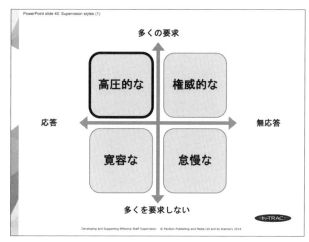

図 31　スライド 40「スーパービジョンのスタイル（1）」

　パワーポイントのスライド 41「情緒的知性のパラダイム」（図 32）を使用して，情緒的知性の概念を紹介する。

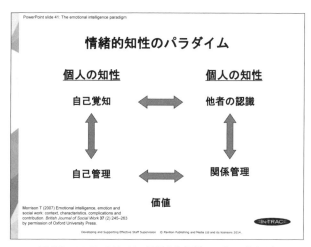

図 32　スライド 41「情緒的知性のパラダイム」

　パワーポイントのスライド 42「情緒的知性の活用」（図 33）を使用して，これを情緒的能力に変換する方法，およびパワーポイントのスライド 43「スーパービジョンのスタイル（2）」（図 34）を使用して権威あるスーパービジョンにどのように関連するかを調べる。次に，スーパーバイザーの情緒的な能力が彼らのスタイルにどのように影響するかをグループとともに検討する。

PowerPoint slide 42: Working with emotional intelligence

「私たちの情緒的知性は，5つの要素
に基づいた実践的なスキルを学ぶ可
能性を決定する。
　　自己認識，動機付け，自己規制，
共感と巧みな関係性の形成。
　　私たちの情緒的な能力は，その可
能性のどれだけが仕事上の能力に変
換されたかを示している」

Goleman D (1998) *Working with Emotional Intelligence*. London: Bloomsbury.

IN-TRAC

Developing and Supporting Effective Staff Supervision © Pavilion Publishing and Media Ltd and its licensors 2014.

図33　スライド42「情緒的知性の活用」

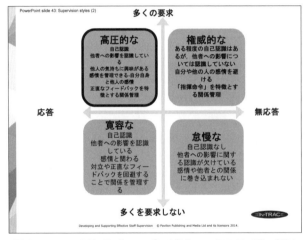

図34　スライド43「スーパービジョンのスタイル（2）」

## スーパービジョンのスタイル（20分）

■スーパービジョンのスタイルの現在の実践への影響に関連付けることが重要である。　グループを4つに分け，各グループに，高圧的な／権威的な／怠慢な／寛容なスーパーバイザーによってスーパービジョンされているスーパーバイジーを描いた張り紙（ポスター）を描くよう指示する（この作業は，集中的な講義の後，いくらかの気分転換を提供するはずである）。これを行うために，10分を与える。

■部屋の周りにポスターを表示し，個々のスーパーバイジー，サービスを受けているサービス利用者の立場からグループが質問し，個人個人が順番に報告する。これは，権威ある実践を促進するスーパービジョンの重要性を強調するはずである。パワーポイントスライド44「スーパービジョンスタイル（3）」（図35）を表示する。これは，スーパービジョンの

176

スタイルとワーカーの応答の間の関係性を強調している。

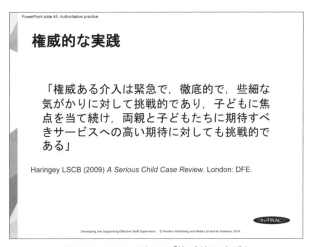

図35　スライド44「スーパービジョンスタイル（3）」

　Baby Pの深刻なケースレビューからの引用（パワーポイントのスライド45「権威的な実践」）（図36）でこれを終了することができる。これは，子どもと家族への権威的な実践の必要性を強調している。

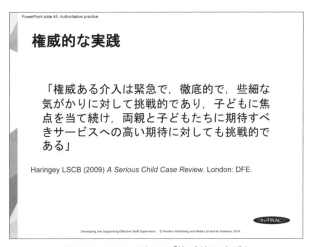

図36　スライド45「権威的な実践」

**権威の範囲（10分）**

■グループにペアもしくは3人グループを形成するように指示してセッションを終了し，スーパーバイザーとして権威の範囲内に留まるのに役立つ3つのことを検討するように指示する。フィードバックを求め，フリップチャートの用紙にアイデアを記述し，一覧表にする。これは，彼ら自身のスーパービジョンの重要性を検討する機会を提供し，彼らが働く組織の状況に関連する問題を提起するかもしれない。

■コース全体で学習記録を積極的に活用している場合，これは各人が信頼できるスタイルを確立するために実行する必要があるアクションを一つリストにする機会になる。

### 効果的なグループへの応答

このセッションでは，人々が働く組織の状況に関連する多くの問題を提起する可能性があり，これが権威を維持する個人の能力に与える影響を認識することが重要である。このセッションがコースのプログラムのどこの状況に陥ったかに応じて，外側と真ん中のサイクル（第4章 p.67 の図 4.2 を参照）のセッションに戻るか，感情を積極的に活用する方法をさらに検討するためにモデルを活用することを説明することができる。したがって，権威あるスーパービジョンと権威ある実践を奨励する。

# 感情を取り扱う：外側と真ん中のサイクル

### このセッションの目的は何であるのか？

このセッションでは，参加者の不安が組織およびスーパービジョンのプロセスに与える影響を理解するためのモデルを提供し，これらの条件下で積極的なスーパービジョン戦略を特定するのを支援することを目的としている。

### 学習成果：4 と 5

4. 感情がスタッフ，批判的思考，意思決定に与える影響を検討する。
5. スーパービジョンプロセスが，スーパーバイジーが抱える不安に対して積極的に機能する方法を理解する。

### 必要な時間：90 分

### 準　備

読者はスーパービジョンを実施するうえで，本書の第4章の「スーパービジョンで生じる感情に積極的に働きかける」を読み，精通している必要がある。

また，Morrison T（2005）*Staff Supervision in Social Care（3rd edition）*. Brighton: Pavilion. の第8章の67～81ページを読む必要がある。この資料は複雑で非常にデリケートなため，プレゼンテーションを明確にする必要がある。事前に同僚とリハーサルを行うと役立つ場合がある。

## 準備物と配付資料

■ パワーポイントのスライド 46 と 47
■ トレーニング資料 1：スーパービジョンサイクルカード
■ トレーニング資料 3：外側のサイクルカード（ラミネートされた）
■ トレーニング資料 4：真ん中のサイクルカード（ラミネートされた）
■ 配付資料 8：外側と真ん中のサイクル（参加者ごとに 1 部）
■ フリップチャートの用紙とペン

## トレーニング方法

### セッションの紹介（5 分）

スーパービジョンはしばしば複雑に変化し，時には混乱する組織環境の場所で行われるという考えを紹介する。さらに，多くの実践およびリスクに関連する不安が存在する可能性がある。このセッションでは，外側と真ん中のサイクルの考え方を活用して，不安がスーパービジョンプロセスに影響を与える 2 つの対照的な方法を探求することを説明する。これはコースの最も強力なセッションの一つであり，現在または過去のチーム / 組織の困難を呼び起こすことができる。 したがって，グループに守秘性を確認することが重要である。

### 職場での教育の不安（15 分）

参加者を小グループに分け，フリップチャートの用紙とペンを配る。各グループに 2 つのリストを作成するよう指示する。最初に，職場での不安の原因を列挙するように指示し，次に，彼らがどのように不安を表しているのかを示すように指示する。これを行うために 5 分を与える。一応，参加者がそれを行ったら，活動を止めて，彼らのスーパーバイジーに同じような教育を行ったら，何が異なるのかについて振り返るように指示する。パワーポイントのスライド 46「スーパービジョンにおける不安」（図 37）を示す。職場での実践の不安について探索することを支援するために，スーパービジョンにおけるフィードバックに配慮しなさい。

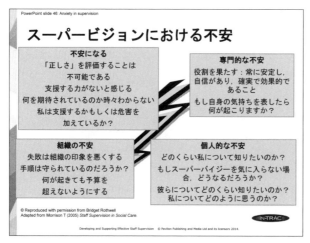

図37　スライド46「スーパービジョンにおける不安」

## 演習におけるフィードバック（15分）

　演習の印象と，スーパーバイジーが異なる問題にどのように名付けるかの考えに焦点を当てて，各グループからいくつかの主要項目についてフィードバックを受ける。この活動は，ほとんどの原因が類似していることと，私たち全員が不安を示す異なる方法をもっていることを示す可能性がある。トレーナーは，スーパービジョン契約が，私たちにどのように不安をもたらすのかについて話すのに理想的な場所であり，感情について話をすることに私たちが興味をもっているものであるというスーパーバイジーのモデルになっていることを強調できる。

## 外側と真ん中のサイクルのフロアーカード（25分）

　■このグループ演習は，「外側のサイクル」とそのスーパービジョンへの影響を教える方法を準備し，続いて「真ん中のサイクル」とそのスーパービジョンへの影響を教える。パワーポイントのスライド47「スーパービジョンサイクルと外側と真ん中のサイクル」（図38）でこれらのサイクルを確認できる。この方法で記入を依頼すると，確実に肯定的な結果が得られる。この方法では，本セッションで説明されているように，フロアーカードを引き続き使用する。「スーパービジョンサイクルを紹介する」。 カードを使用する場合，すべてのカードがレイアウトされると，フロアーマップ全体がパワーポイントのスライド47「スーパービジョンサイクルと外側と真ん中のサイクル」（図38）のようになる。

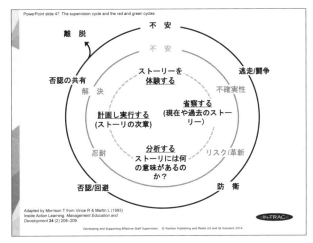

図38　スライド47「スーパービジョンサイクルと外側と真ん中のサイクル」

■外側のサイクル：「スーパービジョンサイクルカード」（トレーニング資料1）を床の中央に配置する。次に，各「外側のサイクルカード」（トレーニング資料3）を配置し，上から下に向かって説明する。不安＞逃走／闘争など。

外側のサイクルは徐々にスーパービジョンサイクルを囲む（ただし，真ん中のサイクルのカード用にスペースを空ける）。グループを招いて，「体験」と「観察」への影響から始めて，省察などへの影響に移り，スーパービジョンサイクルの各部分への外側のサイクルの影響を特定する。

■真ん中のサイクル：各「真ん中のサイクルカード」（トレーニング資料4）を一度，床に置いて説明する。再び上から時計回りに進む。不安＞不確実性などを認める。真ん中のサイクルのカードは，内側のスーパービジョンサイクルと外側のサイクルの間に配置する必要がある。グループを招いて，スーパービジョンサイクルの各部分での真ん中のサイクルの影響を特定し，「体験」と「観察」への影響から始めて，省察への影響へと移行する。この側面にもう少し時間をかけ，参加者を招いて，「真ん中のサイクル」の要因に関連する自分のチームの長所について考えてもらう。

### 外側と真ん中のサイクルの演習（30分）

■配付資料8「外側と真ん中のサイクル」のコピーを配り，例題を紹介する。参加者を4人のグループに分け，シートに記載されているとおりにトレーニングを実行する。例題は，ユーモアと多くの学習の両方を生成するための発表であり，活力を与えるものである。

■例題を提示した後に，特に関係のダイナミクスに影響を与えたスーパービジョンセッション内の外側と真ん中の行動のさまざまな影響について，各グループが発見したことについて一般的なフィードバックを行う。最後に，参加者に，彼らが働きかけているかもしれな

い家族の「外側のサイクル」のダイナミクスとの類似点を考慮するように勧める。最後に、参加者が働いている職場の同僚のダイナミクス、外側のサイクルに影響を与えているであろうダイナミクスとの類似点に考慮するように指示する。外側のサイクルがサービス利用者を保護する場所として不適切な職場であるとことは言うまでもない。

## 効果的なグループへの応答

　参加者はネガティブな「外側のサイクル」の経験に集中しすぎる傾向があるため、「真ん中のサイクル」の経験を引き出し、これらの要素が何であるかを確認しなさい。大規模なグループで特定の「外側のサイクル」の経験をどれだけ共有できるかについて注意しなさい。最後に、外側と真ん中のサイクルは、人格としてではなく、異なる場所への応答として説明することが不可欠である。真ん中や外側のサイクルになるのは人ではなく行動であり、私たち全員が時々「外側のサイクル」となる。それは問題として捉えるのではなく、真ん中のサイクルに戻るための、チーム、スーパービジョンおよび個人の資源があるかどうかである。ここで問題になっているのは、完璧を追求することではなく、私たちの回復の力である。ここでは、チームの機能が「外側」または「真ん中」のサイクルになることはめったにないことを強調する。多くの場合、外部または資源からの圧力に応じて、それらは外側や真ん中のサイクルに移動する。重要なのは、優れた実践が行われる可能性のある真ん中のサイクル内を保護するために、スーパーバイザーによってもたらされる危険性と取り組みを共有したチームによって気づきを共有することである。


# 異動（トランジション）に積極的に取り組む

## このセッションの目的は何であるのか？

　このセッションでは、参加者に、キャリアの転換点にいるスーパーバイジーと協力するうえでのスーパーバイザーの役割を探る機会を提供する。これには、学生から新しく資格を取得したワーカーへの異動、または彼らに求める異なる職務への異動が含まれる場合がある。


## 学習成果：8，4

　8. 資格を取得したばかりの実践家から経験豊富な実践家まで、専門能力開発の段階ごとのスーパービジョンの役割を検討する。

　4. 感情がスタッフ、批判的思考、意思決定に与える影響を検討する。


## 必要な時間：90分

## 準 備

　読者はスーパービジョンを実施するうえで，本書の第３章の「スーパービジョン関係を形成する」を読み，精通している必要がある。

## 準備物と配付資料

　■パワーポイントのスライド 48 ～ 51
　■フリップチャートの用紙
　■配付資料 9：事例検討（ケーススタディ）：エマ（参加者ごとに１部）

## トレーニング方法

### 異動（トランジション）の導入（10 分）

　スーパービジョンの多くは，異動の時点でスーパーバイジーと協力する必要があることを強調してセッションを紹介する。これは，多くの場合，職務または職場環境の変化に関連する。これは，外部の影響により課せられる場合があるが，それ以外の場合は自己決定され，スーパーバイジーの専門的能力開発の一部となる。

### 異動（トランジション）の個人的な経験（15 分）

　■参加者にテーマについて考えさせるには，重要な異動を行う必要がある時期について隣の人と考えてもらうように指示する。これは個人的に考えるか，または専門職として考えることであるかもしれない。この時点で彼らが感じたこと，考えたこと，したことについて考えてもらう。これを行うには５分を与える。
　■フリップチャートの用紙に三角形を描き，感情，思考，行動という３つの標題についてフィードバックを求める。スーパーバイザーは３つの要因すべてに取り組む必要があることを指摘する。

### グループ演習（10 分）

　■パワーポイントのスライド 48「職場での異動（トランジション）」（図 39）を示し，これが職場の異動の時点での変化の段階を理解する方法であることを説明する。助けを求める行動は，社会文化的，組織的，個人的な要因の複雑な相互作用の影響を受けることを説明する。参加者を３つのグループに分け，各グループに，フリップチャートの用紙での議論の重要なポイントをメモするよう指示する。

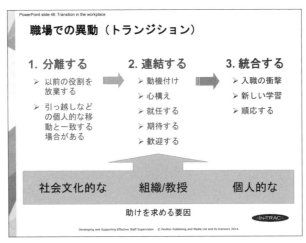

図39　スライド48「職場での異動（トランジション）」

- ■グループ1に，異動の時点でどのような社会文化的要因がワーカーに影響を与える可能性があり，スーパービジョンやその他の発達支援を活用する能力を考慮しているかを尋ねる。
- ■グループ2に，異動の時点でどのような組織的および専門的要因がワーカーに影響を与える可能性があり，スーパービジョンやその他の発達支援を活用する能力を考慮しているかを尋ねる。
- ■グループ3に，異動の時点でどのような個人的要因がワーカーに影響を与え，スーパービジョンやその他の発達支援を活用する能力を考慮しているかを尋ねる。

### 異動（トランジション）の要因（15分）

フリップチャートの用紙を壁に掲示し，スーパーバイザーがこれらの要因の相互作用で効果的に機能する方法を反映したグループディスカッションを主導する。これには，複雑なダイナミクスを効果的に交渉できる関係を発展させるための基盤としてのスーパービジョン契約の重要性に関する議論を含める必要がある。

### 異動（トランジション）曲線（10分）

- ■パワーポイントのスライド49「スーパービジョン下での異動（トランジション）」（図40）を示し，変化の過程を理解する方法として異動（トランジション）曲線を使用する。グループにこれと自分自身の経験を振り返って議論する時間を与えなさい。

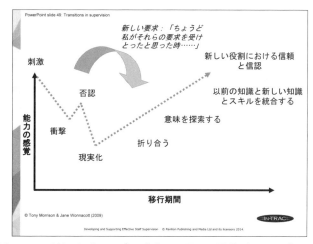

図40　スライド49「スーパービジョン下での異動（トランジション）」

## グループ演習（15分）

■パワーポイントのスライド50「役割・アイデンティティ・自己」（図41）とスライド51「新しい役割と課題の影響」（図42）を示して，新しい技術を達成することよりも，新たな役割に集中することに専門性の社会化が存在するという考え方を紹介する。実際，実践は，個人の性格と個人の感性に関連して異動がどれだけうまく処理されるかにかかっている。

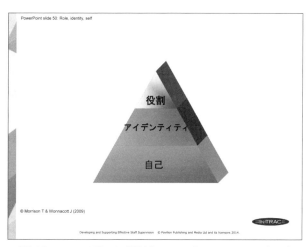

図40　スライド50「役割・アイデンティティ・自己」

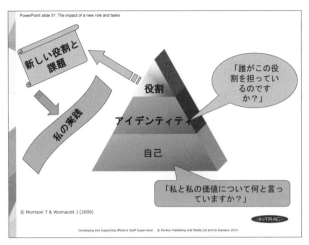

図42 スライド51「新しい役割と課題の影響」

■ グループを再度集め，配付資料9「事例検討（ケーススタディ）：エマ」のコピーを配付する。演習の内容が参加者の職場環境に関連するようにするために，グループのメンバーに，異動の段階で業務をしているスーパーバイジーに関連する業務の問題を提示するよう指示することができる。グループの課題は，役割，アイデンティティ，および自己に関してスーパーバイジーにどのような影響があるか，およびこれらを探索するためにスーパーバイザーがとるべき行動を検討することである。

### フィードバック（15分）

一般的なフィードバックを行い，スーパービジョンの戦略に焦点を当てる。スーパービジョンの契約の重要性を再度強調する。

### 効果的なグループへの応答

このセッションにはいくつかの側面があり，すべての演習に対応できているわけではない場合がある。ここでは，3つの主要なスーパービジョンモデルが議論され，参加者がスーパーバイザーとしての役割でそれらをどのように活用する必要があるかを検討する機会であれば，問題はない。

# 保健医療サービスとソーシャルケアの最前線での実践をスーパービジョンする：6つのステップモデル

### このセッションの目的は何であるのか？

このセッションでは，参加者にスーパービジョンサイクルを発展させることに関する情報を

提供する。これは，サービス利用者と共に行う実践へのスーパービジョンをサポートするように設計されている。このモデルは，そもそも実践を評価するためのスーパービジョンをサポートするために開発されたが，実践の評価プロセスの継続的な性質を強調するために名称を変更した。

## 学習成果：10

10. 複雑な問題を扱う際に，批判的思考を促進するためのスーパービジョンの役割を理解する。

### 必要な時間：60分

### 準　備

読者はスーパービジョンを実施するうえで，本書の第5章の「最前線の実践をスーパービジョンする—葛藤への働きかけ」を読み，精通している必要がある。また，次の情報の背景が役立つ場合がある。これらのテキストは主に子どもを対象とした仕事に焦点を当てているが，探求されたプロセスは，汎用性がある：

■ Brandon, et. al.（2008）*Analysing Child Deaths and Serious Injury Through Abuse and Neglect: What can we learn? A Biennial Analysis of Serious Case Reviews*（2003-2005）. *Research Report DCSF-RB023*. Nottingham: DCSF.（Chap. 4, 5）.
■ Munro, E.（2008）*Effective Child Protection*（*2nd edition*）. London: Sage.
■ Wonnacott, J.（2012）*Mastering Social Work Supervision*. London: JKP.

### 準備物と配付資料
■ パワーポイントのスライド52〜61
■ 配付資料10：6つの段階モデルを支える質問
■ トレーニング資料1：スーパービジョンサイクルカード
■ トレーニング資料5：6つのステージモデル
■ クリップチャートの用紙とペン

### トレーニング方法
#### 複雑なダイナミクスの紹介（20分）
サービス利用者との実践には，馴れ合い，恐れ，対立スタイルなどの複雑なダイナミクスが含まれる可能性が高いことを話し合い，これらを見抜くスーパーバイザーの重要性を強調する。

注）トレーニングプログラムで既に「ワーカーと家族の関係を探索する」というセッションを活用している場合は，参照しなさい。


　これは，複雑な実践の定義と，サービスと家族を含む最前線の実践の考え方を紹介する。参加者を4人のグループに分ける。パワーポイントのスライド52「あなたにとって複雑な実践とはどのような意味があるのか？」（図43）を表示し，グループに質問を投げかける。話し合うために10分を与え，各グループに誰かにメモをとるよう指示する。

**図43　スライド52「あなたにとって複雑な実践とはどのような意味があるのか？」**

　グループ全体をまとめてフィードバックを求め，フリップチャートの用紙にアイデアを書く。通常，この議論では，コースの初期段階で探索された複雑なダイナミクスをもった業務と同様に，不確実な業務，競合するニーズへの対応，リスクを伴った業務の要因を検討する。パワーポイントのスライド53「複雑さを扱う～感情の役割～」（図44）を表示する。その中心となるのは，スーパービジョンの感情的な内容を効果的に扱う能力であると説明する。

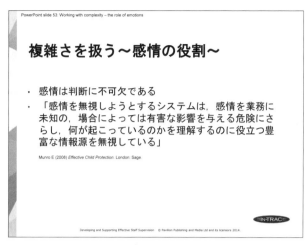

図44　スライド53「複雑さを扱う〜感情の役割〜」

## 問題の類型（10分）

　問題の類型に関するGrint（2005）の研究の概要を示す，パワーポイントのスライド54「複雑さを扱う」（図45），スライド55「『最高！』の問題（1）」（図46），スライド56「『最高！』の問題（2）」（図47），スライド57「『最高！』の問題（3）」（図48），スライド58「問題，権力，権威の類型」（図49）を示す。これは，慣れと酷評という他の2つのカテゴリーに分類される，保健医療サービスとソーシャルケアのほとんどの問題が「不道徳」であるという事実の議論につながるはずである。

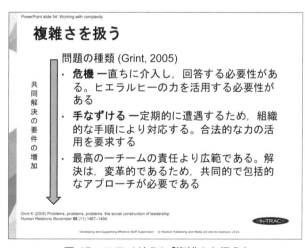

図45　スライド54「複雑さを扱う」

## 「最高！」の問題 (1)

- 解決方法を開発するまで，問題を理解することはできない。問題とひっかかりが組み合わさって，進展していないため，問題は未だ構造的な理解となっていない

- 最高！の問題には終結といったルールは存在していない。決定的な「問題」も存在しないため，「解決策」も存在しない

- 最高！の問題の解決策は正しいか間違っているのではなく，単に「より良い」，「悪い」，「十分な」，または「十分ではない」だけである

- すべての最高！の問題は，本質的にユニークで斬新である非常に多くの要因と条件があり，すべてが動的な社会的文脈に組み込まれているため，2つの最高！な問題は同じものではなく，それらの解決策は常に特別に設計され，適応される

Grint K (2005) Problems, problems, problems: the social construction of leadership. *Human Relations November* **58** (11) 1467–1494.

図 46　スライド 55「『最高！』の問題 (1)」

## 「最高！」の問題 (2)

- 最高！の問題のすべての解決策は，1回限りの作業である。全ての試みには結果が存在する

- 最高！の問題には，代替となる解決策は存在しない。解決策はないかもしれないし，考え出された多くの潜在的な解決策があるかもしれない

- 社会的に複雑な状況から生まれる最高！の問題には，問題を解決するために協力しようとするのに充分なほど問題に関心をもつ人々のグループが必要である。問題の素晴らしさ！は，問題の理解と責任を共有することを生み出すツールと方法を必要とする

Grint K (2005) Problems, problems, problems: the social construction of leadership. *Human Relations November* **58** (11) 1467–1494.

図 47　スライド 56「『最高！』の問題 (2)」

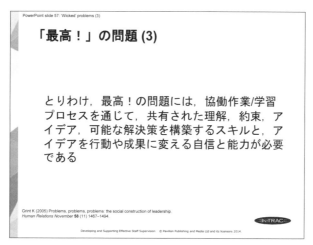

図 48　スライド 57「『最高！』の問題（3）」

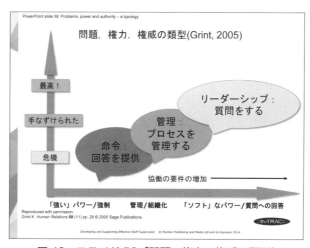

図 49　スライド 58「問題，権力，権威の類型」

## 偏見と憶測（10分）

　パワーポイントのスライド 59「偏見と憶測（1）」（図 50）およびスライド 60「偏見と憶測（2）」（図 51）を表示し，その理由のいくつかを探索する議論を続ける。私たちは一般的に不確実な業務，私たちの憶測，偏見，直感的な反応が私たちの実践にどのように影響しているかを常に振り返る必要がある。

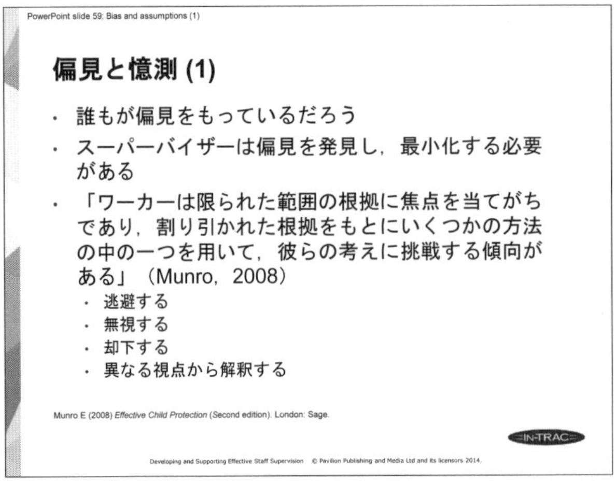

図 50　スライド 59「偏見と憶測（1）」

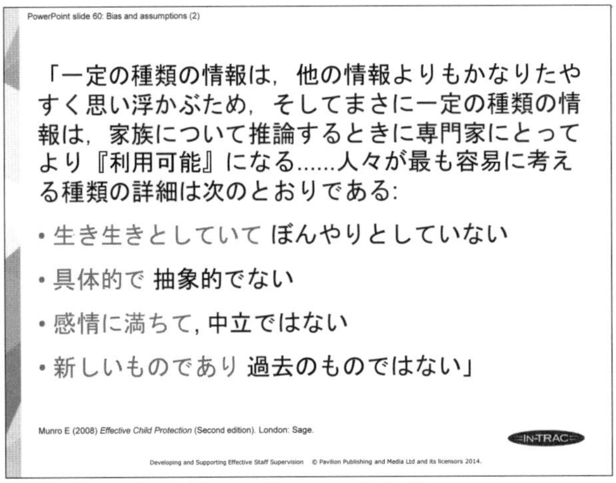

図 51　スライド 60「偏見と憶測（2）」

## 6 つのステップモデル（20 分）

■パワーポイントのスライド 61「最前線の実践をスーパービジョンするための 6 つのステップのモデル」（図 52）を表示する。最前線の実践をスーパービジョンするための 6 つのステップモデルと，スーパービジョンサイクルの延長としてモデルを提示する。サイクルの各ステップを表すラミネートされたフロアーカードを活用することもできる（トレーニング資料 1「スーパービジョンサイクルカード」）。

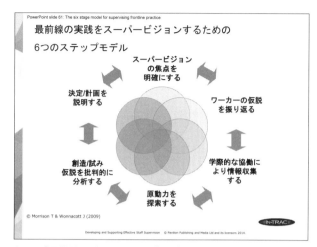

図52　スライド61「最前線の実践をスーパービジョンするための6つのステップモデル」

■読者に資料を提供することが必要であり，活動の前後の双方に起こる認識を膨らませる振り返りのプロセスを指摘することが重要である。したがって，「私はこの仕事に何をもたらしているのか」と振り返ることは，「私がもたらした / 感じたものなど」と同じくらい重要である。6つのステップは，スーパービジョンサイクルに関連させる必要がある。これは，スーパービジョンサイクルカードの4つの段階を示すラミネートされたカードを最初に配置し（トレーニング資料1：スーパービジョンサイクルカード），6つの段階を一番上にマッピングする（トレーニング資料5「6段階モデル」）ことで実行できる。6つのステージを「リハーサル」するための簡単なケースの例は，良い日対悪い日で何が起こるかを対比するのに役立つ。

■配付資料10「6段階モデルを支える質問」のコピーを配付し，サイクルの各ステップで活用する質問を参照する。

### 効果的なグループへの応答

　これは集中的な授業であるため，1日の早い時間に行うのが最適である。これを実際の演習と組み合わせて活用し，トレーナーがグループに，残りの時間は実際の活動に専念していることを説明することが重要である。

## 保健医療サービスとソーシャルケアにおける最前線の実践のスーパービジョン：事例研究演習

### このセッションの目的は何であるのか？

　このセッションは，参加者が実際の実践の状況に6つのステップモデルを適用し，スーパー

ビジョンセッション中に振り返りと分析を促進するのに役立つツールを使用して実践する機会を提供するように設計されている。

## 学習成果：11，12，13

11. 専門職のネットワークのダイナミクスを効果的に活用するためのスーパービジョンの役割を考慮する。
12. 複雑な実践へのスーパービジョンに関連して6つのステップモデルを活用する。
13. スタッフが情報を評価および分析し，意思決定およびリスク管理に情報を提供できるようにツールを活用する。

**必要な時間：140分**

## 準　備

　読者はスーパービジョンを実施するうえで，本書の第5章の「最前線の実践をスーパービジョンする─葛藤への働きかけ」を読み，精通している必要がある。また，第4章の「スーパービジョンで生じる感情に積極的に働きかける」を読むことで，さらにその背景を理解することができる。

　これは一連の活動であり，一つの活動が完了すると，次の課題の準備が整う。演習全体を念頭に置いて，休憩の必要性が生じる可能性がある時期を考慮し，時間構造を維持することが重要である。グループはさまざまなペースで活動しているので，定期的な時間にアラートを鳴らし，次の演習に進むことが重要であることを伝える。これは，いくつかの議論が完了しないことを意味するが，それらを進めるために十分な活動が行われている必要がある。

## 準備物と配付資料

　■パワーポイントのスライド62〜64
　■フリップチャートの用紙とカラーペン
　■配付資料10：6段階のモデルを支える質問（参加者ごとに1部）
　■配付資料11：スーパービジョンにおけるジェノグラムの活用
　■配付資料12：スーパービジョンにおけるエコマップの活用─機関の間の関係を探る

## トレーニング方法

### 事例を分かち合う（10分）

　■参加者に，グループ内で最大6人の小さなグループで一緒に活動するように指示する。

演習では，各グループの一人がスーパービジョンを実践している状況を共有する必要がある。ケースの例は，次のとおりである：

■ 開かれていること，そして受け入れられていること
■ 参加者は妥当な分量の情報量を呼び出せる
■ 未回答の質問やジレンマがある場合

ケースは，次のようであってはならない：

■ 日常業務の典型ではないほど複雑で極端なケース
■ 解決策が見つかっており，明確で実行可能な計画が整っている場面

■すべての議論は匿名で秘密にされ，参加者はすべてのフリップチャートの用紙を取り外し，細断することが求められることを強調する。グループを形成するとき，発表が促進され，プロセスを建設的に活用するように取り計らう。グループに最初の指示を与える前に，テーブルの周りでグループを落ち着かせる。

## ジェノグラム（20分）

■発表者に，サービス利用者とその家族について説明してもらう。サービス利用者らがそうするように，グループはケースの問題を識別するフリップチャートの用紙のシートにジェノグラムを作成する必要がある。各参加者に配付資料11「スーパービジョンにおけるジェノグラムの活用」のコピーがあることを確認する。参加者に自分で作成するよう依頼する前に，フリップチャートの用紙で3世代のジェノグラムを作成することを実演することもできる。

■サービス利用者とその家族のジェノグラムの展開，家族を良く理解することを助ける質問をすることが，グループの残りの役割であることを強調する。これが6つのステップのサイクルの最初の部分であり，活動の焦点を明確にすることを説明する。グループが解決策を見つけることに焦点を置き換えるべきではない。ジェノグラムが意味をなし，グループ全体がその展開に参加していることを確認しなさい。

## 文化的レヴュー（10分）

■ジェノグラムを使用するときは，議論をやめ，思考に影響を与える可能性のある偏見を認識して，批判的な振り返りの重要性を紹介する。パワーポイントのスライド62「文化的なレヴュー」（図53）を表示することと，これらを検討する方法としての文化的レヴューを紹介する。グループにこれらの質問を検討する司会者を支援するよう指示する。

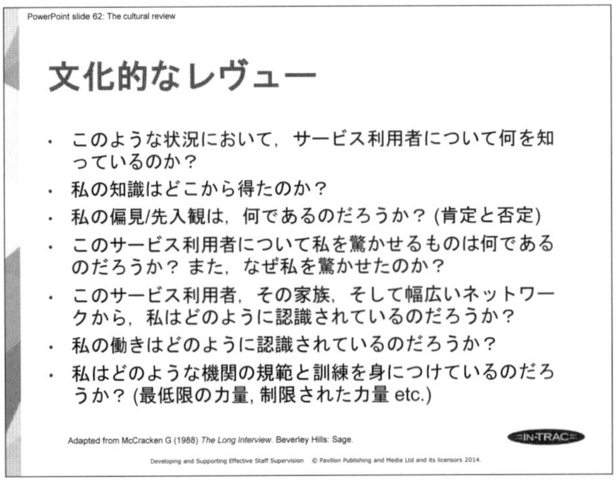

図53　スライド62「文化的なレヴュー」

## ジェノグラムを振り返る（20分）

　配付資料11「スーパービジョンにおけるジェノグラムの活用」に関する質問を用いて，グループにジェノグラムを振り返るように指示する。その後，グループは以下の点について考慮する必要がある：

■ このケースをスーパービジョンすることに自信を得るために，司会者はスーパーバイザーとして何をする必要があるのか（つまり，関連する研究へのアクセスなど）。

■ この議論は，この演習の開始時に注意した最初の仮説をどこまで確認または矛盾させたのか。

## エコマップ（30分）

■ グループに別のシートに移動するよう，そして司会者と協力してケースの専門職のネットワークのエコマップを作成するよう指示する。この作業は，システム内のダイナミクスを探索することに役立つ（サイクルのステージ4）。スーパーバイザーおよびスーパーバイジーとして自分自身を含めるように気をつける。グループがエコマップの使用に慣れていない場合は，配付資料12「スーパービジョンにおけるエコマップの活用―機関の間の関係を探る」を参照しなさい。15分後，グループ活動を止め，配付資料の下部にある一般的な質問について振り返るように指示する。このプロセスから学んだことについて，グループからいくつかの一般的なフィードバックを受け取る。

## マトリックスツール（20分）

■ グループがツールを活用して，収集した情報をさらに探索することを説明する。これは，スーパービジョンサイクルのステージ4および5を支援する。パワーポイントのスライ

ド63「不一致の種類」（図54）とスライド64「不一致のマトリックス」（図55）を表示する。マトリックスは，実践過程での情報を探索し，不一致の場面を理解するために活用するためのツールであることを説明する。このツールは，スーパーバイザーがスーパーバイジーと協力して，情報が「確かなもの」であるかどうかを確認するためにさらに探索する必要がある情報を確認するのに役立つ。グループにこれまでに得た情報を振り返り，フリップチャートの用紙のマトリックスを完成させるよう指示する。

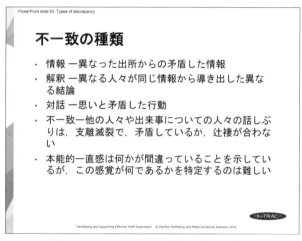

図54　スライド63「不一致の種類」

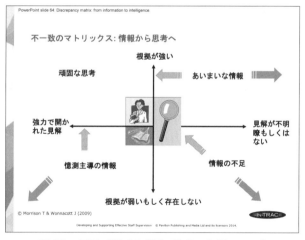

図55　スライド64「不一致のマトリックス」

## 確かなものを得る（10分）

■参加者に，不明瞭な情報をどのように確認および／または明確化できるかを判断するように指示する。配付資料10「6段階モデルを支える質問」のステップ3（情報収集）の質問のいくつかを参照すると役立つ場合がある。

## スーパービジョンにおける6つの優先事項（15分）

■事例提供者に，スーパーバイジー，彼らの経験，実践家としての強み，養成のために認識されている分野，スーパービジョン関係の質について口頭で説明するように指示する。この時点でどれだけ共有したいかを決めるのは個人の責任であると強調する。次に，グループに，この場合のスーパービジョンのための6つの最優先事項をフリップチャートの用紙に記載するよう指示する。

## フィードバック（5分）

■グループ全体に演習から何を学んだかを尋ね，セッションを終了する。彼らは自分のチームでどのツールを取り消し，また試してみたいと思うのだろうか。

## 効果的なグループへの応答

トレーナーがグループ演習の構成に関連する基本ルールについて明瞭かつ明確であることが非常に重要である。どのケースが「選ばれた」かについて何らかの検討が必要な場合があり，このプロセスを導き，グループの決定を下すようにする必要がある。どのケースが最大の学習を提供する可能性が最も高いかについて耳を傾ける。

グループは解決に直接向かおうとする傾向がある場合がある。グループ内を移動し，解決に向かおうとする可能性のある人に注意し，解決したいとの気持ちに陥るのではなく，振り返りと分析を支援するように設定されたステージに参加することが重要である。

守秘性に関する学びの原則を参照し，書かれた資料が完全に匿名であることを確認しなさい。

サービス利用者がリスクにさらされていると感じる場合を耳にすることがある。学習成果で述べたように，これは最初の例で参加者と議論する必要がある。問題が適切に扱われていることに満足していない場合は，関係組織にフィードバックする必要がある。

# 実践のダイナミクスの探索

## このセッションの目的は何であるのか？

このセッションでは，スーパーバイザーが働きかけなければならない複雑なダイナミクスを探索する。効果的なスーパービジョンは，スーパーバイジーに影響を与える専門的なネットワーク内のコミュニケーションの質と，スーパーバイジーとサービス利用者との関係の質の両

方を考慮する必要性を認識している。このセッションでは，この課題を支援するためのアイデアとフレームワークを提供する。

## 学習成果：11，12そして13

11. 専門職のネットワークのダイナミクスを効果的に活用するためのスーパービジョンの役割を考慮する。

12. 複雑な実践へのスーパービジョンに関連して6つのステップモデルを活用する。

13. スタッフが情報を評価および分析し，意思決定およびリスク管理に情報を提供できるようにツールを活用する。

**必要な時間：95分**

## 準 備

Reder, P. & Duncan, S. の第5章の Supervising frontline practice: working with complexity「最前線での実践をスーパービジョンする—葛藤への働きかけ」を読むとともに，「Understanding communication in child protection networks（児童保護ネットワークにおけるコミュニケーションを理解する）」（*Child Abuse Review*：児童虐待レビュー 12, pp.82-100）を読む必要がある。後者の論文は，児童保護の実践の分析に基づいているが，コミュニケーションに関する一般的な原則は，はるかに広い用途をもっている。

## 準備物と配付資料

■パワーポイントのスライド65 〜 68

■グループの中央に2脚の椅子を配置する。

■トレーニング資料6：3人のスーパーバイジー

## トレーニング方法

（このセクションのアイデアとテキストを提供してくれた Richard Swann に感謝します。）

## コミュニケーションの紹介 (10分)

■スーパーバイザーは多くのシステムのインターフェイス（境界面）に作用し，インターフェイスの内側と外側の境界面に作用するダイナミクスへの働きかけが必要であるという考えを紹介する。参加者が最初に検討するのは心理学のコミュニケーションであり，次にスーパーバイジーとサービス利用者間の相互作用のダイナミクスの検討に移ることを説明する。

■ パワーポイントのスライド65「コミュニケーションを考える！」（図56）を表示し，そして，スーパーバイザーとスーパーバイジーが「短絡的」または「その場しのぎ」に陥った場合に終結するかもしれない場面を考えることにより，参加者にコミュニケーションの定義についてコメントするよう指示する。参加者は，別の発言の後に新たなコメントが現れることを認識する必要がある。

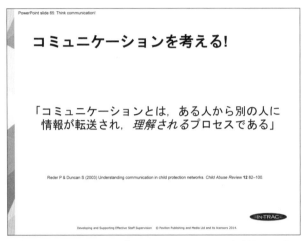

図56　スライド65「コミュニケーションを考える！」

■ これがコミュニケーションの主要な方法である場合，サービス利用者にとってどのような結果になるかを想像するために，グループに参加するよう参加者に指示する。これにより，関連する専門家に対するサービス利用者の信頼を損なうコミュニケーションの明確性，正確性，一貫性の欠如に関連する潜在的な間違いの議論につながるはずである。

## フレーズの解釈（10分）

　パワーポイントのスライド66「これらのフレーズはどのような意味であるか？」（図57）を提示する。これは，多くの異なる解釈をもつ可能性のあるいくつかのフレーズを示している。各フレーズに何の意味があるかについて一致するかグループに尋ねる。これにより意見の相違が生じ，スーパーバイザーが意味を確認する必要性に注意を払う必要性が強調されるはずである。

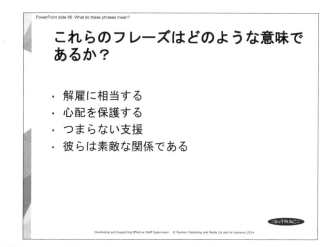

図57　スライド66「これらのフレーズはどのような意味であるか？」

## コミュニケーションと文脈（10分）

■パワーポイントのスライド67「コミュニケーションと文脈」(図58) およびスライド68「コミュニケーションと組織間の関係」(図59) を使用して，Reder & Duncan (2003) が専門職間のコミュニケーションに対するマルチレベルの影響を理解するための有用なシステムモデルを提供することを説明している。パワーポイントのスライド67「コミュニケーションと文脈」(図58) の2つの写真（人物）は，2人の人物がコミュニケーションをしていることを示している。左側の人は右側の人に情報を送っている。コミュニケーションには2つの要素が含まれることを説明する。1つ目は，メッセージを送受信する技術的，実用的，および言語的能力であり，2つ目（そして重要なこと）は，メッセージの受信者がメッセージに意味付ける必要があることである。

　人間のコミュニケーションでは，無数の感情，態度，信念なども情報になる。通信しないことはほとんど不可能である。そのため，スピーチやジェスチャーを活用して返信する場合でも，無音で返信する場合でも，メッセージを返信している。

　ある人が別の人にメッセージを転送すると，イントネーション，ボディーランゲージ，表情，文構造などのメタコミュニケーションのプロセス，またはコミュニケーションのためのコミュニケーションが発生する。メタコミュニケーションはメッセージを強化し，その背後にある感情に関する詳細を提供する。

　コミュニケーターが伝達されたメッセージに意味付けすることができない限り，情報を転送しても意味はない。それぞれのメッセージを理解できない場合，効果的な通信は行われない。

共有された意味付けには，単語，フレーズの理解を共有することにより，送信された同じメッセージの内容を受信することが含まれる。メッセージの内容およびメタコミュニケーションの理解方法に関する仮説に関するフィードバックを取得する。

　したがって，コミュニケーションが意図された方法で理解されていることは，メッセージ発信者とメッセージ受信者の両方の共有の責任である。

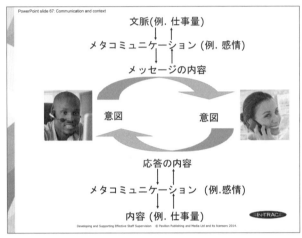

図58　スライド67「コミュニケーションと文脈」

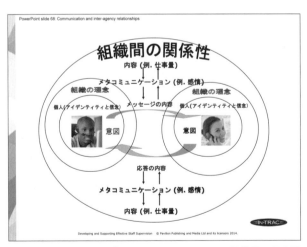

図59　スライド68「コミュニケーションと組織間の関係」

■パワーポイントのスライド68「コミュニケーションと組織間の関係」(図59) を表示しなさい。コミュニケーションと各協力機関との関係と，コミュニケーションに影響する要因は次のとおりであることを説明する：

　■ 個人的な信念：これらは，メッセージの送受信方法に影響を与える：私たちがどのよう

に感じるか，アイデンティティや組織への帰属感は，効果的なコミュニケーション能力に影響を与える。

- 機関のポリシー：これらは，組織構造とともに，ケースに関する私たちの考え方に影響を与える。

- 自身の業務の内容の詳細は，たとえば同僚との関係の質，資源，スーパービジョンの質におけるコミュニケーションにも影響を与える。

- 子どもと家族に関する情報のコミュニケーションと調整に直接影響する機関間の関係の質：なわばり主義，役割の特定，地位，権力はすべて，重要な役割を担っていると特定されている。

## ロールプレイ（10分）

■2人のボランティアに短いロールプレイに参加してもらう。ボランティアに部屋の中央にある椅子に背中合わせに座るように指示する：クライエント（患者）の役割に一人，もう一人はクライエント（患者）に関係する開業医から電話を受けるソーシャルケアの専門職の役割が割り当てられる（活動しているグループの背景に応じたシナリオを使用する）。

## 1番目

■ペアは，開業医がクライエント（患者）についての心配を伝えようとしている3分間の会話をしている。ソーシャルケアの専門職は，非常に定型的な手続きの方法でこの役割を果たす。感情ではなく事実にのみ関心があり，「外側のサイクル」の行動を示す可能性がある。

■2～3分後，活動を「一時停止」し，送受信された情報の品質について気付いたことについてフィードバックすることをグループに指示する。重要なのは，開業医の心配に起因する意味は何であるのか。この会話がさらに15分間続く場合，サービス利用者を含む関係者の結果はどうであるのか。

## 2番目

■両方のボランティアに，「一時停止」されていた電話での会話をピックアップするように指示するが，今回はメッセージの受信者が振り返ることができるように，メッセージの送信者に不安をより十分に説明するよう促す。

■3分後に活動を一時停止し，参加者に情報とコミュニケーションの品質について注意したことを尋ねる。

## グループディスカッション (10分)

■スーパービジョンへの影響に関する議論を導く。

A. 自分自身とスーパーバイジーの間でどのようなコミュニケーションパターンが存在しているかについてどのように認識しているか。

B. スーパーバイジーの実践に影響を与える可能性のあるコミュニケーションのスタイルとパターンの認識をどのように高めることができるか？彼らはスーパービジョン下でどのような質問をしたいと思うのか。

C. どのようにすればコミュニケーションの視点が獲得できるようになるのか。

## 議論には次の事項に考慮する必要がある：

振り返る機能を強化することにより，スーパーバイザーは，スーパーバイジーが送信および／または受信している情報に起因する意味と，異なる意味に危険性が存在するかどうかを説明することができる (これをスーパービジョンサイクルにリンクさせる)。

スーパーバイジーが不安を認識 (表現) し，心配を処理 (探索) できるようにすることで，スーパーバイジーは自分の仕事に対する感情的な反応を理解し，正常化 (悲観することなく) できるようになる。

スーパーバイジーが体系的に考えるように励ますことにより，さまざまな内容 (家族，コミュニティなど) がサービス利用者の生活をどのように形成するかについて，より包括的で総合的な理解を深めていくことができる。

情報に意味付けさせることの重要性を強調することにより，スーパーバイザーはスーパーバイジーが意図していないコミュニケーションの誤りをチェックするのを支援している。

## ロールプレイ演習 (45分)

■焦点は，コミュニケーションから，スーパーバイザーの聞き取りと質問のスキルとスーパーバイジーと協力して，スーパーバイジーとサービス利用者との相互作用のダイナミクスを反映する能力のさらなる検討に移ることを説明する。目的は，ワーカーとサービス利用者の間で進行している3つの異なる問題があるダイナミクスを特定し，ワーカーが軌道に復帰できるようにすることである。

■グループから3人のボランティアを求めて，ワーカーになるように，各ワーカーにさまざまなスタイルと「表面下」のダイナミクスを示す一連の情報を提供する (トレーニング資料6「3人のスーパーバイジー」)。ボランティアに，サービス利用者とのやり取りをこの

観点から検討するよう指示する。

次に，各ワーカーに2分間かけて，それぞれの観点からストーリーを伝えるよう指示する。次に，このワーカーについて彼らが何に気づいているかをグループ全体に尋ねる。彼らとサービス利用者との間のダイナミクスは何であるのか。彼らはどんな質問をしたいのか。ワーカーについて質問を試みるようにグループに指示する必要がある。これらの質問が「その場しのぎの解決法」の質問にならないようにする。残りの5分間に，ワーカーが描写しているダイナミクスと，どの質問が彼らにとって最も役立つかを説明し，報告するように指示する。15分かけて順番に報告する。

### 効果的なグループへの応答

すべての体験的演習と同様に，グループ内の熱意のレベルはさまざまであるため，トレーナーが自信をもって前向きであることと，安全な環境を維持し続けることが重要である。

最後の演習は，サービス利用者の声，業務の複雑さ，およびワーカーが複雑なダイナミクスに関与し，防御的または表面的な対応へ後退してしまうことを防ぐために，スーパービジョンが重要な役割を果たすということを探る真の機会である。一部のグループはこれを他のグループよりも簡単に見つける。トレーナーが，研修で防御的または過度に単純化された応答に終始することを防ぐことが重要である。あらゆるケースの詳細から離れて，ワーカーとサービス利用者の間のダイナミクスと，彼らが専門家からの援助を受けた経験について私たちに何を伝えるかについてのより一般的な議論に移ることが重要である。

## 実践を改善するための積極的な取り組み：
## アプリシエイティブ・インクワイアリー（AI）注)

### このセッションの目的は何であるのか？

このセッションでは，スーパーバイザーが実践を改善するために積極的なアプローチを活用することを奨励している。このセッションでは，実践の問題に焦点を当てるのではなく，AIからのアイデアを用いて，スーパーバイザーが優れた実践を探索および学習する手段としてスーパービジョンサイクルを活用するためのフレームワークを提供する。

注）アプリシエイティブ・インクワイアリー（Appreciative Inquiry：AI）とは，1980年代後半に，アメリカのDavid L. Cooperriderらによって開発および提唱された，人材開発や組織活性化のアプローチの一つである。問題解決型のアプローチではなく，ポジティブな問いかけや探求の意識をもった対話によって，個人と組織の強みや，潜在的な可能性を認識し強化していくアプローチである。

## 学習成果：14

14. 実践の改善に取り組むときは，前向きな期待モデルの重要性を考慮する。

## 必要な時間：45分

## 準　備

　読者のスーパービジョン実践を改善するために，本書の第6章の「実践力を高めるためのスーパービジョン」を読みなさい。また，同書の91ページの「見識の高い問い」の説明を読むことによって自信が得られる。その他，http：// appreciativeinquiry.co.uk/ など，さまざまな設定で，AIについて説明している多くのWebサイトがある。

## 準備物と配付資料

- ■パワーポイントのスライド69～74
- ■配付資料13：スーパービジョンで良いことに焦点をあてた問いをする（一人に1部ずつ）

## トレーニング方法

### 継続的な改善の紹介 (10分)

- ■パワーポイントのスライド69「実践の改善：重要なメッセージ」(図60) を表示する。しっかりと重要なメッセージとして一般的なアプローチを説明する。次に，パワーポイントのスライド70「実践の改善の連続体」(図61) およびスライド71「リーダーシップの発揮により実践を管理する」(図62) を表示し，実践を改善するための作業には，継続的な改善のための内容の設定にスーパーバイザーが関与することを説明する。正しい介入は，ずっと継続することである。パワーポイントのスライド72「前向きな期待」(図63) を活用して，スーパービジョンに対する肯定的な期待のアプローチを説明し，パワーポイントのスライド73「価値を認める問いかけ」(図64) およびスライド74「価値を認める質問とスーパービジョン」(図65) を使用して，スーパーバイザーとスーパーバイジーがうまくいったことから学ぶのに役立つアプローチとしてAIの問いかけの一般的な哲学を説明する。これは単に，彼らに良い仕事をしたことを人々に伝えるだけでなく，何が起こったのか，なぜそのようになったのか，その特定の事例から何が学べ，将来，他の同様の状況の実践に影響を与えるために活用できるのかを真に探求することである。

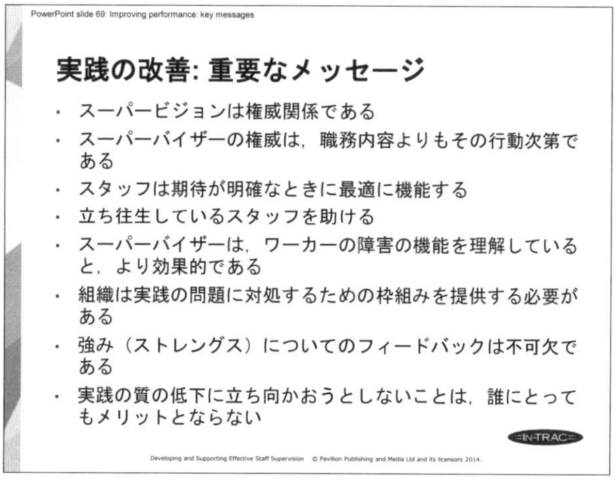

PowerPoint slide 69: Improving performance: key messages
実践の改善: 重要なメッセージ
・スーパービジョンは権威関係である
・スーパーバイザーの権威は，職務内容よりもその行動次第である
・スタッフは期待が明確なときに最適に機能する
・立ち往生しているスタッフを助ける
・スーパーバイザーは，ワーカーの障害の機能を理解していると，より効果的である
・組織は実践の問題に対処するための枠組みを提供する必要がある
・強み（ストレングス）についてのフィードバックは不可欠である
・実践の質の低下に立ち向かおうとしないことは，誰にとってもメリットとならない
IN-TRAC
Developing and Supporting Effective Staff Supervision © Pavilion Publishing and Media Ltd and its licensors 2014.

図 60　スライド 69「実践の改善：重要なメッセージ」

PowerPoint slide 70: The performance improvement continuum
実践の改善の連続体
実践力の限界を見極め，励まし，実践力の養成をサポートする
養成のニーズの特定と対応
実践力の低下を特定して対応する
人事活動
Reproduced with kind permission from JKP. Wonnacott J (2012) Mastering Social Work Supervision. London: Jessica Kingsley Publishers.
IN-TRAC
Developing and Supporting Effective Staff Supervision © Pavilion Publishing and Media Ltd and its licensors 2014.

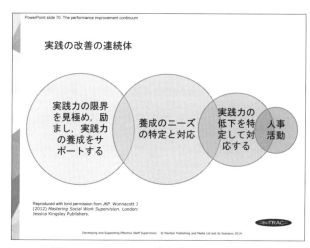

図 61　スライド 70「実践の改善の連続体」

PowerPoint slide 71. Managing performance through practice leadership
リーダーシップの発揮により実践を管理する
介入
実践の憂慮と形式的な介入間のギャップを埋める
実践の問題を特定し，対処する
成功を認識し，これを実践開発の基礎として活用する
成功の条件を認識して促進する一媒介者としてのスーパーバイザー
Reproduced with kind permission from JKP. Wonnacott J (2012) Mastering Social Work Supervision. London: Jessica Kingsley Publishers.
IN-TRAC
Developing and Supporting Effective Staff Supervision © Pavilion Publishing and Media Ltd and its licensors 2014.

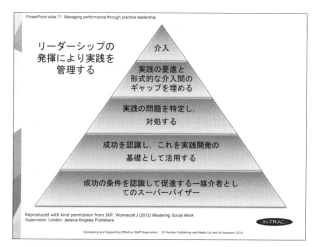

図 62　スライド 71「リーダーシップの発揮により実践を管理する」

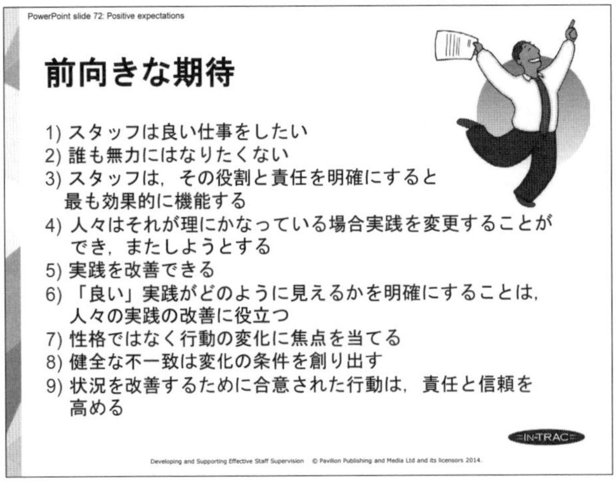
PowerPoint slide 72: Positive expectations
前向きな期待
1) スタッフは良い仕事をしたい
2) 誰も無力にはなりたくない
3) スタッフは，その役割と責任を明確にすると最も効果的に機能する
4) 人々はそれが理にかなっている場合実践を変更することができ，またしようとする
5) 実践を改善できる
6) 「良い」実践がどのように見えるかを明確にすることは，人々の実践の改善に役立つ
7) 性格ではなく行動の変化に焦点を当てる
8) 健全な不一致は変化の条件を創り出す
9) 状況を改善するために合意された行動は，責任と信頼を高める
IN-TRAC
Developing and Supporting Effective Staff Supervision © Pavilion Publishing and Media Ltd and its licensors 2014.

図 63　スライド 72「前向きな期待」

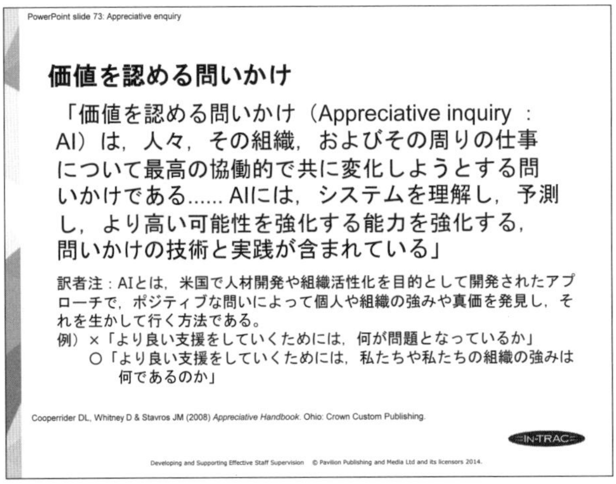
PowerPoint slide 73: Appreciative enquiry
価値を認める問いかけ
「価値を認める問いかけ（Appreciative inquiry ：AI）は，人々，その組織，およびその周りの仕事について最高の協働的で共に変化しようとする問いかけである...... AIには，システムを理解し，予測し，より高い可能性を強化する能力を強化する，問いかけの技術と実践が含まれている」
訳者注：AIとは，米国で人材開発や組織活性化を目的として開発されたアプローチで，ポジティブな問いによって個人や組織の強みや真価を発見し，それを生かして行く方法である。
例）×「より良い支援をしていくためには，何が問題となっているか」
○「より良い支援をしていくためには，私たちや私たちの組織の強みは何であるのか」
Cooperrider DL, Whitney D & Stavros JM (2008) Appreciative Handbook. Ohio: Crown Custom Publishing.
IN-TRAC
Developing and Supporting Effective Staff Supervision © Pavilion Publishing and Media Ltd and its licensors 2014.

図 64　スライド 73「価値を認める問いかけ」

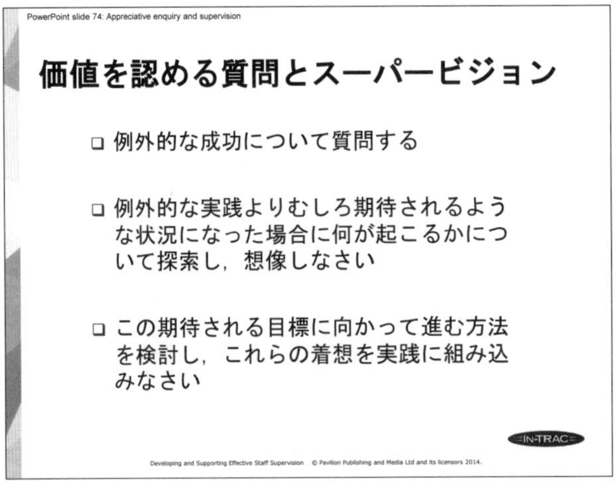
PowerPoint slide 74: Appreciative enquiry and supervision
価値を認める質問とスーパービジョン
❑ 例外的な成功について質問する
❑ 例外的な実践よりむしろ期待されるような状況になった場合に何が起こるかについて探索し，想像しなさい
❑ この期待される目標に向かって進む方法を検討し，これらの着想を実践に組み込みなさい
IN-TRAC
Developing and Supporting Effective Staff Supervision © Pavilion Publishing and Media Ltd and its licensors 2014.

図 65　スライド 74「価値を認める質問とスーパービジョン」

## グループ演習 (20分)

■3人グループになるように指示する。配付資料13「スーパービジョンで良いことに焦点をあてた問いをする」のコピーを渡す。1番目の人は誇りに思う仕事を特定し，2番目の人は配付資料の下部にある質問を活用して，これを探求するのを手伝い，3番目の人はそれを観察する。10分後に活動を停止し，グループにプロセスを振り返るよう指示する。

## フィードバック (15分)

グループを元に戻し，グループが演習から学んだことと，自分たちの職場の文化にAIを根付かせるために何が起こる必要があるかを特定する。

## 効果的なグループへの応答

グループは，AIを適切に活用するために必要なスキルを理解するために，ある程度の励ましが必要になる場合がある。一部のグループは，AIと非難の文化として認識される職場との間の緊張関係を探求したいと思うかもしれない。緊張を認めることは重要であるが，しかし文化の変化に貢献するためにスーパービジョンの会話の力に焦点を当てることにとどまる。

# 実践の問題を特定する：寄与する要因とセット・アップ・トゥ・フェイル・シンドロームの回避

## このセッションの目的は何であるのか？

このセッションでは，実践の問題を特定して対処するという課題に焦点を当てる。スーパーバイザーは，実践の懸念を支える可能性のあるさまざまな要因を検討することを奨励し，それらの要因が何であるかを分析するためのフレームワークを提供する。このセッションの目的は，実践を管理する管理者の自信を高め，スーパーバイジーが失敗するかもしれないことを回避することである。

## 学習成果：15，16 そして 17

15. 個人の学習と発達を阻害する要因への可能性を理解する。
16. スーパービジョンの範囲内で適切に権威を使用し，ワーカーがセット・アップ・トゥ・フェイル（失敗のスパイラル）に陥ることを回避する。
17. 貧弱な実践力で業務を行うための戦略を開発する。

**必要な時間：90分**

## 準　備

　本書の第6章の「実践力を高めるためのスーパービジョン」を読んでおく必要がある。その他の役立つ参考資料として，*Mastering Social Work Supervision*（Wonnacott, 2012）の第5章がある。

　また，研修室内で一緒にトレーニングしているスーパービジョンのペアがあるかどうかも確認する必要がある。このセッション中にスーパービジョンのペアがグループまたはペアで一緒に活動していない場合に最も役立つ可能性が高いため，グループの割り当てには注意が必要である。

## 準備物と配付資料

　■パワーポイントのスライド76 〜 80
　■フリップチャートの用紙とペン

## トレーニング方法

### 実践の紹介（5分）

　パワーポイントのスライド76「実践に影響する要因」（図66）を示し，このセッションを紹介する。そして，職場での実践に寄与するものを探索する。

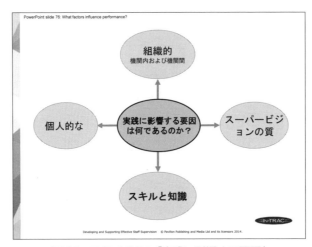

図66　スライド76「実践に影響する要因」

　次のスライドのいくつかもそこで使用されているため，プログラムにAIに関するセッションが含まれている場合，これらのスライドを使用する必要はない。これらのスライドは，適切なスーパービジョンアプローチを提供するために，積極的に，良心的に，実践上の問題が存在する理由を理解することに焦点を当て，実践を改善するためのアプローチの場面を設定する。

**実践上の問題と懸念 (15分)**

　グループに，実践に関する初期の懸念を認識し，それらをフリップチャートの用紙に書き込むように大声で指示する。パワーポイントのスライド76「実践に影響する要因」(図66) およびスライド77「初任者の実践の懸念を最初に分析する」(図67) を表示して，実践の問題の根底にある可能性のある問題の複雑な相互作用について説明する。

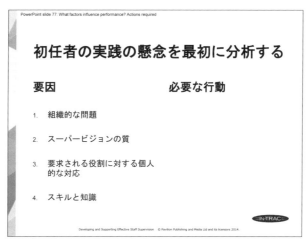

図67　スライド77「初任者の実践の懸念を最初に分析する」

**初任時の実践の問題の分析 (30分)**

■参加者を6人の小グループに分ける。一人に初任時の実践の懸念を特定し，それをグループに説明してもらう。パワーポイントのスライド77「初任者の実践の懸念を最初に分析する」(図67) を表示し，スライドに記載されている方法を使用して，懸念事項を分析するために必要なアクションを検討するようにグループに指示する。彼らが行動を起こさなくても問題ではない。最も重要な側面は，考えられる根本的な要因を明らかにすることである。

**全体的なフィードバック (10分)**

■学習を振り返る。最初に，実践の問題がスキルと知識 (能力) の問題なのか，責務 (専門性) の問題なのかを調べる。パワーポイントのスライド78「動機の連続体」(図68) を使用し，「できない」，「したくない」，「したいと思わない」，つまり「私は馬鹿げたことはできませんし，見たくありません」と言うであろう人々から，スーパーバイジーにとって何を意味するのかを本当に理解する必要性について話し合う。

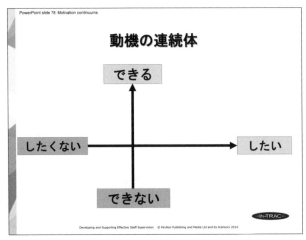

図 68　スライド 78「動機の連続体」

■このような状況が生じる例を挙げて，グループに同じことをするよう促しなさい。人々は「私はテキストデータを送信できません」と言うであろう，つまり，彼らは方法を学びたくない，または「したくない」と言うであろうし，彼らはそうすることを知らず，恥ずかしいと言うであろう。最初に潜在的な能力不足に焦点を当て，プログラムの開発に着手することが重要である。次に，「私はしたくない」との思い込みの過程に気づくことができているように，その人がまだ必要な実践に達成していない場合にだけ，可能な訓練に従って行う。

### セット・アップ・トゥ・フェイルのサイクル（20 分）

■スーパーバイジーが働いている状況やスーパーバイザーが問題の一部であるかどうかなど，すべての要因を理解する必要性について話し合う。これは，人々が失敗するのを防ぐために重要である。Manzoni and Barsoux（1999）の研究に基づいた，セット・アップ・トゥ・フェイル・シンドロームのサイクルについて説明しなさい（パワーポイントのスライド 79「セット・アップ・トゥ・フェイル・シンドローム」（図 69））。

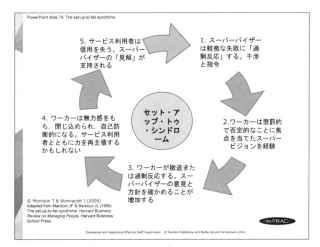

図69　スライド79「セット・アップ・トゥ・フェイル・シンドローム」

■グループにペアを組むよう指示し，スーパーバイザーまたはスーパーバイジーとして，セット・アップ・トゥ・フェイル・シンドロームに巻き込まれた個人的な経験を10分間振り返る。このサイクルを壊すのに何が助けになったかを各ペアに尋ね，フリップチャートの用紙にこれらの提案をまとめる。

### サイクルをブロックする（10分）

■パワーポイントのスライド80「セット・アップ・トゥ・フェイル・シンドローム：サイクルをブロックする」（図70）について話し合う。これは，サイクルをブロックするための研究が重要であるということが明らかとなったことを提示する。これにより，問題の徴候について合意が得られなかった場合の対処方法についての議論が引き起こされることがあり，第三者が議論に加わるプロセスを明確にする際に，スーパービジョン契約の役割に戻る機会が必要である。

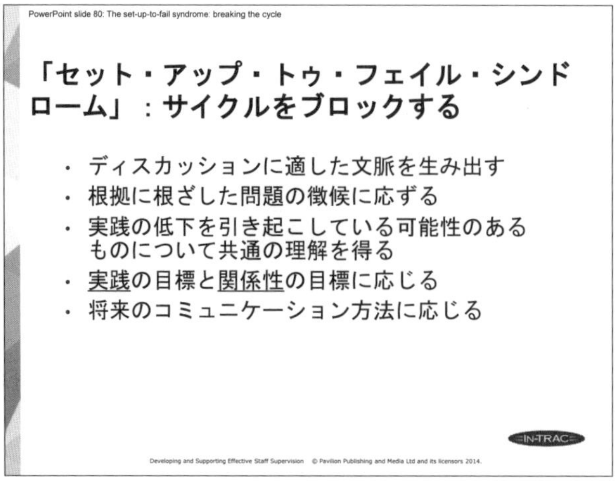

「セット・アップ・トゥ・フェイル・シンド
ローム」：サイクルをブロックする

・ディスカッションに適した文脈を生み出す
・根拠に根ざした問題の徴候に応ずる
・実践の低下を引き起こしている可能性のある
　ものについて共通の理解を得る
・実践の目標と関係性の目標に応じる
・将来のコミュニケーション方法に応じる

IN-TRACE

図70　スライド80「セット・アップ・トゥ・フェイル・シンドローム：サイクルをブロックする」

## 効果的なグループへの応答

　経験豊富なスーパーバイザーのグループと一緒に活動している場合，彼らはこのセッションを活用して，現在苦労している実践の問題を探索したいと思うであろう。1人か2人が議論を支配しないようにすることが重要であり，一般的な構造化された演習は，問題をマッピングするための構造化されたフレームワークとして歓迎される。このセッションは，スーパーバイザーが受けているスーパービジョンの質と，これが実践の懸念に取り組む挑戦を探索するための十分な余裕を確保する。

# ブロックされたサイクル

## このセッションの目的は何であるのか？

　このセッションでは，スーパービジョンサイクルのすべての側面に働きかけることが難しいとスタッフが時々感じるかもしれない。また，スーパーバイジーがいずれかのステップで躓いた時に，何が起こったかを説明するモデルに焦点を当てている。このセッションの目的は，スーパーバイザーが職場での実践を改善するための最も効果的な戦略を開発するための基盤として，躓きの原因と結果を理解するのを助けることである。

## 学習成果：16

16. スーパービジョンの範囲内で適切に権威を使用し，ワーカーがセット・アップ・トゥ・フェイル（失敗のスパイラル）に陥ることを回避する。

**必要な時間：60分**

## 準　備

　本書の第 6 章の「実践力を高めるためのスーパービジョン」を読んでおく必要がある。また，Morrison T（2005）*Staff Supervision in Social Care*（*3rd edition*）. Brighton: Pavilion. の第 6 章も参考になる。

## 準備物と配付資料

　■フリップチャートの用紙と 4 色のカラーペン

　■パワーポイントのスライド 21 と 81 〜 82

## 立往生のトレーニング方法（10 分）

　パワーポイントのスライド 21 「スーパービジョンサイクル（1）」（図 21）（トレーニングパックの p.163 参照）を使用して，参加者にスーパービジョンサイクルを思い出させる。彼らは今，ワーカーがサイクルの一部で立ち往生し，躓いたときに何が起こるかを探ろうとしていることを説明する。この時点で，パワーポイントのスライド 81 「スーパービジョンサイクルの障害（1）」（図 71）とスライド 82 「スーパービジョンサイクルの障害（2）」（図 72）を見せて，サイクルの各部分で立ち往生する見解を説明する。経験に躓くのは，トラウマとバーンアウトの 2 種類があることを忘れずに説明しなさい。軽度 / 局所から重度 / 広汎までの連続体で，躓いたり傷ついたりすることを強調する。役に立たない癖や悪い習慣を早期に発見することが重要である。

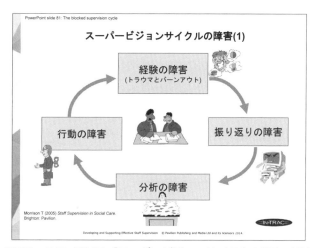

図 71　スライド 81 「スーパービジョンサイクルの障害（1）」

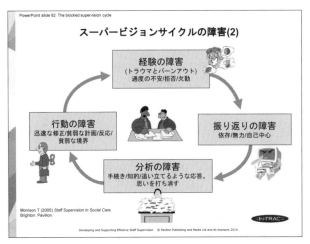

図72　スライド 82「スーパービジョンサイクルの障害（2）」

## ブロックされたサイクルを調べる（40分）

■ ブロックされたサイクルの概要をフリップチャートの用紙に記述し，4つの主な枠組みに配置する。

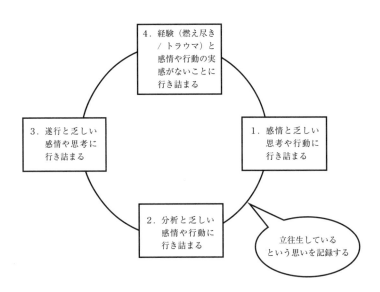

■ ステージごとに異なる色のペンを使用する。「感情に行き詰まる」から始める。

■ ワーカーが，スーパービジョン，利用者，チームミーティング，または他の機関との中で，どのように「感情に行き詰まる」かについての考えをグループに求める。

■ ケースを観察し，関与し，分析し，計画し，計画するワーカーの能力にどのような影響があるかを調べる。スーパービジョンサイクルを即座に参照できる。

■ また，ワーカーの自己認識，権威と権限の取り扱い，介入スタイルと意思決定の観点か

ら「行き詰まる」プロセスが意味するものを探る。

■ 行き詰まるプロセスの機能が自己保護メカニズムとしてどのようなものになるかを調べることが重要である。すべての行動がランダムではなく機能的で意図的であることを理解することは，スーパーバイザーがこれらの状況を「パーソナリティ問題」として説明するのを防ぐのに役立つ。むしろ，「行き詰まる」プロセスは，主に意味，価値，および文脈に関係している。行動の機能を理解することは，それを変えるかもしれない戦略への手がかりも提供する。

■ 10分後に止め，時計回りに次のエリアに移動し，残りの3つのブロックに対して同じプロセスを繰り返す。かなり厄介なフリップチャートの作成になるだろう。

### ブロックされたサイクルに関するフィードバック（10分）

■ プロセスの最後に，「ぴんときたこと」についてペアで5分間会話するようにグループに求める。開かれたグループではこれらの対応をしてはいけない。コースの次のパートでスーパーバイジーを前進させるための戦略に取り組むことをグループに伝えることにより，このセッションを終了する。

### 効果的なグループへの応答

ブロックされたサイクルは，最も困難なスタッフ管理の問題と，より広範なチームプロセスに焦点を当てている。少し圧倒されていると感じているかもしれない人に注意する必要がある。

したがって，戦略を検討し続けることで，グループに安心させることが重要である。検討中に守秘性を強調することも重要である。挫折感をもったスーパーバイザーは，ワーカーについての「話」を共有することから始めることができる。私たち全員が時々動けなくなることを強調し，「躓きから立ち直る」ための助けが必要である。これは，彼ら自身のスーパービジョンとサポートシステムが重要である。

最後に，この資料は，機関の実践の管理のフレームワークの健全性の問題を提起する可能性がある。機関が明確なポリシー，基準，トレーニングなどを提供していない場合，スタッフは躓きに対してはるかに脆弱である。

# ブロックされたサイクルでの業務：実践を改善するための戦略

## このセッションの目的は何であるのか？

　このセッションは，ブロックされたサイクルの探索に続き，参加者にサイクルのさまざまな段階で時々立ち往生する可能性のあるスーパーバイジーと協力する方法についてのアイデアを提供する必要がある。セッションの終わりまでに，彼らはブロックされたサイクルについての理解を深め，また躓きを特定したかもしれないスーパーバイジーと積極的に仕事をする自信を得たはずである。

## 学習成果：15, 16そして17

15. 個人の学習と発達を阻害する要因への可能性を理解する。

16. スーパービジョンの範囲内で適切に権威を使用し，ワーカーがセット・アップ・トゥ・フェイル（失敗のスパイラル）に陥ることを回避する。

17. 貧弱な実践力で業務を行うための戦略を開発する。

**必要な時間：90分**

## 準　備

　*Staff Supervision in Social Care*（Morrison, 2005）の第6章に精通する必要がある。グループがブロックされたサイクルを理解するためのセッションを完了するトレーニングプログラムを考案しておく必要がある。

## 準備物と配付資料

　パワーポイントのスライド38, 79, 83, 84

## トレーニング方法

### まとめ（5分）

■ブロックされたサイクルの機能についてグループに思い出させる。また，権威の種類（スライド38「3つのタイプの権威」（図29））とセット・アップ・トゥ・シンドローム（スライド79「セット・アップ・トゥ・フェイル・シンドローム」（図69））についてのパワーポイントのスライドを参照し，スーパーバイジーと協力する際に，実践に関連する問題について留意する必要性について話し合う。スーパーバイザーは，自分の権威がどのように認識されているかを熟考し，彼らが反応する方法を通して，スーパーバイザー自身が問題の一部にならないようにする必要性がある。

### 2人組でのロールプレイ（15分）

■参加者を4つのグループに分割し，各グループにサイクルの1ステップを割り当てて検討する：

- ■ ワーカーが感情にとらわれている状況
- ■ ワーカーが思考で立ち往生している状況
- ■ ワーカーが行動に立ち往生している状況
- ■ ワーカーが経験で立ち往生している状況（トラウマまたは燃え尽き）

■各グループに15分間を与え，2部構成のロールプレイを考案して提示する。ロールプレイは合計で3分間続く。

### パート1

■パート1では，ブロックされたサイクルのセッションから生成されたアイデアの一部を活用して，スーパービジョンで「立ち往生」しているワーカーの短い一場面を提示する必要がある。たとえば，最近の訪問がどれほど「ひどい」かを説明する感情にこだわったワーカーが，自分の感情にとらわれていて，確実な情報をほとんど提供していない状況に出会うかもしれない。ワーカーの実践のごく一部しか見てはいないが，これはワーカーたちがもっているパターンである。

### パート2

■パート2では，スーパーバイザーが「感情にとらわれている」ワーカーをスーパービジョンサイクルの別の部分に移動するために活用している戦略の最初の2分間を提示する必要がある。私たちは「魔法の」解決方法を探しているのではなく，思慮深く提供されている目的のある戦略を示すことを目指している。極端な／やりすぎな場面を提示しないようにグループに指示しなさい。これらは楽しいものではあるが，学習価値は非常に限られている。ワーカーたちが実践しているように，参加者が作成しようとしている一場面の例が，行き詰まるプロセスを正確に描いていること，行き詰まった領域を他の領域と混同していないことを確認しなさい。参加者には，たった一つの可能な戦略の初期段階を示すように求められているが，一場面をスーパービジョンサイクルの観点から説明できることを強調しなさい。スーパーバイザーはワーカーを「治療的な対応をする」必要はない。

### ロールプレイを提示する（60分）

■各グループに3分間のロールプレイを提示するよう指示する。パワーポイントのスライド83「障害があるサイクルで働く：実践を改善するための戦略」（図73）を表示する。ロールプレイを見た後，スライドの質問を参加者に尋ねる。

- 行き詰まった状況の性質と影響は何ですか。
- スーパーバイザーはどのような戦略を用いているのか。
- 彼らに権威を用いることについて気づいたことは何であるのか。
- 他にどのような戦略を用いるのか。
- スーパーバイザーは，セット・アップ・トゥ・フェイル・シンドロームを回避しているか。スーパーバイザーは，問題の一部になっていないか。

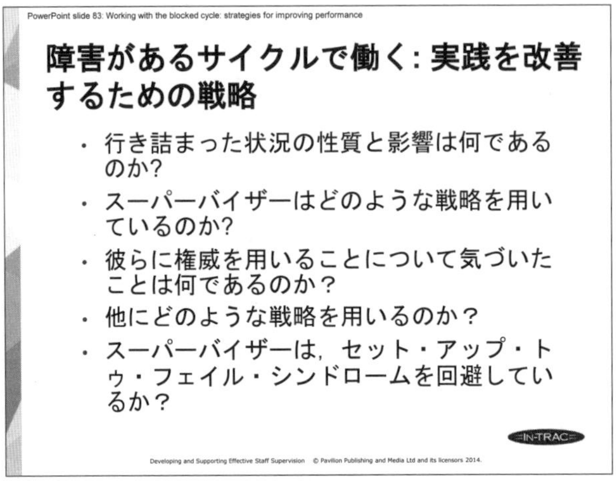

PowerPoint slide 83: Working with the blocked cycle: strategies for improving performance

## 障害があるサイクルで働く：実践を改善するための戦略

- 行き詰まった状況の性質と影響は何であるのか？
- スーパーバイザーはどのような戦略を用いているのか？
- 彼らに権威を用いることについて気づいたことは何であるのか？
- 他にどのような戦略を用いるのか？
- スーパーバイザーは，セット・アップ・トゥ・フェイル・シンドロームを回避しているか？

IN-TRAC

Developing and Supporting Effective Staff Supervision © Pavilion Publishing and Media Ltd and its licensors 2014.

図73　スライド83「障害があるサイクルで働く：実践を改善するための戦略」

■ロールプレイとディスカッションのために，グループごとに合計15分を与える必要がある。討論中，参加者は，これらの戦略を自分のスーパーバイジーと一緒に活用することでどれだけ快適に感じるかを考えるよう励まされるべきである。

## 振り返り（10分）

■グループが演習から学んだことに関する一般的な考察を導く。スーパーバイザー自身が躓いた実践を改善していくために必要なものを提示してセッションを終了し，パワーポイントのスライド84「実践の障害をマネジメントする：スーパーバイザーには何が必要か？」（図74）を示す。グループに，自身のスーパービジョン実践の内容に対して，どの程度サポートできるかについて，自身のスーパーバイザーとともに振り返るように勧める。

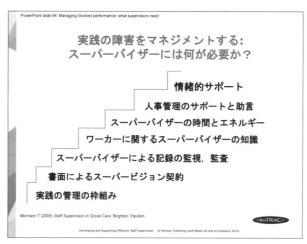

図74　スライド84「実践の障害をマネジメントする：スーパーバイザーには何が必要か？」

### 効果的なグループへの応答

　グループがロールプレイを行うのに十分な凝集性／安全性を保っていることが重要である。これについて深刻な疑いがある場合は，各研修で使用する約束事を記述したポスターを確認するようにグループに指示することができる。これらが十分に配慮されていない学習は，スーパーバイザーのスキルとスーパービジョン間のダイナミクスの探求に十分に貢献しないと同時に，豊かな学びとはならない。

# コースの中間の課題

### このセッションの目的は何であるのか？

　トレーニングの開催が分割される場合，即ち，コースの1日目と2日目，3日目と4日目の間に期間が空く場合，コースの中間の課題を提示することは，参加者が職場でトレーニングでの学びを試し，さらにトレーニングでのグループ学習内で，それぞれの学びの内容を分かち合う機会を与えるのに非常に役立つ。

### 学習成果：5，7，8，9（選択した課題に応じて）そして17

5. スーパービジョンプロセスが，スーパーバイジーが抱える不安に対して積極的に機能する方法を理解する。

6. スーパーバイジーの過去のスーパービジョン経験など，スーパービジョン上の関係に影響を与える可能性のある要因を考慮する。

7. スーパービジョン関係を発展させ，さらにその関係性について再吟味することの重要性と，スーパービジョン下での反抑圧的な実践を促進する契約を確認する意義を理解する。

8. 資格を取得したばかりの実践家から経験豊富な実践家まで，専門能力開発の段階ごとのスーパービジョンの役割を検討する。

9. スーパービジョンによる良好な結果を促進するうえで，情緒的で知的なスーパービジョンスタイルと信ずべきスーパービジョンスタイルの重要性を理解する。

17. 貧弱な実践力で業務を行うための戦略を開発する。


**必要な時間：15分（設定）と45分（フィードバック）**


## 準　備

課題に精通している必要があり，機会があれば自分で試してみると役立つ。


このコースの中間の課題を参加者がクリアするためには，参加者がトレーニングを実施する組織／委託先に，課題を完了するためのサポートを求めることができるようにしておくことが必要である。また，参加者リストを確認し，コースの中間において，参加者がスーパービジョンの役割に就いていない場合にも，課題を完了できる方法について確認しておくことが必要である。時には，参加者の所属する組織が，参加者自身が課題を達成する方法について同意されていることが必要である。


コースの焦点と期間に応じて，設定する課題を決定し，各参加者に十分な配付資料のコピーがあることを確認する必要がある。


## 材料と資料
■パワーポイントのスライド85
■配付資料14（a〜e）：コースの中間点での課題（一人1部ずつ）
■配付資料15：コースの中間点での課題の振り返りシート（一人1部ずつ）


## トレーニング方法
### 課題を設定する
### 課題の紹介（5分）
■コースの前半の終了時に，配付資料14（a〜e）「コースの中間点での課題」から課題を割り当てる。選択した課題を説明する。参加者の質問に答えるとともに，参加者がコースの中間の課題に取り組む際の障害を探索する。このコースの中間の課題は，能力テストではなく，スーパービジョン実践の学習を深めるチャンスであることを強調する。コースの後半の開始時に，コースの中間課題で学んだことを探索するセッションがあることを説明す

る。グループ全体がコースの中間課題およびコースの後半で実施されるセッションに参加することの重要性を強調する。

## ペアでディスカッション (10分)

■ 各人に「課題に取り組む仲間」とペアを組んでもらい，10分間かけて課題の実行計画 (アクションプラン) を話し合う。ペアは，それぞれの様子を確認し，励まし合うために，課題への取り組みの違いを確認しながら，お互いに連絡を取り合って打ち合わせをし，課題に取り組まなければならない。

## コースの中間課題からのフィードバック
## 課題についてのフィードバック (10分)

■ トレーニングの第2部 (後半) の開始時に，グループを回って，第1部 (前半) 以降の活動から，自身の実践の変化をグループ内で共有するように各人に指示するとともに，中間コースの課題を完了したかどうかを確認する。課題の完了についての詳細な報告は必要がないことを強調する。課題の完了については，「はい」または「いいえ」だけで良い。これは，次の演習のペアを形成する最適な方法を見つけるのに役立つ。

## スーパービジョンサイクルを活用して課題を振り返る (20分)

■ 参加者にペアになってもらう。そのうち少なくとも一人が課題を完成していなければならない。配付資料15「コースの中間点での課題の振り返りシート」のコピーを配る。パワーポイントのスライド85「スーパービジョンサイクル：コース中間点で課題を振り返る」(図75) を表示する。スーパービジョンサイクルを活用して10分かけて他の人が課題を完了した経験，または課題が完了できなかった理由を振り返り，そして実践の学習から何の意味を得るかについて尋ねる。提供された配付資料に自分の考えを書くことができる。この演習には，課題を振り返ること，そして課題への取り組みを，スーパービジョンサイクルを活用して振り返るという二重の成果がある。

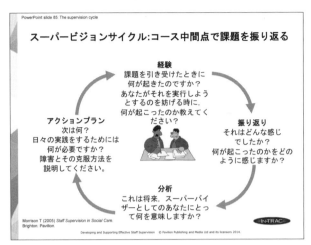

図75　スライド85「スーパービジョンサイクル：コース中間点で課題を振り返る」

## 一般的なフィードバック（15分）

　コースの中間課題および振り返りからの学びの内容と，学びの内容を最大限に活用するために必要な行動について，一般的な（個人的ではない）フィードバックをグループから受け取る。

## 効果的なグループへの応答

　一般的に，参加者は学習を実践に移すことに熱心である。しかし，時には抵抗がある。この抵抗に気づき，課題が実行される可能性を最大化するために，この抵抗が何であるかを調べることが重要である。

　トレーニングを実施するうえで大きな障害が生じている場合，組織にフィードバックする際の役割をグループと交渉する必要がある。

### 引用文献

Brandon, M., Belderson, P., Warren, C., Howe, D., Gardner, R., Dodsworth, J. & Black, J. (2008) *Analysing Child Deaths and Serious Injury Through Abuse and Neglec*t: *What can we learn? A Biennial Analysis of Serious Case Reviews* (2003-2005).

*Research Report DCSF-RB023. Nottingham: DCSF.*

Carpenter, J., Webb, C., Bostock, L. & Coomber, C. (2012) Effective Supervision in Social Work and Social Care. *SCIE Research Briefing 43. London:* SCIE.

Cooperrider, D.L., Whitney, D. & Stavros, J.M. (2008) *Appreciative Handbooh.* Ohio: Crown Custom Publishing.

Goleman, D. (1998) *Working with Emotional Intelligence.* London: Bloomsbury.

Grint, K. (2005) Problems, problems, problems: the social construction of leadership. *Human Relations November* 58 (11) 1467-1494.

Hay, J. (1995) *Transformational Mentoring: Creating developmental alliances for changing organizational cultures*. New York: McGraw-Hill.

Horwath, J. & Morrison, T. (1998) *Effective Staff Training in Social Care*. London: Routledge.

Kolb, D. (1988) *Experience as the Source of Learning and Development*. London: Prentice Hall.

Manzoni, J.F. & Barsoux, J.L. (1999) 'The set-up-to-fail syndrome'. *Harvard Business Review on Managing People*. Harvard Business School Press.

McCracken, G. (1988) *The Long Interview*. Beverley Hills: Sage.

McKeown, K. (2000) *What works in Family Support with Vulnerable Families*. Dublin: Dept of Health and Children.

Morrison, T. (1998) *Casework Consultation: A practical guide for consultation to work with sex offenders and other high risk clients*. London: Whiting and Birch.

Morrison, T. (2005) *Staff Supervision in Social Care* (*3rd edition*). Brighton: Pavilion.

Morrison, T. (2007) Emotional intelligence, emotion and social work: context, characteristics, complications and contribution. *British Journal of Social Work* 37 (2) 245-263.

Morrison, T. & Wonnacott, J. (2009) Previously unpublished training materials created by Tony Monison and Jane Wonnacott.

Munro, E. (2008) *Effective Child Protection* (*2nd edition*). London: Sage.

Reder, P. & Duncan, S. (2003) Understanding communication in child protection networks. *Child Abuse Review* 12 82-100.

Wonnacott, J. (2004) *The Impact of Supervision on Child Protection Practice: A study of process and outcome* (MPhil Research). Sussex: University of Brighton.

Wonnacott, J. (2012) *Mastering Social Work Supervision*. London: Jessica Kingsley Publishers.

**配付資料１：学びの原則**

　トレーニングは，誰もが安全に学習できる環境で行われなければなりません。安全な学習環境には，グループ全体が学びのプロセスを支える原則について共有しておく必要があります。このコース全体で守るべき学びの原則には以下の７点があります。

1. 学習するうえで重要なことは，お互いの考えや問題を議論し，挑戦することです。また，これらの議論は敬意に基づいてなされるべきです。個々人がもつ異なった観点や課題について焦点を当てるのではなく，問題に焦点を当てるべきです。

2. グループ内の誰かが，他の人の言語や行動に腹を立てていると感じた場合，１で示したように，これは挑戦です。もしグループ内のある人がグループ内の他の人の行動によって不利な状況となり，グループメンバーが直接に対処できない場合，ファシリテーターは，このような状況に注意を払う必要があります。

3. グループ内では，さまざまな経験をする可能性があります。なじみのない専門用語が使用され，不明な点や疑問がある場合には，誰もが質問できると感じる必要性があります。

4. すべてのケーススタディの資料は，グループおよびすべての書面に対して守秘性を保持する必要があります。資料はファシリテーターに返却しなければなりません。

5. このトレーニングのプロセスで行われるすべての議論は，グループ全体が，グループの守秘性に関わる情報は，厳重に管理され，保管されなければならないことについて同意しなければなりません。しかし唯一の例外として，子どもまたは脆弱な高齢者への危害のリスクがないこと，適切な対処がなされていることが明らかになっている場合は例外とします。但しこの場合は，ファシリテーターは，この情報の適切な共有という点について責任を負います。

6. ファシリテーターは，コースの教材，またトレーニングプログラムが時間どおりに終了することを保証しなければなりません。

7. コースのプロセスに関する懸念を抱いた場合，迅速にファシリテーターに懸念を提起することが，役に立ちます。トレーニングに関する苦情は，本研修開催者に直接訴えることもできます。

　そして最後に，トレーニングは職場の同僚をよりよく知り，新しい人と出会い，そして日々の職場で感じるプレッシャーから解放された楽しい時間でなければなりません。

　楽しいトレーニングを！

## 配付資料 2：学習記録と行動計画 (アクションプラン)

　この学習記録は，各コースの終わりに学習内容を記録し，日常生活における仕事に戻る前に実行したい行動 (アクションプラン) を記録するのに役立ちます。この配付資料 2 は，スーパービジョンのもとで，または継続的な専門能力開発の記録の一部として活用できます。

| コースのタイトル |
| --- |
| このコースに参加したご自身の個人的な学習目標：<br>1.<br><br><br>2.<br><br><br>3. |
| ご自身がこのコースで最も学びたいこと：<br>1.<br><br><br>2.<br><br><br>3. |
| このコースで特に挑戦したいご自身の状況について： |
| さらに探索したい分野について： |
| トレーニングから，自身の行動を変化させ，そしてご利用者にプラスの効果をもたらすであろうことを 1 つ挙げなさい： |
| ご自身の業務において他に改善したい点について：<br>1.<br><br>2.<br><br>3.<br><br>何時までに？ |

ご自身の実践の改善ができたと，ご自身や他の人は何でわかりますか。

1.

2.

3.

ご自身の実践が改善するために，誰が / 何が役立ちますか。

名前：

日付：

## 配付資料 3：ケーススタディ〜ピーター

　ピーターは伝統的なアフリカ系黒人居住地域のワーカーであり，南アフリカで看護師として訓練を受けました。 彼のスーパーバイザーは白人です。

　ピーターは，半年前に学習障害がある大人と働く，小さな住宅ユニットのスタッフとして加わりました。 彼は数年間，1対1のスーパービジョンが行われていない病院の環境で働いていた経験があります。その結果，彼は自分のスキルが「停滞」したと感じています。

　ピーターが働いていた病院のチームの文化は，スタッフが彼らの専門性向上のためのニーズについて議論することが許されておらず，また非難されることを恐れているために，仕事上の誤りや不確実性が公に議論されない文化でした。彼のスーパーバイザーとして，あなたは，そろそろピーターがスーパービジョンのセッションが必要になりつつあるように思っています。スーパーバイザーはピーターに，特に議論したい問題があるかどうか尋ねた時，ピーターは常にすべての問いに対して「大丈夫」と答えます。

## 配付資料４：４つの機能のチェックリスト

### 管理機能のタスク

| | スーパーバイザー | その他（特定） |
|---|---|---|
| ワーカーは自身の役割と責任について理解している。 | | |
| 所属組織の理念と業務の手順を理解し，適切な行動／適切なフォローがなされる。 | | |
| ワーカーは，個人，機関，法的権限の限界と活用について明確である。 | | |
| スーパービジョンの目的が明確である。 | | |
| 必要な専門的基準に関連して，実践の全体的な質が評価される。 | | |
| 業務は，組織および法的要件に従って定期的に見直される。 | | |
| 行動計画（アクションプラン）は，政府機関の機能と法的責任の文脈内で策定および実行される。 | | |
| 法的および専門家の判断の根拠は，あなた自身とワーカーにとって明確であり，組織の記録で明示されている。 | | |
| 組織の理念に従って記録が維持される。 | | |
| スーパーバイザーが相談されることを期待している時期をワーカーが知っている。 | | |
| ワーカーは適切な仕事量が与えられている。 | | |
| ワーカーの期待のマネジメントが明確である。 | | |
| ワーカーは，所属機関の機能を理解し，所属機関との協力関係におけるワーカーの役割と責任についても理解している。 | | |

### 開発機能のタスク

| | スーパーバイザー | その他（特定） |
|---|---|---|
| ワーカーの専門的な能力，スキル，知識，理解を深める。 | | |
| 人種，性別などに関連するワーカーの価値観と，それらの価値の彼らの仕事への影響を理解する。 | | |
| ワーカーが好む学習スタイルと学習の妨げを理解する。 | | |
| ワーカーの学習と開発のニーズの評価と，それらの達成方法 | | |
| 職業上の目標を設定するワーカーの能力を促進する。そして専門性の促進に携わる。 | | |
| ワーカーの仕事や，利用者，同僚，所属機関との相互作用について振り返る能力を促進する。 | | |
| ワーカーの実践の多様な側面に関する定期的かつ建設的なフィードバックを行う。 | | |
| ワーカーの自己評価能力と，重要な経験または困難から建設的に学ぶことに同意する。 | | |
| ワーカーがスーパーバイザーに建設的なフィードバックを提示し，ワーカーとスーパーバイザーの両者がお互いから学ぶことができる関係である。 | | |

## サポート機能のタスク

| | スーパーバイザー | その他（特定） |
|---|---|---|
| 彼女／彼であるワーカーの実践と一人の人としての彼女／彼に与える影響を見守り，ワーカーにとって安全な風土を創りだす。 | | |
| サポート，カウンセリング，コンサルティングの境界を明確にする。 | | |
| ワーカーに報告を求め，感情について話す機会を与える。 | | |
| ワーカーが自身の仕事に対する感情的な阻害要因を探索するのを支援する。 | | |
| 身体的，心理的またはあらゆる差別的であろうとなかろうと，利用者または同僚からのあらゆる形態の誹謗の対象となるワーカーを支援する。 | | |
| 特にストレスの影響に関して，ワーカーの全体的な健康と情緒的を観察する。 | | |
| ワーカーに外部カウンセリングを受けるようアドバイスする時期と，実践の観察との関係を明確にする。 | | |

## 仲介機能のタスク

| | スーパーバイザー | その他（特定） |
|---|---|---|
| 資源と推論の不足に関する簡潔で高度なマネジメントを行う。 | | |
| 最も効率的な方法で資源を割り当てる。 | | |
| 上級の管理者にスタッフのニーズを伝える。 | | |
| チームの役割と責任を交渉して明確にする。 | | |
| 理念の策定について開始，明確化，または貢献する。 | | |
| 組織の改善や情報についてスタッフに相談し，簡単に説明する。 | | |
| ワーカーまたはチーム，および機関内の他部署との間，もしくは外部機関に対して支援する。 | | |
| ワーカーの職場や同僚間の問題を解決するのを助ける。 | | |
| 他の機関と協力して働くスタッフの代表または付き添ったりする。 | | |
| 意思決定にスタッフを関与させる。 | | |
| 慎重に，しかし明確に，スタッフに関する苦情に対処する。 | | |
| 苦情への対応をとおして，必要に応じてスタッフを支援し，指導する。 | | |

## 配付資料5：スーパービジョン歴ディスカッションテンプレート

| 以前の<br>スーパーバイザー | 何が役に<br>立ちましたか？ | 何が邪魔<br>しましたか？ | 当時の対応 | 今私に影響を<br>与えていること |
|---|---|---|---|---|
|  |  |  |  |  |
|  |  |  |  |  |
|  |  |  |  |  |
|  |  |  |  |  |
|  |  |  |  |  |
|  |  |  |  |  |
|  |  |  |  |  |

### 配付資料６：スーパービジョンサイクルを活用する

　この演習の目的は，実際の業務上の問題に関連して，スーパービジョンサイクルの４つの部分について，開かれた質問を活用して練習することです。

　グループには，共有したい問題があると既に言っている人（スーパーバイジー）がいるか，またはグループでの活動で，スーパービジョンに関する実際の問題を持ちだそうとする人を特定する必要があります。これは，彼らが取り組んでいるプロジェクト，ワーカーの実践，または事例に基づいた問題に関するものです。スーパーバイジーに，問題の簡単な概要（５分）を提供するよう指示する必要があります。

　スーパーバイジーが問題について簡単に説明し終えたら，あなたの仕事は，スーパーバイジーとグループと協力して，スーパービジョンサイクルの各部分から少なくとも５つの質問を生成することです。すべての質問は開かれた質問でなければなりません。あなたの仕事は，スーパーバイジーの問題を解決することではなく，スーパーバイジーが問題を通して考えられるようにするための効果的な質問の作成を練習することです。20個の質問の作成には，20分かかります。

　20個の質問：スーパーバイジー以外の誰かを選んで，それぞれの質問の下にあるフリップチャートの用紙に質問を記録します。

| さまざまな段階に焦点を当てた質問<br>1.<br>2. | 関係性の段階に焦点を当てた質問<br>1.<br>2. |
| --- | --- |
| 分析の段階に焦点を当てた質問<br>1.<br>2. | アクションプランの段階に焦点を当てた質問<br>1.<br>2. |

　問題解決はさまざまな段階を行き来することが多いため，サイクルの順序に従う必要はありません。

　スーパーバイジーはワーカーではなく，あなたのグループメンバーであり，問題をとおして考えるためにグループメンバーに質問が提供されます。あなたは，スーパーバイジーのために質問を作成するのではなく，他のグループメンバーに質問をするためにです。スーパーバイジーは議論にしっかりと参加する必要があり，スーパーバイジー自身で質問したいことを考えることもできます。

　質問が作成されると，スーパーバイジーは，問題を考え抜くために特に役立つと考えられる質問を見分けていく必要があります。

　問題解決の観点から，このアプローチの利点について話し合ってください。たとえば，スーパーバイジーが単に問題を共有し，30分間の非構造的な議論が続いた場合，スーパービジョンサイクルのどの部分に対応したのか，または対応できなかったのか。

## 配付資料７：スーパービジョンサイクル～質問例～

### 経験に焦点を当てる

　ここでは，スーパーバイジーと協力して，現在の仕事で何が起こっているのかを理解することに重点を置いています。これがサービス利用者との作業に直接関係する場合，これはサービス利用者の視点が議論に取り入れられることを確認する機会です。出来事の正確かつ詳細な記憶を思い出すことを促進することが重要です。なぜなら，出来事の部分的な説明は，スーパービジョンサイクルの他の部分を弱めてしまいます。適切な質問がなされることにより，私たちは思った以上のことを思い出すことができます。


- ■今日の調子はどうですか。これまでの調子はどうですか。
- ■この実践の目的を教えてください。
- ■あなたの役割は何でしたか。
- ■何が起こると思っていましたか。
- ■何が起こりましたか。
- ■何を言い，何をしましたか。
- ■どのような方法または介入を試みましたか。
- ■サービス利用者／同僚など，関係者の反応を説明してください。
- ■あなたが言ったこと／行ったことに対してどのような反応で気付きましたか。
- ■驚いたことや困ったことは何ですか。
- ■この実践中の重要な瞬間は何でしたか。
- ■どのような言葉，非言語的コミュニケーション，匂い，音，印象があなたを驚かせましたか。
- ■あなたは，自分自身／利用者／同僚について，何に気がつきましたか。
- ■気づかなかったのは何でしたか。観察するのが難しかったのは何でしたか。
- ■他の人（組織／同僚）の意見はどのようなものですか。
- ■計画どおりに行ったことは何ですか。
- ■何が上手くいきましたか。
- ■何が起きなかったですか。
- ■どのような変更または選択を行いましたか。
- ■サービス利用者とのこの実践／セッションを完了した直後に，あなたは何を言い，何に気づき，または何をしましたか。


　これらの質問は，ビデオまたはオーディオの記録，観察，ライブ観察，学習記録，インシデント記録，プロセスレコードなど，他の方法を活用することで強化できます。

**分析に焦点を当てる**

　これは，スーパーバイジーが現在の状況の意味を検討し，同様の状況に関する知識を活用してスーパーバイジー自身の思考を知ってもらうことを支援することです。この時点で，代替となる解釈を探索することができ，さらにサービス利用者のニーズが議論されている場合，これは研究と実践の知識の関連性を検討する機会となります。これは，スーパーバイジーの学習と開発のニーズを特定するのに役立つだけでなく，併せてスーパーバイジーの現在の状況を評価することにもなります。

- ■あなたが提示した業務の一場面から，3つの推論を提示してください。
- ■その一場面に関与した他の人の推論は何だったのでしょうか。
- ■セッションで，何が起こったのかについて，どのように説明し，また理解していますか。
- ■サービス利用者／同僚が女性／黒人／障害がある人などの場合，実践のプロセスはどのように異なりましたか。
- ■この場面とともに，あなたの最近の実践は，あなたの実践の全体的な目的にどのように適合していますか，または適合していませんか。
- ■どのような目的が達成されなかったか，またどのような成果が達成されなかったか。
- ■うまくいったこと，いかなかったこと，その理由は何ですか。
- ■利用者との作業／セッションの一場面で，別の，あるいは予想外に生じた結果は何だったのですか。
- ■何が起こっているかについて，他の方法で説明することができますか。
- ■この実践の一場面間のパワーの関係の質はどのようなものでしたか。
- ■パワーの関係は時間とともに変化しましたか。これは性別，人種，セクシュアリティなどから想定されるパワーとの関連についてあなたに何を教えてくれるでしょうか。
- ■あなたの最近の実践で，あなたの今までの理解や仮説で，どこまで確立させ，または挑戦しましたか。
- ■あなたの介入により，どのような新しい情報を得ることができましたか。
- ■この状況を理解するのに役立つ理論，トレーニング，研究，理念は何ですか。
- ■この状況を理解するのに役立つ価値は何ですか。
- ■どのような異なる実践をしたのでしょうか。
- ■この状況における現在のニーズ，リスク，強みは何ですか。
- ■わからないことは何ですか。
- ■これまでのところ，この実践からどのような結論を引き出していますか。
- ■この状況での自身の役割をどのように定義できますか。
- ■他の主要機関／同僚はあなたの役割をどのように定義しますか。

■サービス利用者はあなたの役割をどのように定義しますか。

■あなたの所属機関はあなたの役割について，どのような期待をもっていますか。

分析を支援する他の方法としては，記事，参考文献，ケースプレゼンテーション，外部講師の講義の共有が含まれ，付け加えて，グループスーパービジョン，アクションラーニングセットなどのチームのトレーニングへの参加が含まれます。

**行動計画（アクションプラン）に焦点を当てる**

ここでの焦点は，分析を計画，準備，アクションに変換することです。これには，結果と成功基準の特定，潜在的で，複雑で，緊急対応へ考慮した計画の検討が含まれます。行動は自動的に，新たな計画を実行する経験に，再び取り組む必要性をもたらします。

■私たちが共に行った振り返りと分析に照らし合わせて，問題はどこにあるのか，次に何をする必要があるのかについて，全体の要約は何ですか。

■あなたは何者であるか特定できますか。また，この実践を前進させないの何であるのか特定できますか。

■どのようなトレーニング，スーパービジョン，協働作業，およびサポートがあなたのニーズために提起されましたか。

■実践を続ける前に，どのような情報を取得する必要がありますか。

■次の実践の目的は何ですか。

■緊急で不可欠なものは何ですか。

■何が望ましいでしょうか。

■この状況で，交渉可能なことは何なのか，交渉不可能なことは何なのか。

■あなた自身／サービス利用者／同僚／他の主要な機関の観点から，次の実践の局面での成功の結果は何だったのですか。

■次のステップでの戦略は何でしょうか。

■他者からの起こりうる最善または最悪の反応は何ですか。

■他に誰が関与する必要がありますか。

■それらから何が欲しいですか。

■他の人はどのように関与できますか。彼らはあなたに何を求めていますか。

■どのような緊急時の対応の計画が必要ですか。記録の一番下の行は何と書いていますか。

■これに着手しようと思う準備はどの程度ありますか。

■どこに自信がありますか。

■どのような準備ができますか。―メンタルリハーサル，フリップチャートマップ，読書，

同僚とのディスカッション。

■この段階で役立つことは何ですか。

■フィードバックと報告はいつ行う必要がありますか。

■あなた自身／他の人の安全上の問題はありますか。

■リスクを最小限に抑えるために何ができますか。

他の方法には，ロールプレイ，協働作業計画，ケースプランニング，そして関係する他の機関への連絡などがあります。

## 配付資料 8：外側と真ん中のサイクル

1. 少人数のグループで，「外側のスーパーバイザー」として行動する人物，「真ん中のスーパーバイザー」として行動する人物，および非参加者でオブザーバーとなる他のメンバーを特定します。

2. その後，スーパーバイジーは，スーパーバイザーに提出したい問題をすばやく特定する必要があります。スーパーバイジーは，真ん中のサイクルの任意の時点からプレゼンテーション（不確実で，リスクを取ることを心配している，新しいアイデアをもっているなど）を行っている可能性があります。

3. スーパーバイザーとスーパーバイジー間のディスカッションの最初の5分間だけ，ロールプレイを実施しなさい。外側のサイクルのスーパーバイザーは，外側のサイクル，即ち，完全に非典型的ではない何か，を超えることなく，外側のサイクルに沿ったポジションの一つを採用する必要があります。

   注：「外側のサイクル」の上司を演じる人は，役割を果たすことが難しい場合がありますが，学習に役立つので行ってください。本セッションのタスクは，ディスカッションを完了することではなく，このスーパービジョンセッションの最初の数分で何が起こるかを確認することです。

4. 観察者は5分後にロールプレイを止めます。そして，次のように報告します。
   ■スーパーバイザー／スーパーバイジーはどの程度の感情をもっていますか。
   ■交換された情報の質は，どうなったのですか。
   ■真ん中のサイクルのスーパーバイジーによってもたらされた，子ども／若者の元の問題への焦点はどうなりましたか。
   ■セッションがさらに10分間続くとどうなりますか。
   ■このセッションから，スーパーバイジーがサービス利用者に直接インタビューする場合，スーパーバイジーにどのような影響がありますか。
   ■このスーパービジョンセッションが，次のスーパービジョンセッションに及ぼす影響は何でしょうか。

5. 上記の見出しを書き出します。

6. 演習を繰り返しますが，今回は「真ん中のサイクル」のスーパーバイザーと「外側のサイクル」のスーパーバイジーを選択します。小グループ間の役割を入れ替えます。繰り返しますが，「外側のサイクル」の役割を過度に演じないでください。

7. 上記のように報告します。

8. 次に，2つの演習で何が起こったかを比較します。
   ■プロセスまたは結果は異なりましたか。
   注：違いは劇的ではなかった可能性があるため，共感のレベル，アイコンタクト，問題に焦点

を当てる，感情に対処するなどの小さな手がかりを探します。

■ もしそうなら，なぜですか。

9. あなたの経験から，見出しをフィードバックしてください。

## 配布資料９：事例検討（ケーススタディ）：エマ

　エマは，２年前に資格を取得した白人ソーシャルワーカーです。彼女は自閉症児の生活施設で数年間働いた後，大学に行きました。アセスメントチームで２年間働いて，最近，障害児チームに移ってきたのです。アセスメントチームでは，当初，エマは会話を楽しみ，同僚からとても尊敬され，障害分野から離れて経験を積む良い機会だと思っていたのですが，時間がたつにつれ，自分のしている仕事とソーシャルワーカーの役割だと自分で思っていることが根本的に矛盾していると思うようになりました。厳しい時間制限のなかでアセスメントを完了しなければならないプレッシャーと，利用者と良い関係を築く機会が限定されていることは，関係を重視した実践ができるソーシャルワーカーという自身のアイデンティティに合いませんでした。

　障害チームに異動してきて，エマはより多くの時間を家族と過ごすことができる環境で働くことができてほっとしました。エマの両親は数人の障害児を養子にしており，エマも施設職員としての前の経験があったので，彼女は特に障害児と働くことに関心をもっていました。彼女は，親へのサポートがとても不十分だと強く感じ，チームの中で親が受けるサポートの質を変えていけるかもしれないととてもやる気になりました。

　エマが最初に担当したのは，複数の障害をもつ６歳のジェイクでした。ジェイクの両親は短期のレスパイトケアの増加を求めていて，学校側は両親がジェイクとジェイクのニーズにあまり関心がないという懸念を示していました。ジェイクは，よく合わない臭い服を着て登校し，空腹のように見えることがよくありました。ジェイクの足には小さなあざがあり，両親は，そのあざはジェイクが足を車椅子に繰り返しぶつけてできたと言っていました。

**話し合いましょう。**
1. 役割，アイデンティティ，自己に関連して，エマについてどのようなことが言えると思いますか。
2. スーパーバイザーとしてそれを探るために，どのようなことをする必要があると思いますか。

## 配布資料 10：6 段階モデルを支える質問

### 1. 仕事の明確さ，焦点，義務

■この状況での課題は何ですか。

■この課題の目的は何ですか。

■この段階で，アセスメントではどのような疑問にこたえる必要がありますか。

■使用するフレームワーク（枠組み）とプロトコル（手順）についてどの程度明確ですか（0〜5の評価で，5＝最も明確，として評価してください）。

■私の役割と責任は何ですか。誰が責任を負いますか。

■プロセスのどの部分があなたにとってより困難ですか。

■仕事のなかで直感と分析のバランスをどのようにとっていますか。

■この仕事の結果としてどのような可能性がありますか。

■この仕事にはどのような制限がありますか。たとえば，カバーできないもの，予測できないリスクは何ですか。

■スーパーバイザーからどのようなサポートとガイダンスが必要ですか。

### 2. ワーカーの最初の見方，仮定，知識ベース

■この取り組みについてどのような疑問をもっていますか。

■これまでの情報に基づいてできる仮説を3つあげてください。

■このケースで偏見があるとしたら，どんなことでしょう。

■この家族や人について専門職は既にどのようなビリーフ（信念）をもっていますか。

■この取り組みの間，どのような文化的あるいはジェンダーに関する問題が起こると思いますか。

■この場合，どのような知識を使いますか。それはどこから来たのですか。

■あなたの知識のなかでギャップがありますか。

■これらのケースでのアセスメントに関して，あなたは以前どんな経験をされていますか。

■それがあなたのアプローチにどのように影響していると思いますか。

■前に同じような子どもや家族に関わった時の結果はどうでしたか。

■このアセスメントで，あなたは利用者に，特にこれが子どもや若者の場合，どのように関わったのですか。

■言語やアクセスなどの考慮すべき障壁がありますか。

■どんな疑問や感情を利用者はもつでしょうか。

■彼らは私たちの組織にどのくらいの頻度・期間，関わっていますか。

■この取り組みにインフォームドコンセントをするために，利用者はどんな情報が必要で

すか。

■サービス利用者にとって，この取り組みで最も難しいのは何だと思いますか。

■どのように彼らの関与をサポートできますか。


## 3. 情報収集

■この時点で必要となる主要な情報は何ですか。

■私たちが既に知っている（わかっている）ことは何ですか。

■私たちが知らない（わからない）ことは何ですか。

■この情報はどの組織の誰から得られたものですか（これの情報源はどこの誰ですか）。

■この家族や人について最もよく知っているのは誰ですか。

■他の機関やサービスで関わる必要があるのは何ですか。

■ここでは，どんな学際的なアセスメントの方針やプロトコルが使われていますか。

■他の機関は，この家族のなかでのあなたの役割をどうみていますか。

■関わるのが難しいと思う機関がありますか。それについて私たちはどう取り組みましょ
うか。

■仕事の一部あるいはすべてを同僚ベースで行うのと学際的なベースで行うことで何か利
益があるでしょうか。

■他の機関からのどんな接触や情報が必要ですか。

■どの家族あるいは友人が関わる必要があり，どのような順序やグループになっているの
でしょうか。

■情報をどのように記録しますか。

■他の機関からの情報の質を評価するうえであなたの役割は何ですか。

■情報のなかにどんな矛盾がありますか。

■これらをどのようにテストあるいは解決しますか。

■子どもに対する親の行動のなかにあなたや他の専門職はどんな矛盾を見つけたのですか。

■まだ入手できていない情報で他の機関から必要な情報は何ですか。


## 4. ワーカーとサービス利用者のダイナミクス（力動）

■この家族・サービス利用者との取り組みに対するあなたのアプローチをどう説明します
か。

■それについて私が気づくことは何でしょうか。

■Ｘさんはあなたのアプローチとスタイルについてどう言うと思いますか。あなたと家族・
個人との間のダイナミクスについて説明するとしたら，それは「猫とネズミ」，「困難を
極める」，「発見の旅を共にする」，「ただのもう一つやらねばならないこと」，あるいは他

の何かのようなものですか。

■ 家族・子ども・サービス利用者とあなたとの相互作用（やりとり）はどのように取り組みに役立ったり妨げになったりしていますか。

■ この取り組みに関して，話しやすいこと・話すのが難しいことは何ですか。

■ 家族のどのメンバーは連絡するのが難しいですか。

■ もし，家族のメンバーとあなた，あるいは他の専門職とのやりとりのなかで矛盾や混乱があることに気づいているなら，どんなものか教えてください。

■ この取り組みで誰を，また何を思い出しますか。

■ この家族・個人について最も驚いたこと・心配したことは何ですか。

■ この家族についての経験はどの程度，家族の個々のメンバーの経験を反映していますか。もしそうなら，その理由は何ですか。この状況で何が起こっているかについて，何からわかりますか。

■ この家族・個人についてのあなたの直感的な反応はどのようなものですか。それはどこから感じられるのですか。


## 5. ワーカーの分析

■ 何が明確になってきましたか。何が不明確になってきましたか。わからないのは何ですか。

■ どんなポジティブなパターン，あるいはどんな心配なパターンが起こっていますか。

■ これらのパターンはどれくらい続いていますか。

■ 収集した情報ではあなたの初めの印象をどの程度，確認あるいは反証していますか。

■ 未だによくわからない情報やあいまいな情報は何ですか。

■ これらをどうしたら明確にできますか。

■ さらにアセスメントが必要なのは何ですか。

■ 収集した情報から，現在の課題の原因と結果についてどのように説明できますか。

■ 他にどんな説明を検討することが必要ですか。

■ 他の機関はこの状況をどのように捉えていますか。彼らが気にしていることは何ですか。

■ サービス利用者は自身の状況についてどのように説明していますか。

■ 両親／子ども／サービス利用者にとって，この状況はどのような意味があると思いますか。

■ このケースでは，サービス利用者にとって，どのようなリスク要因と保護的な要因がありますか。

■ この取り組みについて私たちがどう考えるか，そしてそれが意味することについて，他の機関／サービス利用者は何ができるでしょうか。

■ どの説明がより確かかを私たちはどのようにテストできますか。

■どのような知識，理論，調査，価値観，経験がこの状況とそれがどのように発展するか
を説明するのに役立ちますか。

■明らかになった課題に対処するために，サービス利用者にとってどんな特定の結果を私
たちは見ることが必要ですか。

■専門職の介入がない場合，6ヵ月後に状況は改善するか，悪化するか，同じかどれでしょ
う。家族の他のメンバーが関わることを考えてください。

## 6. 推奨，決定，計画

■この時点でどのような決定をすることが必要ですか。

■他にどんな選択肢がありますか。

■この時点で決定するための情報はどの程度ありますか。

■異なる決定をする長所と短所は何ですか。誰が勝ち，誰が負けますか。

■私たちの組織の義務と責任に関連して，この状況で交渉可能なこと，交渉不可能なこと
は何ですか。

■主な懸念事項について，各機関の間でどの程度合意があり，各機関はこれらに対処する
ためにどのように貢献するのでしょうか。

■この場合，脆弱な人々にとって安全な環境とはどのようなものですか。

■サービス利用者が安全だと感じられるようにするために私たちに求めることは何ですか。

■家族メンバーのための計画では，具体的にどんな結果が特定され，また特定される必要
がありますか。

■これらの結果は，分析とアセスメントのプロセスに照らすと，サービス利用者にとって
どの程度意味がありますか。

■それらは何の前触れもなく突然来ますか。

■その結果が実現するのを支援するうえで，あなた／他の人の役割と具体的な課題は明確
ですか。

■利用者が気がかりについて理解し，関わり，対処する意欲と能力について，どのような
証拠がありますか。

■家族が協力する動機は何ですか。

■変化を支援するために，これまでどのような努力がなされ，何がうまくいきましたか。
これは楽観主義の根拠となりますか。

■計画では，意図した結果に対するモニタリングとレビューをどのように行うことになっ
ていますか。

■これらが達成されない場合の不測の事態に備える計画はどのようなものですか。

■必要なレポートを作成するための枠組みについてどの程度明確ですか。

■レポートのどこで理論／調査を明確に引用することが役立ちますか。

■レポートは，どの程度，公平で，明確で，バランスがとれ，証拠に基づいていますか。

■決定／推奨がどのように行われたか明確ですか。

■レポートをサービス利用者／家族と共有するためにどんな計画をたてていますか。

## 配布資料 11：スーパービジョンにおけるジェノグラムの活用

### 目　的

　ジェノグラムを活用する目的は，家族の歴史とダイナミクスとともにサービス利用者の状況について探索することです。家族関係のダイナミクスを理解することは，サービス利用者との直接の関わりにおいて役立つだけでなく，さまざまな家族メンバーがサービス利用者と支援組織の両方にいかに反応するかを理解するのにも役立ちます。

　ジェノグラムの作成に使われる一般的な記号は次のとおりです。

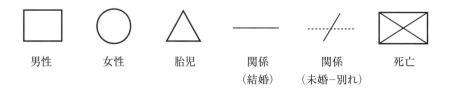

| 男性 | 女性 | 胎児 | 関係<br>（結婚） | 関係<br>（未婚−別れ） | 死亡 |

　ジェノグラム（ファミリーツリー・家系図）は，ワーカーが家族とともに現在および過去の家族の歴史や関係性について探索できるようにする視覚的なツールです。ジェノグラムのような視覚的なツールには次のような利点があります。

■予想外の情報開示を促します。
■より包括的な情報を収集する。
■家族が自分たちの状況について話し合うことを促すような包括的で非審判的なアプローチです。
■おそれることなく，ポジティブな信頼関係ができるようにする間接的なアプローチです。
■関連情報の認識や分析に取り組むことで，家族は自分の生活をよりよくコントロールしていると感じるようになります。
■作業が協調的なものであるため，パワーの差が最小限に抑えられます。

これらの利点は，次のようにスーパービジョンプロセスのなかにも活かされます。
■スーパーバイザーが家族についての複雑な情報をすばやく理解できるようになります。
■不足している情報をすばやく特定できます。
■現在の家族状況のなかにどんなパターンの保護的要因とリスク要因があるか，特にこれらが世代を超えてどのように形成されてきたのか，あるいは変化してきたのかをスーパーバイザーが実践者に尋ねる機会になります。

- ■家族の歴史が親の自信や能力に影響することを考えながら，実践者が家族にどのように関わっているかをスーパーバイザーが尋ねる機会になります。
- ■スーパーバイザーと実践者が，ソーシャルワーカーの家族との関係のなかの課題や障害を一緒に探求できます。特に，この関係が家族システムのなかの気がかりな，あるいは危険なダイナミクスを反映しているかどうか検討する機会になります。

## スーパービジョンでジェノグラムを活用する際の注意事項

- ■既にファイルしてあるものを単にレヴューするのではなく，それらを一緒にまとめます。一緒に取り組むプロセスは，実践者が家族についてどのように考え，感じているかを理解するのに役立ち，そこではスーパービジョンの共同性が重要です。
- ■ジェノグラムは，「誰がどんな人か」や「誰がどんな人だったか」というだけではありません。それは，家族の意味について，家族の互いに対する行動について，そして特に家族が子どもの期待と子どもへのケアをどのように位置づけているかについて表すものです。
- ■スーパーバイジーへの情緒的な影響に注意する。家族のパターンや関係がワーカーの「ボタンを押す」場合，予想外の反応が起こるかもしれません。
- ■過去３世代にわたって家族は安定しているか，それとも不安定なのか。
- ■まとまっているか，それとも混乱しているのか。
- ■開かれているか，それとも秘密があるのか。
- ■葛藤はどのように扱われているか，否認，交渉，暴力など。
- ■ライフステージ（たとえば，新生児，思春期，家出，死別や喪失など）にどう対応していますか。
- ■境界に関して，硬いか，透過性があるか，境界がないか，境界を越えているのか。
- ■親子関係のパターンは，近いか，それとも離れているのか。
- ■アタッチメント，たとえば，この家族では世代を超えて子どもたちが快適さ，親密さ，安全，予測可能性（安定）といったニーズを満たす方法にどんなパターンがあるのか。
- ■子ども・女性に関して，安全・保護があるのか，それとも危険・保護の欠如であるのか。
- ■喪失・トラウマか，それとも未解決な喪失・トラウマがあるのか。
- ■男性の役割か女性の役割なのか。
- ■精神疾患・物質乱用問題があるのか。
- ■外部機関とは協力か，回避か，葛藤であるのか。

## ジェノグラムについての振り返り

ジェノグラムからは，次のようなパターンが明らかになります。

■ 子どもが，どのように安定し，親密で，境界があり，開かれているなかで育っているのか，たとえば子どもが家族と一緒にいることを期待できるかなど，といったストーリー

■ 親の頭のなかには子育てをする際のモデルがあり，それによって子育ての準備がよくできた，あるいはできなかったというストーリー

■ 家族のなかにある危険要因あるいは保護要因のパターン

■ 外部機関との相互作用のパターン

■ リスクを示すパターンを一つ挙げてください。

■ 支援する専門職への家族の反応の仕方に影響する可能性のあるパターン（たとえば権力と権威への反応に関わるパターンなど）を一つ挙げてください。

■ この家族についてあなたが知らないことは何でしょうか。

■ 上記に照らすと見えてくる，家族システムのなかのストレングスを示すパターンを一つ挙げてください。

**配布資料 12：スーパービジョンにおけるエコマップの活用―機関の間の関係を探る**

　エコマップは，家族のメンバーと家族が直接関わるネットワークのなかにいる他の人たちとの間の関係を家族とともに探るのに役立つツールです。それは同様に，スーパーバイザーがスーパーバイジーとともに，専門職のネットワーク全体の関係の性質を探索し，理解するのに役立つツールでもありえます。スーパーバイザーは，複雑なネットワークをすばやく理解する方法と，子どもとその家族に効果的な支援を行うために専門職間の関係の影響をスーパーバイジーとともに探索する方法の両方を見つけなければならないことがよくあります。

　下の図は，アーメドを取り巻く専門職のネットワークに関連するエコマップです。

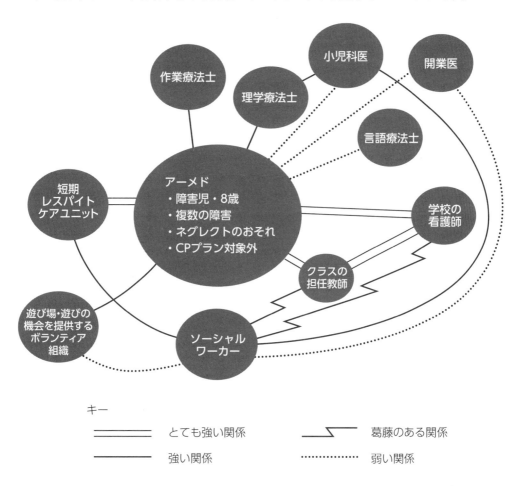

ここからわかることは何でしょうか。

■　短期レスパイトユニットと遊びの機会を提供するボランティア組織はアーメドとしっかり向き合っていますが，ネットワークの他のところとはつながっていません。彼らの知

識や専門性は認識され，評価されていますか。

■ソーシャルワーカーと学校の関係には問題があります。これは，情報の解釈と伝達にどのように影響する可能性がありますか。

■開業医はネットワークへの介入では制限されているが，家族歴についてより重要な情報をもっていることが多い。

■ソーシャルワーカーは，断片化され，情報が失われかねない複雑なネットワークの調整や交渉をしなければなりません。

## エコマップの活用：スーパービジョンで考慮すべき質問

1. このケースのエコマップについて考えてみましょう。以下に挙げた専門職ネットワークのダイナミクスについて何がわかりますか。

   ■安定性か，不安定性か。
   ■凝集性か，葛藤か。
   ■従属か，支配か。
   ■誰が「うち」で，誰が「そと」か。
   ■誰の声が聞こえないか。

2. 専門職ネットワークがどの程度，家族のダイナミクスを考慮しているかについて何か問題が見えていますか。

3. スーパーバイザーとスーパーバイジーの役割のために，ここからどんなことが言えますか。

## 配布資料 13：スーパービジョンで良いことに焦点をあてた問いをする

1. 3人のグループに分かれましょう。

2. 一人は自分たちが仕事で誇りに思っていることを特定します。もう一人は，それが自分たちの仕事の他の側面に一般化できるような学びとなることを目指して，それをより詳細に探るのを助けます。3人目の人は，議論を観察し，10分後に議論を止めます。「スーパーバイザー」として，次の質問が役立つでしょう。

■ 何が起こりましたか。

■ うまくいったことを教えてください。

■ 自分がしたことについてどう思いますか。

■ 何が良かったのだと思いますか。

■ 他に誰かこの成功に貢献した人がいますか。彼らは何をしたのですか。

■ この成功が日常的な出来事だとしたら，どんなことが起こるでしょうか。

■ これが日常の実践となるようにするために，あなたができることはありますか。誰からの支援が必要ですか。

3. 3人で10分間，プロセスについて振り返り，以下の点について話し合ってください。

■ 「スーパーバイジー」として，取り組みの良い点に焦点をあてるように求められるのはどんな感じでしたか。

■ 「スーパーバイザー」としてどのように感じましたか。

■ このプロセスはよくありますか。

■ 同じような業務状況にある他の人に知らせるとよい新たな問題やアイデアがありましたか。

■ あなたの職場でこのアプローチを使う際に直面する課題としてどんなことがあるでしょうか。

## 配布資料 14（a）：中間課題

課題1：スーパービジョン歴について聞き取り，スーパービジョン契約をする。

　この活動は，1時間，邪魔されることのない静かな場所で行いましょう。スーパーバイジーにスーパービジョン歴をとる交渉をしましょう。必ず，この活動を行う許可を得ること，そして，これはスーパービジョンが最も効果的となるよう調整するために，スーパービジョンの経験について深く理解することが目的であることをスーパーバイジーが理解していることを確認してください。また，そのうちチーム全体でこの活動を行うことを望んでいるということを付け加えても構いません。

　スーパーバイジーにプロセスを説明し，ディスカッションについてのメモをとるために添付のひな型を使ってください。具体的で詳細ではなく，ワーカーが多かれ少なかれ役立つと思うものに関する幅広いテーマにのみ焦点をあてます。セッションの後で彼らにテーマのコピーを渡してください。

　プロセスを一緒に振り返り，共に取り組むにあたって考慮する必要がある要因に関して，あなた方二人にとって明らかになったことについて熟考します。

　既にスーパービジョン契約がある場合は，その合意のなかに直面している問題が適切にカバーされているか，契約文書を修正する必要があるかを検討してください。

　スーパービジョン契約に達していない場合は，議論から浮かび上がった問題も合わせて，契約にむけて取り組む時間をとるよう確認してください。

　中間課題振り返りシートは3回目の前までに完成させてください。

**配布資料 14（b）：スーパービジョン歴の表**

| 前の<br>スーパーバイザー | 助けられたこと | 妨げになったこと | 当時の対応 | 現在の私への影響 |
|---|---|---|---|---|
|  |  |  |  |  |
|  |  |  |  |  |
|  |  |  |  |  |
|  |  |  |  |  |
|  |  |  |  |  |
|  |  |  |  |  |

## 配布資料 14 (c)：中間課題

課題 2：スーパービジョンサイクルを実践に移す

　問題で悩んでいるスーパーバイジーがいたら，トレーニングパックで説明されているスーパービジョンの方法を使って，次のスーパービジョンのセッションで一緒に考えたいと思っていると声をかけましょう。問題は，サービス利用者との複雑な仕事かもしれないし，彼らの業務上の役割として実行しなければならない課題かもしれません。

　スーパービジョンサイクルを使って，時間をかけて問題を解きほぐしていきましょう。コース資料のなかにあるスーパービジョンの質問例が役に立つかもしれません。

　覚えておいてください。

- ■サイクルの各ステージが必ず順番に次のステージに続かなくてはならないとは感じないでください。会話がステージをはさんで行ったり来たりするのはよくあることです。
- ■ディスカッションを促し，スーパーバイジーの見方を探るために，主としてオープンクエスチョンを使うようにしましょう。
- ■経験から行動にすぐに移行し，振り返りや分析を全くしない「短絡的であること」には抵抗しましょう。
- ■ディスカッションの主な内容は記録しましょう。プロセスの最後に，スーパーバイジーに，この方法がどれくらい役立ったかについてフィードバックを求めます。

中間課題振り返りシートは，次のトレーニングの日までに完成させてください。

## 配布資料 14（d）：中間課題
課題 3：スーパービジョン契約をする

　スーパービジョン契約をしていないスーパーバイジーがいないか，あるいはスーパービジョン契約が 1 年以上前のものになっているスーパーバイジーがいないか確認しましょう。

　契約書の作成あるいは見直しをスーパーバイジーとともに行うために，1 時間は確保してください。セッションの前に，スーパービジョン契約のテンプレートを彼らに見せ，これは彼らの関係が健全な基盤にあることを確認するものであることを説明し，話し合いたい問題について考えるように依頼してください。

　テンプレートにある課題についてスーパーバイジーとともに検討してください。1 回のセッションですべての課題について話し合うことはできないかもしれません。これをフォームへの記入練習としないように注意してください。スキルを用いてスーパーバイジーに関わり，オープンな話し合いができるようにしてください。

　セッションの最後に，テンプレートに何を記録するかについて合意します。

　次のトレーニングの前日までに，中間課題振り返りシートを完成させてください。

# 配布資料 14（e）：スーパービジョン契約書

---

**契約者**
_____
_____

　この契約は，効果的なスーパービジョン関係の構築と維持を支えるためのツールとなるようにデザインされている。契約は，次のとおりである。
■新しいスーパービジョン関係ができてから2ヵ月以内に完成させる。
■少なくとも1年に1回は見直しをする。

　スーパービジョンに関する組織の期待は，スーパービジョンポリシーに定められており，交渉不可で，この契約の枠組みとなっている。

　スーパービジョン契約の効果は，スーパーバイザーとスーパーバイジーの会話の質次第であり，この文書が話し合いの基礎を提供していることは非常に重要である。契約は，問題を探求した結論として完成されるべきで，フォーム記入の練習となってはいけない。

---

**実用的な取り決め（協定）**

対面でのスーパービジョンの頻度：_____

期間：_____

費用：_____

一方がキャンセルする必要がある場合の取り決め：_____
_____
_____

セッション間の臨時ディスカッションのためのスーパービジョンの可能性：_____
_____
_____

**内容**

テーマに合意するプロセス：_____
_____

スーパービジョンの準備に含まれること：_____
_____

定期的に議論すべき特定の優先分野：_____
_____

---

**スーパービジョンの実施**

　スーパーバイジーはこの関係に何をもってくるか（例　以前の実務経験，スーパービジョンを受けた経験，好ましい学習スタイル）

　　.................................................................................
　　.................................................................................
　　.................................................................................
　　.................................................................................
　　.................................................................................

スーパーバイジーのスーパーバイザーへの期待は何か：
　　.................................................................................
　　.................................................................................
　　.................................................................................
　　.................................................................................
　　.................................................................................

スーパーバイザーのスーパーバイジーへの期待は何か：
　　.................................................................................
　　.................................................................................
　　.................................................................................
　　.................................................................................

　スーパービジョン関係の発展に関係していると認められる要因（例　人種，文化，ジェンダー，性的志向，障害など）があるか

　　.................................................................................
　　.................................................................................
　　.................................................................................
　　.................................................................................
　　.................................................................................

　合意されている「許可」　例　スーパーバイザーがすべての答えを知っていなくても，またスーパーバイジーが行き詰まっていると言っても問題ない。

　　.................................................................................
　　.................................................................................
　　.................................................................................
　　.................................................................................
　　.................................................................................

スーパービジョン関係がうまくいっていないとき，どのように認識するか。
　　.................................................................................
　　.................................................................................
　　.................................................................................
　　.................................................................................

一緒に取り組むなかで困難を解決するためにどんな方法をとるか。
　　.................................................................................
　　.................................................................................
　　.................................................................................
　　.................................................................................

**記録**

ケースファイルに記録する責任は：
- - - - - - - - - - - - - - - - - - - - - - - - - - - - - - - - - - - - - - - - - - - - - - - - - - - - - - - - - - - - -
- - - - - - - - - - - - - - - - - - - - - - - - - - - - - - - - - - - - - - - - - - - - - - - - - - - - - - - - - - - - -
- - - - - - - - - - - - - - - - - - - - - - - - - - - - - - - - - - - - - - - - - - - - - - - - - - - - - - - - - - - - -
- - - - - - - - - - - - - - - - - - - - - - - - - - - - - - - - - - - - - - - - - - - - - - - - - - - - - - - - - - - - -
- - - - - - - - - - - - - - - - - - - - - - - - - - - - - - - - - - - - - - - - - - - - - - - - - - - - - - - - - - - - -

　スーパーバイジーの発達とサポートニーズについての1対1のスーパービジョンセッションの内容は記録され，両者によって合意され，スーパーバイジーのファイルのなかに置かれます。この責任は：
- - - - - - - - - - - - - - - - - - - - - - - - - - - - - - - - - - - - - - - - - - - - - - - - - - - - - - - - - - - - -
- - - - - - - - - - - - - - - - - - - - - - - - - - - - - - - - - - - - - - - - - - - - - - - - - - - - - - - - - - - - -
- - - - - - - - - - - - - - - - - - - - - - - - - - - - - - - - - - - - - - - - - - - - - - - - - - - - - - - - - - - - -
- - - - - - - - - - - - - - - - - - - - - - - - - - - - - - - - - - - - - - - - - - - - - - - - - - - - - - - - - - - - -
- - - - - - - - - - - - - - - - - - - - - - - - - - - - - - - - - - - - - - - - - - - - - - - - - - - - - - - - - - - - -

　この契約に関係する他の問題があるか。
- - - - - - - - - - - - - - - - - - - - - - - - - - - - - - - - - - - - - - - - - - - - - - - - - - - - - - - - - - - - -
- - - - - - - - - - - - - - - - - - - - - - - - - - - - - - - - - - - - - - - - - - - - - - - - - - - - - - - - - - - - -
- - - - - - - - - - - - - - - - - - - - - - - - - - - - - - - - - - - - - - - - - - - - - - - - - - - - - - - - - - - - -
- - - - - - - - - - - - - - - - - - - - - - - - - - - - - - - - - - - - - - - - - - - - - - - - - - - - - - - - - - - - -
- - - - - - - - - - - - - - - - - - - - - - - - - - - - - - - - - - - - - - - - - - - - - - - - - - - - - - - - - - - - -

契約の見直しが予定されている日：




**署名：**
スーパーバイザー：




スーパーバイジー：




日付：

**配布資料 15：中間課題振り返りシート**

トレーニングコースの２つのセクションの間に完成した課題について振り返ってください。

　1.　うまくいったことは何ですか。

　2.　うまくいったのはどうしてですか。

　3.　次回は，何をしますか。

## トレーニング資料 1：スーパービジョンサイクルカード

　これらのカードを黄色の紙またはカードに印刷する必要があります。それらをラミネートすることもできます。

| トレーニング資料 1<br>スーパービジョンサイクルカード<br><br><br>**経験**<br>ストーリー | トレーニング資料 1<br>スーパービジョンサイクルカード<br><br><br>**振り返り**<br>現在と過去のストーリーについての<br>感情 |
|---|---|
| トレーニング資料 1<br>スーパービジョンサイクルカード<br><br><br>**分析**<br>ストーリーの意味を理解する | トレーニング資料 1<br>スーパービジョンサイクルカード<br><br><br>**行動計画**<br>ストーリーの次章 |

＊本用紙を拡大コピーして使用してください。

## トレーニング資料2：スーパービジョンのペアリング

| |
|---|
| 黒人の経験豊富な女性のスーパーバイザーと<br>若い資格を取得したばかり（新任）の<br>男性のスーパーバイジー |
| 若い白人の新任の女性のスーパーバイザーと<br>年上の経験豊富な白人の女性の<br>スーパーバイジー |
| 白人で女性の新任のスーパーバイザーと<br>車椅子使用者（ユーザー）である白人の男性で<br>経験豊富なスーパーバイジー |
| 経験豊富な黒人のイスラム教徒で女性のスーパーバイザーと<br>白人の男性で資格を得たばかり（新任）の<br>スーパーバイジー |
| 経験豊富な白人のキリスト教徒で男性のスーパーバイザーと<br>経験豊富な白人の男性の正統派ユダヤ教徒の<br>スーパーバイジー |
| 経験豊富な白人の南アフリカ出身の女性スーパーバイザーと<br>経験豊富な白人の女性の<br>スーパーバイジー |

## トレーニング資料 3：外側のサイクルカード

これらのカードを赤色の紙またはカードに印刷する必要があります。それらをラミネートすることもできます。

| | |
|---|---|
| トレーニング資料3<br>スーパービジョンサイクルカード<br><br><br>**不安** | トレーニング資料3<br>スーパービジョンサイクルカード<br><br><br>**逃走／闘争** |
| トレーニング資料3<br>スーパービジョンサイクルカード<br><br><br>**防衛／回避** | トレーニング資料3<br>スーパービジョンサイクルカード<br><br><br>**否認** |
| トレーニング資料3<br>スーパービジョンサイクルカード<br><br><br>**否認の共有** | トレーニング資料3<br>スーパービジョンサイクルカード<br><br><br>**離脱** |

＊本用紙を拡大コピーして使用してください。

**レーニング資料 4：真ん中のサイクルカード**

　これらのカードを緑色の紙またはカードに印刷する必要があります。それらをラミネートすることもできます。

| | |
|---|---|
| トレーニング資料4<br>スーパービジョンサイクルカード<br><br>不安 | トレーニング資料4<br>スーパービジョンサイクルカード<br><br>不確実性 |
| トレーニング資料4<br>スーパービジョンサイクルカード<br><br>リスク／革新 | トレーニング資料4<br>スーパービジョンサイクルカード<br><br>忍耐（粘り強さ） |
| トレーニング資料4<br>スーパービジョンサイクルカード<br><br>解決／洞察 | |

＊本用紙を拡大コピーして使用してください。

**トレーニング資料5：6つのステージモデル**

　これらのカードをピンク色の紙またはカードに印刷する必要があります。それらをラミネートすることもできます。

| | |
|---|---|
| トレーニング資料5<br>スーパービジョンサイクルカード<br><br>**スーパービジョンの<br>焦点を明確にする** | トレーニング資料5<br>スーパービジョンサイクルカード<br><br>**ワーカーの仮説を<br>振り返る** |
| トレーニング資料5<br>スーパービジョンサイクルカード<br><br>**学際的な協働により<br>情報収集する** | トレーニング資料5<br>スーパービジョンサイクルカード<br><br>**原動力を<br>探索する** |
| トレーニング資料5<br>スーパービジョンサイクルカード<br><br>**批判的分析<br>創造／試み** | トレーニング資料5<br>スーパービジョンサイクルカード<br><br>**説明する<br>決定／計画** |

＊本用紙を拡大コピーして使用してください。

## トレーニング資料6：3人のスーパーバイジー

### 対決する

　スーパーバイジーであるあなたは，利用者（クライエント）やその家族の行動を受け入れる自己（自分の）責任にまっすぐに関心を向け，挑戦していきます。あなたは，利用者（クライエント）やその家族があなたに腹を立て，セッションを終えてもなお，あなたに怒鳴っているという状態でした。

--------------------------------------------------------------------------------✂

### 怯える

　スーパーバイジーであるあなたは，隣の部屋でまだあなたに対して怒り続けている家族と過ごす仕事が憂鬱で，この仕事を引き受けることについて愉快ではなかった。周囲の噂では，様々な家族が攻撃的になるかもしれないとのことでした。最後にあなたが訪問のしたときに，訪問は都合が悪いということで，戸口での短い会話で終わり，あなたはほっとしました。あなたはその時点で，懸念している心配事や難しい問題には触れないと決めたことは，言うまでもない。

--------------------------------------------------------------------------------✂

### なれ合い／最小化

　スーパーバイジーであるあなたは，あなたの上司とともにこのケースは実際に支援の基準に達していないことに同意します。あなたは，他の専門職が満足し，前向きな仕事上の関係を維持し，管理職への苦情を防ぐために訪問するだけです。あなたは，サービス利用者があなたの組織に紹介されたことを非常に残念に思っており，サービス利用者が支援を受けずに，自分自身で管理することを望んでいます。あなたは無理をしすぎていて，問題点を探ることができていません。

# 訳者あとがき

　本書の著者である Jane Wonnacott は，Tony Morrison とともに，ソーシャルワーカーの
スーパービジョンを普及するために，トレーニングプログラムを作成し，トレーニングを支
えるスーパーバイザー向けのトレーニングパックを作成している。このトレーニングプログ
ラムは，現在，英国内の In-Trac Training and Consultancy Ltd によって引き続き提供され
ている。Jane Wonnacott の In-Trac Training and Consultancy Ltd での役割は，子どもの保
護に関連するトレーニング資源の開発と管理，組織との協力によるトレーニング戦略の開発，
Local Safeguarding Children Boards の深刻なケースレヴューとパネル委員長を務めている。
代表的な著書としては，"*Mastering Social Work Supervision*"，"*Mastering Communication
in Social Work: From Understanding to Doing*" など，多数ある。英国におけるスーパービジョ
ンの代表的な論者である。

　Jane Wonnacotto と共同して，本書のもとになったスーパービジョンプログラムを構築した
のが Tony Morrison である。英国における先駆的なソーシャルワークスーパービジョンの論
者である Tony Morrison は，英国のスーパービジョンの質の向上に関する研究で最もよく知
られている。また，英国に限らず，米国，カナダ，オーストラリア，ニュージーランドなど多
くの国において，ソーシャルワークスーパービジョン研究者として著名な人物である。彼の代
表的な著書である "*Staff Supervision in Social Care*" (1993) は，英国のスーパービジョンの標
準的なテキストともなっている。また彼は，新たに資格を取得した新任のソーシャルワーカー
が受けるスーパービジョンの質を改善することを目的とした，英国の児童分野で働くスタッフ
の能力開発のための全国トレーニングプログラムを開発している。これは，2007 年にベビー
Pが死亡した後，ラミング報告書に対する政府の直接的な依頼により実現したものである。
　不幸なことに，Tony Morrison は，2010 年 2 月に事故で，56 歳で亡くなった。彼の功績と
意思は，Jane Wonnacott に，そして In-Trac Training and Consultancy Ltd に受け継がれて
いる。

　本書の特徴は，スーパービジョンの理論紹介にとどまらず，具体的なスーパービジョンの方
法の提示，スーパービジョン実践に役立つ具体的な方法の提示も行っていることにある。さら
に，トレーニングパックである『スーパービジョン　トレーニングパック～対人援助専門職の
専門性の向上と成長を支援する～』は，スーパーバイザー養成の研修方法を明確に提示してい

る。本書は，読者に，スーパービジョンの理解と，スーパーバイザーの成長を提供し，全体をとおしてソーシャルワーカーの質の向上に寄与している。

　スーパービジョンは，すべての対人援助専門職を養成するためのプロセスありながら，スーパービジョンを受けた経験がある者，また受けられた環境がある者が限られているとの現実の中で，わが国の対人援助専門職の文化として根付かせていきたいと願っている。本書は，対人援助専門職の多様な領域を超えて，スーパービジョンという，それぞれの領域で活用できる示唆が豊かに含まれていると確信する。ベテランのスタッフから着任したばかりのスタッフまで，臨床現場でスーパービジョンの理解と活用が浸透することに役立つことを願っている。

　最後に，本書の出版の社会的意義を認めてくださり，出版にご尽力いただいた学文社の田中千津子社長に，心より感謝を申し上げたい。


2020 年 3 月

訳者一同

# 事項索引

# 人名索引

**訳者紹介**（担当章順）

**野村　豊子**（のむら　とよこ）　担当章：序文，まえがき，第1章
トロント大学社会福祉大学院修了 (Master of Social Work). 日本福祉大学大学院客員教授.
主な著書：『ソーシャルワーク・スーパービジョン論』（共著，中央法規出版，2015），『高齢者ケアにおけるスーパービジョン実践～スーパーバイジー・スーパーバイザーの育成のために～』（共著，株式会社ワールドプランニング，2019），『高齢者とのコミュニケーション～利用者とのかかわりを自らの力に変えていく～』（単著，中央法規出版，2014），『回想法とライフレヴュー～その理論と技法～』（単著，中央法規出版，1998），その他.

**片岡　靖子**（かたおか　やすこ）　担当章：序文，まえがき，第1章，第4章，第5章，トレーニングパック，配付資料1～8
立命館大学応用社会学専攻博士後期課程単位取得後退学. 久留米大学文学部社会福祉学科教授.
主な著書：『相談援助』（共著，建帛社，2018），『リハビリテーション管理・運営実践ガイドブック』（共著，MEDICAL VIEW，2018），『新・はじめて学ぶ社会福祉5 保健医療サービス』（共著，ミネルヴァ書房，2017），『相談援助演習　教員テキスト 第2版』（共著，中央法規出版，2015），『コメディカル』のための社会福祉概論第4版』（共著，講談社，2018），『効果的なコミュニケーション技能の向上』（共訳，晃洋書房，2012），その他.

**岡田　まり**（おかだ　まり）　担当章：日本語版にむけて，第2章，第3章，配付資料9～15
コロンビア大学教育学大学院博士課程修了 (Doctor of Education). 立命館大学産業社会学部現代社会学科教授.
主な著書：『社会福祉士相談援助演習』（共著，中央法規出版，2015），『相談援助の理論と方法Ⅱ 第3版』（共著，中央法規出版，2015），『改訂 地域包括支援センターのソーシャルワーク実践』（共著，中央法規出版，2012），『改訂 保健医療ソーシャルワーク実践〈3〉』（共著，中央法規出版，2009），『新 社会福祉援助の共通基盤』（共著，中央法規出版，2009），その他.

**潮谷　恵美**（しおたに　えみ）　担当章：第6章，第7章，トレーニング資料
東洋大学大学院社会学研究科社会福祉学専攻博士後期課程単位取得後退学。十文字学園女子大学教育人文学部幼児教育学科教授.
主な著書：『新・基本保育シリーズ18　社会的養護Ⅱ』（共著，中央法規出版，2019），『相談援助実習指導・現場実習教員テキスト第2版』（共著，中央法規出版，2015），『再構 児童福祉～子どもたち自身のために～』（共著，筒井書房，2014），『社会福祉士実習指導者テキスト』（共著，中央法規出版，2014），『社会福祉士相談援助実習』（共著，中央法規出版，2014），その他.

スーパービジョントレーニング―対人援助専門職の専門性の向上と成長を支援する
Developing and Supporting Effective Staff Supervision

2020年8月10日　第一版第一刷発行　　　　　　　　　　　　◎検印省略

著　者　ジェーン・ワナコット
訳　者　野　村　豊　子
　　　　片　岡　靖　子
　　　　岡　田　ま　り
　　　　潮　谷　恵　美

発行所　株式会社　学　文　社
発行者　田　中　千　津　子

郵便番号　　　153-0064
東京都目黒区下目黒3-6-1
電　話　　03 (3715) 1501 代
https://www.gakubunsha.com

Printed in Japan
印刷／新灯印刷株式会社

ISBN 978-4-7620-3011-6